图说管理系列

图说工厂仓储管理

（实战升级版）

滕宝红　主编

人民邮电出版社

北　京

图书在版编目（CIP）数据

图说工厂仓储管理：实战升级版 / 滕宝红主编. —
北京：人民邮电出版社，2014.1
（图说管理系列）
ISBN 978-7-115-33400-8

Ⅰ. ①图… Ⅱ. ①滕… Ⅲ. ①工业企业管理—仓库管
理—图解 Ⅳ. ① F406.5-64

中国版本图书馆 CIP 数据核字（2013）第 240910 号

内 容 提 要

本书在《图说工厂仓储管理》第一版的基础上对工作内容、板块设置、实景图片进行了适
当的改动和更新，系统地阐述了仓储规划设计、物品入库管理、仓储搬运管理、仓储保管质量
控制、仓储盘点管理等12个方面的内容，表述详细、图文并茂，并随书附赠实操光盘，为读者
提供了实用的参考范例。

本书适合企业各级管理人员尤其是仓储管理人员阅读，也适合企业管理咨询师、培训师阅
读使用。

◆ 主　　编　滕宝红
　　责任编辑　许文瑛
　　责任印制　杨林杰
◆ 人民邮电出版社出版发行　　北京市丰台区成寿寺路11号
　　邮编　100164　电子邮件　315@ptpress.com.cn
　　网址　http://www.ptpress.com.cn
　　北京七彩京通数码快印有限公司印刷
◆ 开本：787×1092　1/16
　　印张：17.5　　　　　　2014年1月第1版
　　字数：180千字　　　　 2025年5月北京第46次印刷

定　价：49.00元（附光盘）

读者服务热线：（010）81055656　印装质量热线：（010）81055316
反盗版热线：（010）81055315

总 序

报纸、杂志、网络浏览等传统意义上的"浅阅读"模式正逐渐成为大众阅读的主流，"图说管理系列"图书就恰好顺应了这一趋势。本系列图书以"快餐式、跳跃性、模块化"的写作模式，以"板块分明、图文结合"的形式，把管理的理念通俗化。同时，为了节省读者的时间，本系列图书还随书赠送可改动光盘，以方便读者将光盘内容运用到实际工作中去。

"图说管理系列"两大板块

"图说管理系列"图书由工厂管理和服务管理两大板块组成。

1. 工厂管理板块

工厂是人们制造各类产品的场所。工厂管理是指将各种有效的生产资源导入制造场所，通过计划、组织、用人、指导和控制等活动，如期完成预定生产目标，生产出质量优异的产品。本系列图书中的工厂管理板块图书针对企业最热门也是最需要解决的七个方面（现场管理、7S管理、目视管理、设备管理、安全管理、品质管理和仓储管理）进行了展开与延伸，注重以市场需求为导向，提供了满足不同层次读者需求的系列产品。

2. 服务管理板块

服务业是指提供各类服务的行业，其产品与工厂生产的产品相比，具有非实物性、不可储存性、生产与消费同时性等特征，如酒店提供的客房服务等。本系列图书挑选了三个占比较大的行业（物业、酒店、餐饮），从管理和服务的角度对有关内容进行了整合与详细解读。

"图说管理系列"升级说明

"图说管理系列"图书在出版后得到了读者的广泛好评，许多活跃在管理一线的工作人员看了本系列图书以后，通过来信、来电、留言、电子邮件、微博评论等方式与我们探讨管理方面的业务，他们也希望书中能增加一些新的内容，为此，我们再一次认真总结近几年来的管理经验，经过仔细斟酌，推出了"图说管理系列"实战升级版。

"图说管理系列"实战升级版在"图说管理系列"第一版的基础上对每本书的板块、内容、图片等做了适当的改动与更新，使图书更符合读者的需求。

"图说管理系列"实战升级版图书特色

"图说管理系列"实战升级版图书特色如下。

◇本系列图书将每本书的第一章设置为"管理导引"，对管理流程、管理架构、管理关键点以及核心术语进行了详细解读。

◇在每本书的第二章及以后各章中，开头设置了一幅"导视图"，方便读者随时了解所学章节在全书中的位置，掌握学习进度。"导视图"之后设置了"关键指引"栏目，对本章内容进行简要介绍，引领读者开始本章的学习。

◇在每本书的每章正文内容中，图书采用"要点01"、"要点02"的形式进行展示，使内容结构更清晰，方便读者逐项学习。同时，图书在正文中插入了大量精美的实景图片，与正文内容互相结合，相互印证，便于读者加深对内容的理解。书中还设置了"请注意"栏目，提醒读者需要重点注意的地方，同时设置了"参考范本"栏目，方便读者即学即用。

◇在每本书的每章末尾设置了"学习笔记"栏目，方便读者将自己的学习心得、学习难点以及运用计划写下来，以加深对正文内容的理解，并将所学知识运用于实际工作中。

"图说管理系列"实战升级版最大特点

"图说管理系列"实战升级版图书板块设置精巧、图文并茂，以简洁精确的文字对企业各项工作的要点进行了非常生动、全面的讲解，方便读者理解、掌握。同时，本系列图书非常注重实际操作，使读者能够边学边用，迅速提高自身管理水平。

"图说管理系列"实战升级版DIY实操光盘

"图说管理系列"实战升级版配备了DIY实操光盘。DIY（英文全称为"Do it Yourself"）实操光盘把工作中已经固化了的，也是日常工作中最常用的管理制度、管理表格及工作内容解读为可改动的Word文件形式，供读者参考、检索、打印、复制和下载。读者在使用这些文件的过程中，可根据机构与企业的自身需要进行个性化修改。

→ 前　言

　　《图说工厂仓储管理（实战升级版）》一书对仓储管理工作的各个方面进行了详细阐述。全书共12章，内容包括工厂仓储管理导引、工厂仓储规划设计、工厂物品入库管理、工厂仓储搬运管理、工厂仓储保管质量控制、工厂仓储盘点管理、工厂物料出库管理、工厂仓储库存控制、工厂仓储安全管理、工厂仓储物流管理、工厂仓储设备管理、工厂MRP管理等。

　　本书每个章节自成体系，其主要内容介绍如下。

　　◇工厂仓储管理导引部分，以图表的方式介绍了仓储管理基本流程、仓储管理架构、仓储管理关键点、仓储管理核心术语等内容。

　　◇工厂仓储规划设计部分，主要介绍了仓库的重要作用、常见仓库类别、仓库规划要点、仓库选址要领、仓库布局管理等内容。

　　◇工厂物品入库管理部分，主要介绍了物料入库准备、物料接收基本流程、物料检验方式、半成品及成品入库控制等内容。

　　◇工厂仓储搬运管理部分，主要介绍了仓储搬运的基本规则、仓储搬运方法、仓储搬运效率的提高、特殊物品搬运等内容。

　　◇工厂仓储保管质量控制部分，主要介绍了仓储保管基本要求、物品合理堆放、特殊物品的储存管理、金属物品保管要点等内容。

　　◇工厂仓储盘点管理部分，主要介绍了盘点的重要作用、盘点的常见形式、盘点记录工具、盘点前的准备、盘点的正式实施等内容。

　　◇工厂物料出库管理部分，主要介绍了物料发放的常见形式、物料发放的基本流程、物料发放的要求、领料凭证审核等内容。

　　◇工厂仓储库存控制部分，主要介绍了库存的常见类型、库存与周边业务、零库存与适当库存、ABC分类管理法等内容。

　　◇工厂仓储安全管理部分，主要介绍了树立安全作业意识、遵循安全操作规程、加强人员出入安全管理、加强特殊物品安全管理等内容。

　　◇工厂仓储物流管理部分，主要介绍了物流配送作业的特点、物流配送的准备工作、物流配送的基本作业流程、物流配送的注意事项等内容。

◇工厂仓储设备管理部分，主要介绍了仓储设备的类别、仓储设备的特点、仓储设备的选择、仓储设备管理要求等内容。

◇工厂MRP管理部分，主要介绍了MRP基本知识、MRP的构建流程与实施步骤、MRP的计算等内容。

在本书的编写过程中，编者得到了许多培训机构、咨询机构的老师和工厂一线管理人员的支持和配合，其中参与编写、提供资料和图片的人员有陈英飞、李冰冰、李家林、王生平、张绍峰、刘冬娟、高凤琴、吴丽芳、宿佳佳、申姝红、郑洁、刘军、李辉、赵静洁、赵建学、陈运花、段青民、杨冬琼、杨雯、赵仁涛、柳景章、唐琼、段利荣、林红艺、贺才为、林友进、刘雪花、刘海江、匡仲嵛、滕宝红。在此，编者向他们表示衷心感谢。

本书图片由深圳市中经智库文化传播有限公司提供并负责解释。

→ 目　录

第1章　工厂仓储管理导引

仓库是各类物料、半成品、成品的储存场所。做好仓储管理工作，能够提高生产效率，提升产品质量。

第2章　工厂仓储规划设计

仓储规划设计是仓储管理工作的开端。合理的仓储规划设计对保管企业各类物品非常重要；反之，一旦规划不善，也很容易给企业带来损失。

第3章　工厂物品入库管理

为保证物料、半成品、成品等物品的储存质量，必须把好入库关。各级仓管人员应做好物品入库前的各项准备工作，完善接收流程，避免出现任何错误，给企业造成不必要的损失。

第4章　工厂仓储搬运管理

搬运是仓库现场作业的重要内容之一，搬运人员必须遵守搬运的基本规则，认真完成搬运工作。

第5章　工厂仓储保管质量控制

仓储保管是仓储管理的核心工作，对仓储物品保管不当，致使物品遭遇霉变、病虫害等，将会给企业带来重大的损失。因此，各级仓管人员必须做好物品的日常储存工作，确保所有物品保存完好。

第6章 工厂仓储盘点管理

仓库中储存着大量物料、半成品、成品等物品，这些物品都是企业的重要财产，为了充分了解这些物品的储存状况，就需要做好盘点工作。通过盘点，可以核实各类物品的实际储存数量与账目是否相符。

第7章 工厂物料出库管理

物料出库主要是指物料的发放、调拨等。各级仓管人员要积极做好物料出库工作，避免错发、错调，给企业造成损失。

第8章 工厂仓储库存控制

仓库储存的各类物品一旦堆积过多，往往会产生安全隐患及引发成本上升。因此，各级仓管人员应当做好库存控制工作，使储存量保持在合理的水平，以消除安全隐患，同时也为企业节省成本，减少资金占用。

第9章　工厂仓储安全管理

　　没有安全的储存环境，仓储工作将很难开展。因此，仓库各级人员应全面加强仓储安全管理，避免出现安全事故。

第10章　工厂仓储物流管理

　　各类物料经过生产加工后就会成为成品，并以产品的形式储存于仓库中。当有客户购买时，企业就要将产品从仓库转移至客户手中。仓储物流管理就是指利用配送车辆把客户订购的产品从仓库送到客户手中的过程。

第11章　工厂仓储设备管理

良好的仓储工作离不开各种各样的仓储设备，如计量设备、储存设备、搬运设备等，这些设备为仓储工作提供了基础支持。企业应按相应要求做好仓储设备的管理工作。

第12章　工厂MRP管理

MRP是仓储管理的一种重要手段，通过实施MRP管理，企业可以严格控制物料采购数目，严格控制库存，以使仓储物料处于合理的库存水平。

光盘目录

第一部分　工厂仓储管理主要内容解读

第二部分　实用制度

第三部分　实用表格

第1章

工厂仓储管理导引

导视图

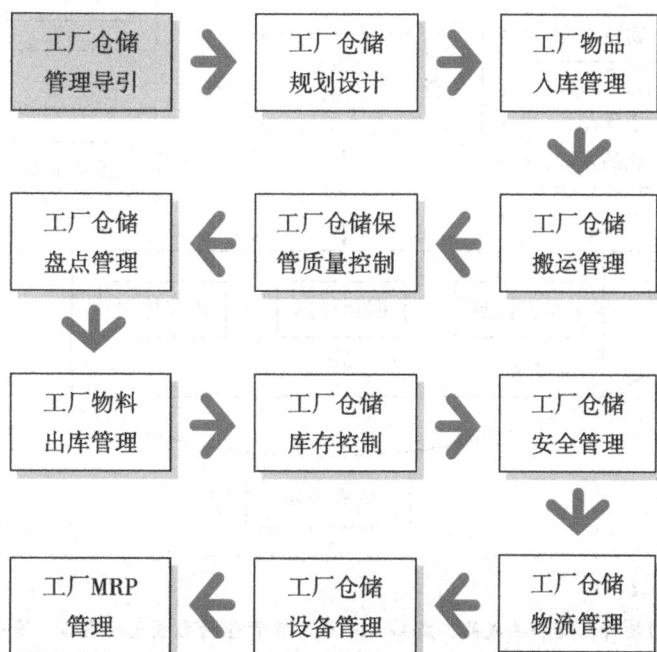

················· 关键指引 ·········

仓库是各类物料、半成品、成品的储存场所。做好仓储管理工作，能够提高生产效率，提升产品质量。

导引01：仓储管理流程图

仓储管理工作涉及多个方面，做好这项工作必须具备完善的管理措施。一般来说，企业开展仓储管理工作时可参照如图1-1所示的基本流程。

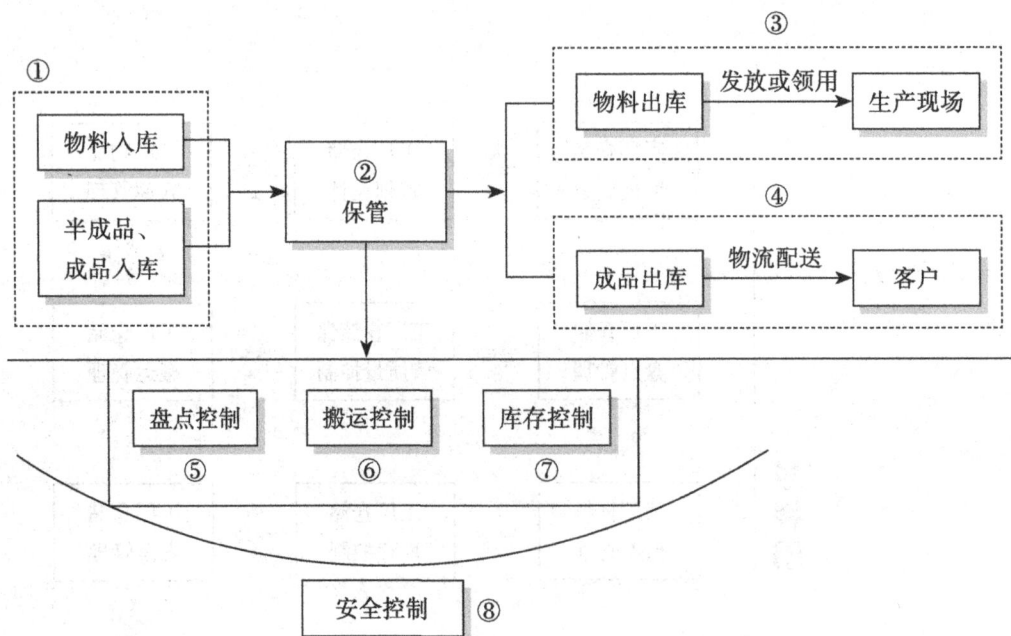

备注：
①物料入库和半成品、成品入库是入库管理的两项重要内容。仓管人员要做好这两项工作，确保物料和半成品、成品安全入库。
②物料和半成品、成品入库后，各级仓管人员就要做好保管工作，确保各类物品完整、无破损、无丢失等。
③物料发放和领用要遵循规范的流程。

④企业生产的成品会储存在仓库中，当有客户购买时，就需要通过物流配送将成品准时送达客户手中，完成交货。

⑤只有通过盘点才能如实掌握仓储物品的具体数量。

⑥搬运是仓储管理的基本工作，做好搬运管理，能够有效避免物品以及搬运设备的损坏，减少损失。

⑦库存控制也是仓储管理的重要内容，通过控制库存，企业才能节省成本，提高经营效益。

⑧安全控制对仓储管理工作至关重要。只有在一个安全的环境下，开展安全的操作，仓储工作才能万无一失。

图1-1 仓储管理流程图

导引02：仓储管理架构图

在企业中，仓储管理效率的高低往往取决于仓库组织架构的好坏。因此，构建一个良好的管理架构非常重要。企业常用的仓储管理架构如图1-2所示。

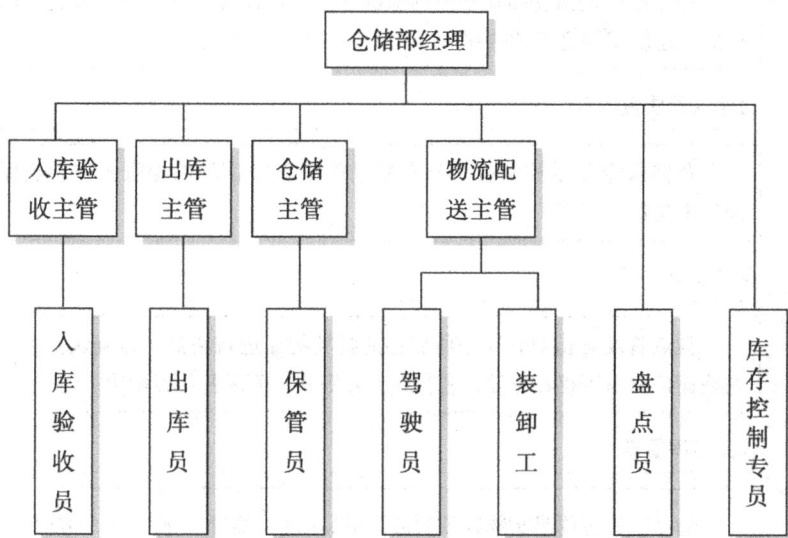

备注：

①仓储部根据职能要求，分别设有入库、出库、仓储、物流配送等部门。企业应为各部门设置主管人员，由其全面管理各部门的工作。

②各部门主管应根据岗位要求安排好下属员工的工作，维持部门正常运转。

图1-2 仓储管理架构图

导引03：仓储管理关键点

仓储管理工作中有一些需要重点控制的环节，也就是仓储管理的关键点，如仓储规划设计、物品入库管理、物品搬运管理等。仓储管理关键点具体内容如图1-3所示。

1 仓储规划设计

仓储规划设计是指对仓库的选址、布局等工作进行整体规划。良好的仓储规划设计对保管企业各类物品非常重要。一旦规划不善，很容易给企业造成损失

2 物品入库管理

物品入库包括物料入库和半成品、成品入库。仓库各级人员都要做好本职工作，确保入库手续齐全以及物品完好

3 物品搬运管理

物品搬运是指物品在仓库内部的移动，以及在仓库与生产设施之间和仓库与运输车辆之间的转移

4 仓储保管质量控制

仓储保管质量控制就是指做好仓库中各类物品的保管工作，确保其质量不受损

5 盘点管理

盘点管理是指对仓库中所储存的各类物品进行清点，以确认实际库存与账面记载是否存在差异，若存在差异则找出原因并加以解决

6 物品出库管理

物品出库主要是指物料的发放、成品出库、物料调拨等几个方面

7 库存控制

库存对于企业的运营很重要，库存过小，会影响生产、销售；库存过大，则积压很多资金，有可能影响整个企业的运营

8 安全管理

仓库一旦发生意外，将危及仓管人员及物品的安全，因此，仓库各级人员必须严格做好以下两点：一是做好日常安全管理，如做好库房安全、设备安全管理等；二是做好消防安全管理

9 物流管理

企业的仓储物流管理是指利用配送车辆把客户订购的产品从仓库送到客户手中的过程。在这一过程中，要注意做好准备工作，如提前做好产品的出仓、包装工作等

10 设备管理

仓储工作需要用到大量仓储设备，如各种叉车、货架等。做好设备管理对仓储工作具有重要的意义

11 MRP管理

MRP（Materials Requirement Planning）是指物料需求计划。MRP管理是仓储管理的一种重要手法，通过实施MRP管理，企业可以严格控制库存，使仓储物料处于合理的库存水平

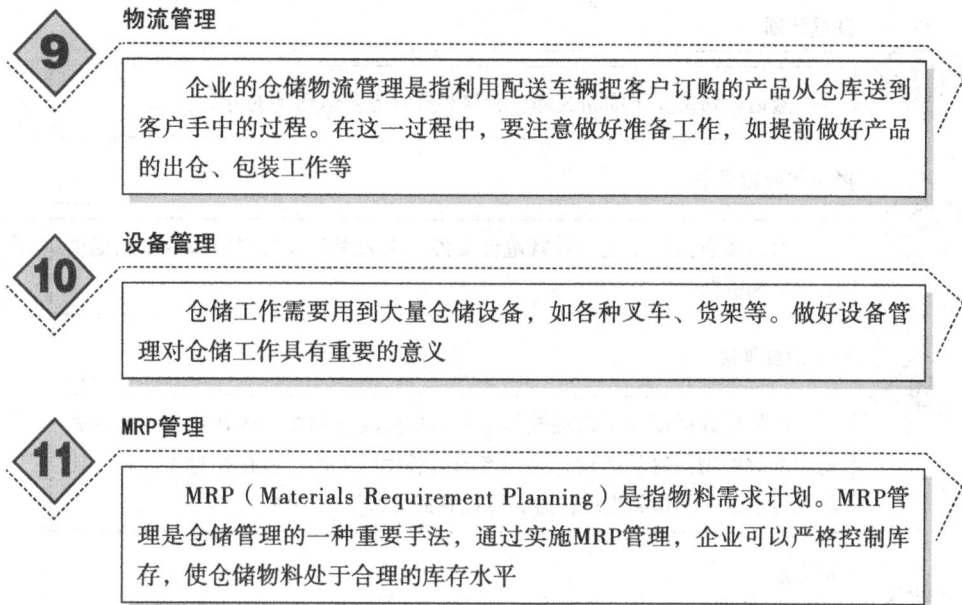

图1-3 仓储管理关键点

导引04：仓储管理核心术语

仓储管理有一些非常重要的术语，是仓管人员必须熟练掌握仓储管理工作中的常用术语，如仓库竖向布置、货位规格化、先进先出等。仓储管理核心术语具体如图1-4所示。

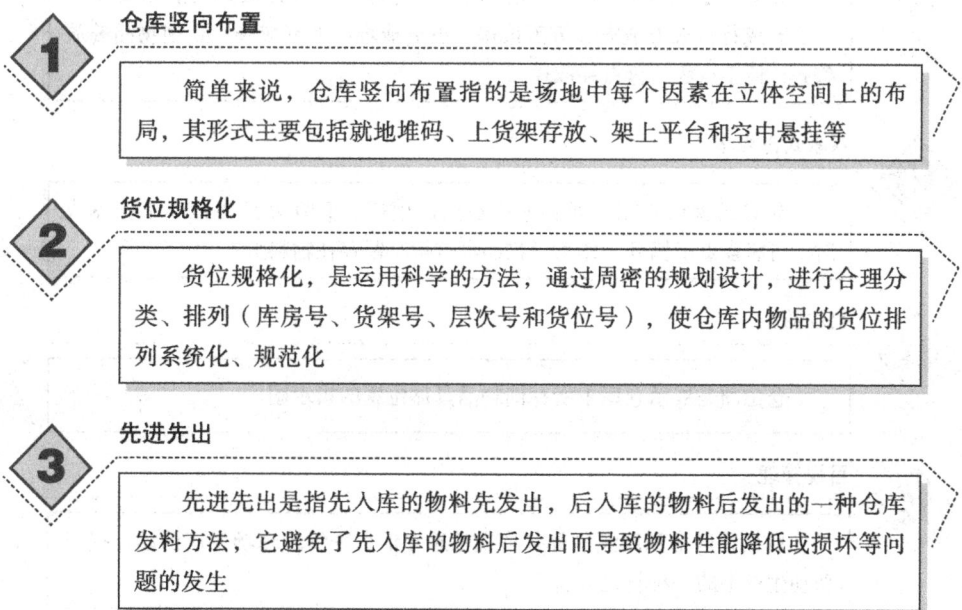

1 仓库竖向布置

简单来说，仓库竖向布置指的是场地中每个因素在立体空间上的布局，其形式主要包括就地堆码、上货架存放、架上平台和空中悬挂等

2 货位规格化

货位规格化，是运用科学的方法，通过周密的规划设计，进行合理分类、排列（库房号、货架号、层次号和货位号），使仓库内物品的货位排列系统化、规范化

3 先进先出

先进先出是指先入库的物料先发出，后入库的物料后发出的一种仓库发料方法，它避免了先入库的物料后发出而导致物料性能降低或损坏等问题的发生

4 搬运计划

搬运计划是关于物品装卸、转移和放置等搬运活动的方案

5 搬运作业指导书

搬运作业指导书是一种规范性文件，它为搬运人员实施搬运作业提供了指导和依据

6 物品活载程度

物品活载程度是指物品被移动的难易程度。例如，放在货架上的物品就比堆放的物品容易搬运，则前者的活载度就大些；放在托盘上的物品比放在传送带上的物品更难搬运，则前者的活载度就小些

7 IQC检验

IQC的英文全称为Incoming Quality Control，意思为来料品质控制，是指对采购的物料进入企业时进行的检验工作

8 物料保管卡

物料保管卡又叫货卡、料卡，它是一种记录物料品名、规格、储存位置等各项信息的实物标签，是仓管人员管理物料的"耳目"

9 五五堆放法

此方法适用于存储外形较大且规则的物品。该方法的要点是要做到"五五成行，五五成方，五五成串，五五成堆，五五成层"，使物品叠放整齐，便于点数、盘点和取送

10 双联式盘点卡

双联式盘点卡在一般企业中被广泛使用，其好处是当盘点工作完成时，可将盘点卡撕开，作为"物品盘点票"留存在物料上

11 仓位图

仓位图是展示仓库中所存储物品具体位置的指示图

12 目视管理

目视管理是利用颜色等各种视觉感知信息来组织现场生产活动，提高劳动生产率的一种管理方法

13 限额发料

限额发料也称定额发料，是指企业生产部门根据生产计划和物料消耗定额，事先为各车间规定领用物料的数额，仓库就在规定的数额内对车间发料，超过规定数额以后，除非另经批准，否则不再发料

14 ABC分类管理法

ABC分类管理法又称重点管理法，是指根据事物在技术经济方面的主要特征，按其重要程度进行分类控制的一种管理方法。一般来说，企业应对起决定性影响的A类事物进行重点管理

15 冷却灭火法

冷却灭火法是指将灭火剂直接喷洒在可燃物上，使可燃物的温度降低到自燃点以下，从而使其停止燃烧的一种灭火方法。如水、酸碱灭火器、二氧化碳灭火器等均有一定的冷却作用

16 物流配送

物流配送是产品出货的末端环节，是企业生产的成品送交客户的过程

图1-4　仓储管理核心术语

学习笔记

通过学习本章内容，想必您已经掌握了不少学习心得，请仔细填写下来，以便继续巩固学习。如果您在学习中遇到了一些难点，也请如实写下来，方便今后重复学习，彻底解决这些难点。

我的学习心得：

1. ＿＿＿＿＿＿＿＿＿＿＿＿＿＿＿＿＿＿＿＿＿＿＿＿＿＿

2. ＿＿＿＿＿＿＿＿＿＿＿＿＿＿＿＿＿＿＿＿＿＿＿＿＿＿
   ＿＿＿＿＿＿＿＿＿＿＿＿＿＿＿＿＿＿＿＿＿＿＿＿＿＿

3. ＿＿＿＿＿＿＿＿＿＿＿＿＿＿＿＿＿＿＿＿＿＿＿＿＿＿
   ＿＿＿＿＿＿＿＿＿＿＿＿＿＿＿＿＿＿＿＿＿＿＿＿＿＿

4. ＿＿＿＿＿＿＿＿＿＿＿＿＿＿＿＿＿＿＿＿＿＿＿＿＿＿
   ＿＿＿＿＿＿＿＿＿＿＿＿＿＿＿＿＿＿＿＿＿＿＿＿＿＿

5. ＿＿＿＿＿＿＿＿＿＿＿＿＿＿＿＿＿＿＿＿＿＿＿＿＿＿
   ＿＿＿＿＿＿＿＿＿＿＿＿＿＿＿＿＿＿＿＿＿＿＿＿＿＿

我的学习难点：

1. ＿＿＿＿＿＿＿＿＿＿＿＿＿＿＿＿＿＿＿＿＿＿＿＿＿＿

2. ＿＿＿＿＿＿＿＿＿＿＿＿＿＿＿＿＿＿＿＿＿＿＿＿＿＿
   ＿＿＿＿＿＿＿＿＿＿＿＿＿＿＿＿＿＿＿＿＿＿＿＿＿＿

3. ＿＿＿＿＿＿＿＿＿＿＿＿＿＿＿＿＿＿＿＿＿＿＿＿＿＿
   ＿＿＿＿＿＿＿＿＿＿＿＿＿＿＿＿＿＿＿＿＿＿＿＿＿＿

4. ＿＿＿＿＿＿＿＿＿＿＿＿＿＿＿＿＿＿＿＿＿＿＿＿＿＿
   ＿＿＿＿＿＿＿＿＿＿＿＿＿＿＿＿＿＿＿＿＿＿＿＿＿＿

5. ＿＿＿＿＿＿＿＿＿＿＿＿＿＿＿＿＿＿＿＿＿＿＿＿＿＿

第2章

工厂仓储规划设计

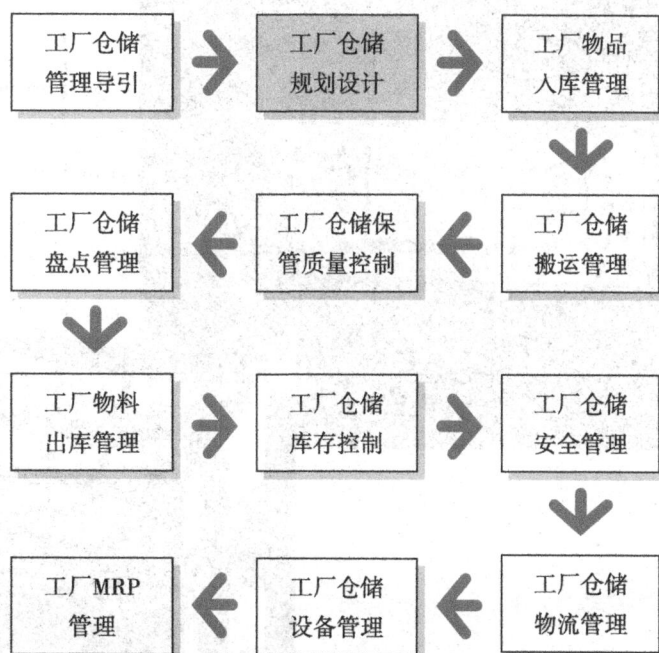

工厂仓储 管理导引	→	工厂仓储 规划设计	→	工厂物品 入库管理
工厂仓储 盘点管理	←	工厂仓储保 管质量控制	←	工厂仓储 搬运管理
工厂物料 出库管理	→	工厂仓储 库存控制	→	工厂仓储 安全管理
工厂MRP 管理	←	工厂仓储 设备管理	←	工厂仓储 物流管理

导视图

········· 关键指引 ·······

仓储规划设计是仓储管理工作的开端。合理的仓储规划设计对保管企业各类物品非常重要；反之，一旦规划不善，也很容易给企业带来损失。

要点01：仓库的重要作用

仓库是现代生产型企业中不可或缺的重要组成部分。仓库在生产型企业中的作用主要有以下两点。

（1）仓库是集中反映企业物品种类、物品活动状况的综合场所，各种仓储单据为会计核算部门提供了较为便利的信息来源。

（2）在生产型企业中，仓库是连接生产、供应、销售的中转站，是生产过程中必备的周转场所。

仓库管理自始至终贯穿于企业生产经营的整个过程，对促进生产、提高效率起到了重要的作用。

要点02：常见仓库类别

仓库是企业储存各类物品的场所，一般来说，仓库主要分为以下四类。

1．物料仓库

物料仓库储存从外部购买的、直接用于产品生产使用的各种原材料、零配件等物料，如纸箱、塑料袋等。

2．半成品仓库

半成品仓库储存企业内部作业过程中的各类半成品、零组件等物品，同时也储存委托外部加工的半成品、零散组件等物品，如塑料制品、电镀品、涂装品等。

3．成品仓库

成品仓库储存已经全部加工完成、等待出货的成品。

4．辅助物品仓库

辅助物品仓库储存各种非直接用于产品生产使用的辅助物品，如劳动保护用品、办公用品、工具、油料、擦拭剂等。

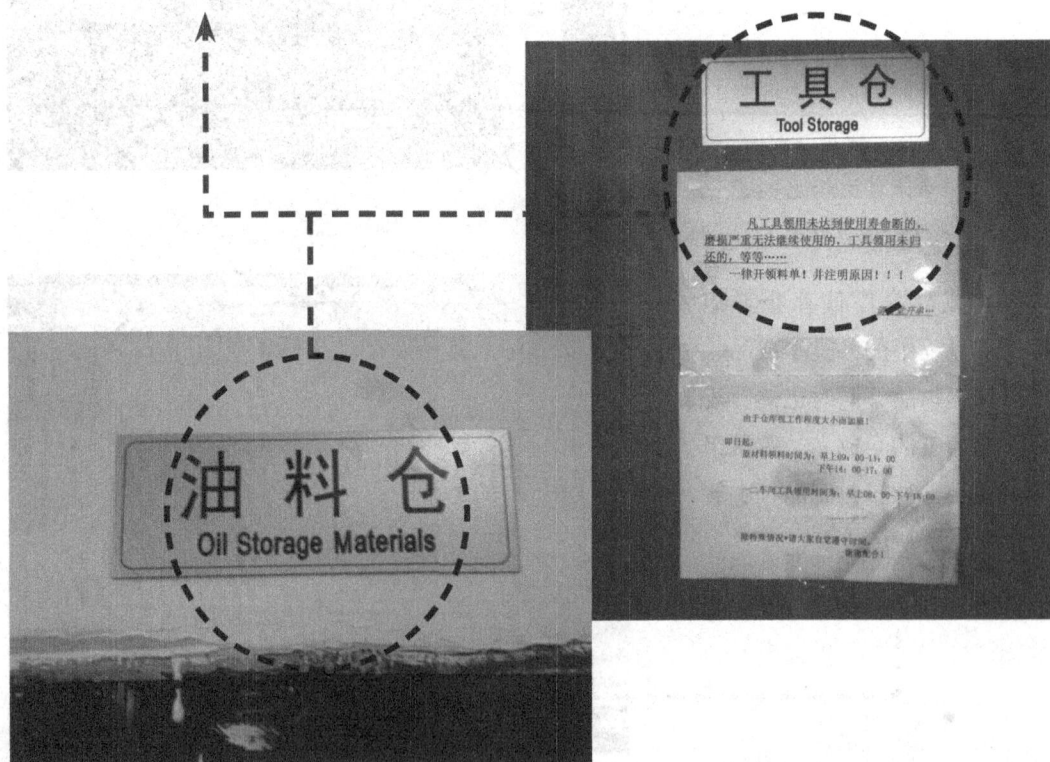

要点03：仓库规划要点

仓库的设置是为了满足企业生产经营对物料、半成品、成品等进行周转和储备的要求，所以仓库的规划工作要按以下原则开展，具体如图2-1所示。

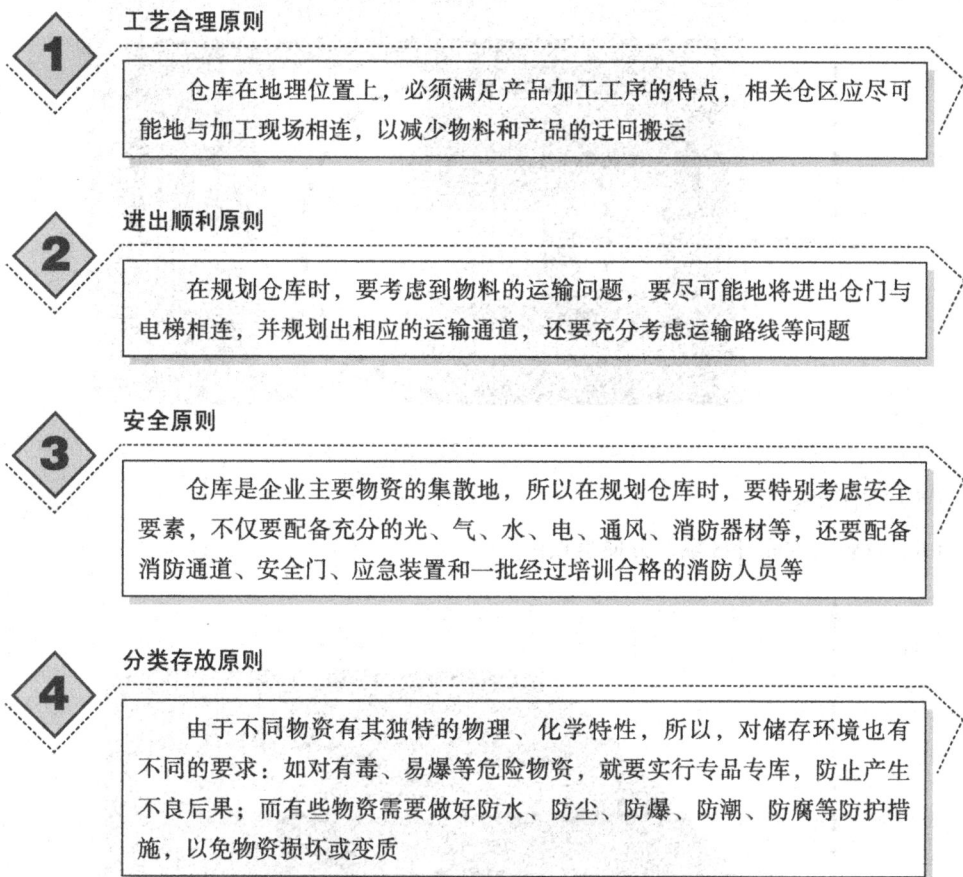

1 工艺合理原则

仓库在地理位置上，必须满足产品加工工序的特点，相关仓区应尽可能地与加工现场相连，以减少物料和产品的迂回搬运

2 进出顺利原则

在规划仓库时，要考虑到物料的运输问题，要尽可能地将进出仓门与电梯相连，并规划出相应的运输通道，还要充分考虑运输路线等问题

3 安全原则

仓库是企业主要物资的集散地，所以在规划仓库时，要特别考虑安全要素，不仅要配备充分的光、气、水、电、通风、消防器材等，还要配备消防通道、安全门、应急装置和一批经过培训合格的消防人员等

4 分类存放原则

由于不同物资有其独特的物理、化学特性，所以，对储存环境也有不同的要求：如对有毒、易爆等危险物资，就要实行专品专库，防止产生不良后果；而有些物资需要做好防水、防尘、防爆、防潮、防腐等防护措施，以免物资损坏或变质

图2-1 仓库规划的四大要点

要点04：仓库选址要领

仓库选址是仓储规划设计的首要任务，是仓库有效管理的前提。企业在进行仓库选址时必须考虑以下要领。

（1）方便物料、半成品、成品验收、进仓。

（2）方便储存。

（3）方便仓库的管理工作。

（4）物料仓库与生产现场接近，方便发料，最好能够做到出仓就是现场。

（5）方便搬运。

（6）有较大的库外区域，方便盘点。

（7）适合仓储而且安全。

（8）有仓库扩充的弹性与潜能。

（9）不同库房之间有足够宽度的通道，满足作业需要。◀

（10）仓库周围交通方便，适合物品进出。◀

要点05：仓库布局管理

确保仓库的整体布局科学、合理，对今后整理仓库和协调各项仓储作业都有很重要的意义。

1. 仓库平面布置

仓库平面布置是指对仓库的各个组成部分，如库房、货棚、货场、辅助建筑物、铁路专用线、库内道路、附属固定设备等在规定的范围内进行全面、合理的平面安排。

仓库平面布置应该满足以下要求。

（1）适应仓储生产的作业流程。

库房、货棚、货场等存放场所的数量和比例要与储存物品的数量和保管要求相适应，要保证库内物品流动方向合理、运输距离最短、作业环节和次数最少、仓库面积利用率最高，并能做到运输通畅、方便保管。

（2）有利于提高仓库的经济效率。

平面布置时要考虑地形、工程地质条件等，因地制宜，使之既能满足物品运输和存放的要求，又能避免大挖大掘，减少土方工程量。平面布置应该与竖向布置相适应，既满足仓储和生产上的要求，有利于排水，又要充分利用原有地形。平面布置应能充分合理地利用库内的一些固定设备，以充分发挥设备的效能，合理利用空间。

（3）符合安全、卫生要求。

库内各区域间、各建筑物间应该留有一定的防火间距，同时要设有各种防火、防盗等安全保护设施。此外，库内布置要符合卫生要求，综合考虑照明、通风、绿化等情况。

（4）具有开阔的大门。

仓库应当具有开阔的大门，方便物品的进出。

2. 仓库竖向布置

仓库竖向布置是指建设场地平面布局中每个因素（库房、货场、专用线、道路、排水设施、供电设施等）在地面标高线上的相对位置。它是一种立体空间上的布局，其形式主要有：就地堆码、上货架存放、架上平台和空中悬挂等。

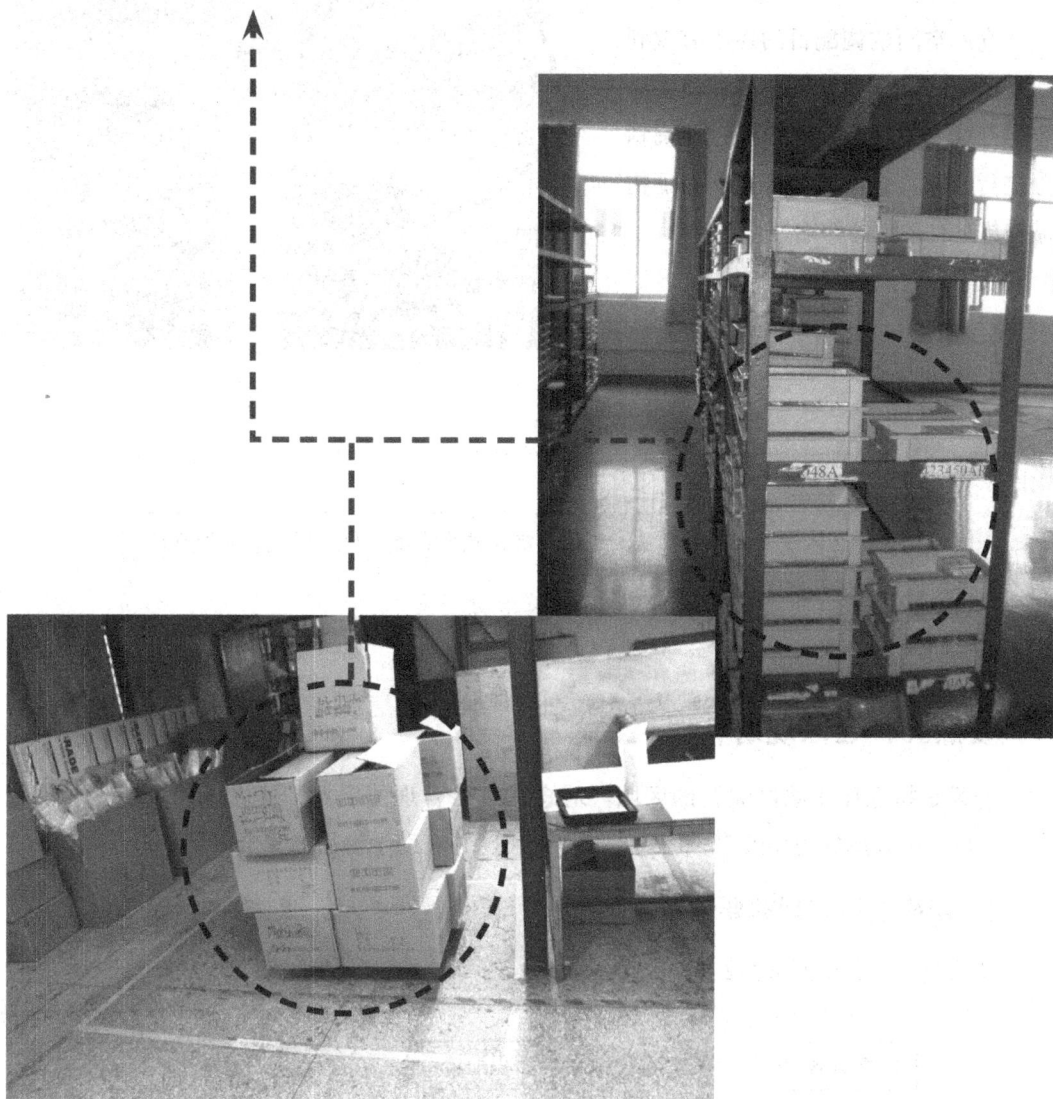

仓库竖向布置要与平面布置相适应，充分考虑各方面的因素，既要满足仓储和生产的需要，方便作业，又要符合安全生产的要求。

3．确定仓库仓位大小

物品储存数量决定物品应保存仓位的大小。最高存量、最低存量与正常存量三项不同的数字会影响到对仓位大小的确定。

仓位大小若取决于最低存量，则显然仓位太小，会常出现为腾出仓位而辗转搬运物品或无仓位存放物品的现象。若取决于最高存量，常会造成仓位过大的现象。因此通常以正常存量来决定仓位的大小。

4. 仓库空间调配

仓库空间的调配目的在于有效利用仓储空间，减少仓储成本；使物品容易存取，方便收发料；通过准确划分进货区域、仓储区等方式，保证物品安排具有最大的伸缩性。

请注意

仓库的整体布局应符合作业流程的要求，做到合理利用空间、合理安排配套设施、合理规划库区道路。

要点06：仓区规划管理

仓区是指仓库中物品储存的区域。对仓区进行合理的规划，使之排列系统化、规范化，可以提高仓库的使用效率，加快仓储作业速度并有助于物品的安全保存。

1. 明确仓区规划的要素

仓区规划的各要素如图2-2所示。

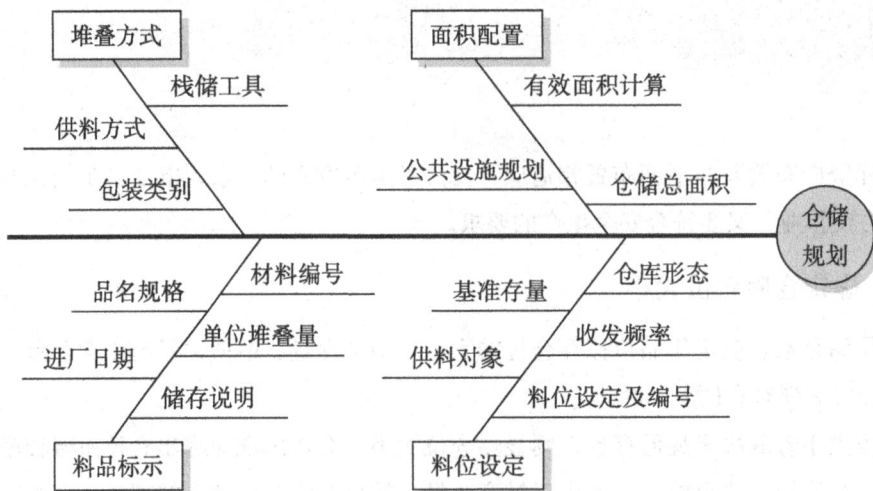

图2-2　仓区规划要素图

2．仓区的规划要求

仓区的规划设计应满足以下要求。

（1）仓区要与生产现场靠近，通道顺畅。

（2）每仓要有相应的进仓门和出仓门，并有明确的标牌。

（3）仓库的办公室尽可能地设置在仓区附近，并有明确的标牌。

（4）测定安全存量、理想最低存量或定额存量，并有明确的标牌。

（5）按储存容器的规格、楼面承重能力和叠放的限制高度，将仓区划分成若干仓位，并用油漆或美纹胶在地面标明仓位名、通道和通道走向。

（6）仓区内要做好标示，如A区、B区等。

（7）进行仓区设计时须将安全因素考虑在内，明确规定消防器材放置的位置、消防通道和消防门的设置方式和救生措施等。

（8）货位布置应明显，可用油漆画线固定位置，堆放物品时以油漆线为界。

（9）每仓的进仓门处，须张贴仓库平面图示例见图2-3，图中标明该仓所在的地理位置、周边环境、仓区仓位、仓门各类通道、门、窗、电梯等内容。

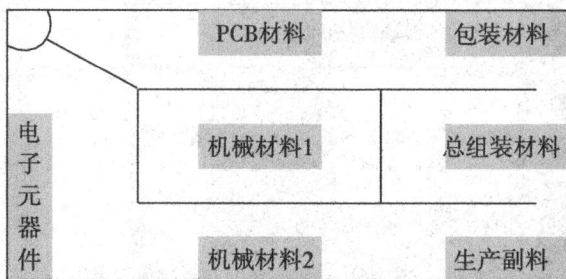

图2-3　材料仓库布局图示一

（10）如果仓库太大，或存放的东西太多，用一张大平面图无法将整个仓库内的实景全部反映出来，就得借用小平面图来补充，也就是在仓库内的架子上或是指定区域内，再设置一个小平面图或仓库区域布置图示例见图2-4，把该架子或是该区域内所放置的物品，按照储位标示出来，以便于取放。

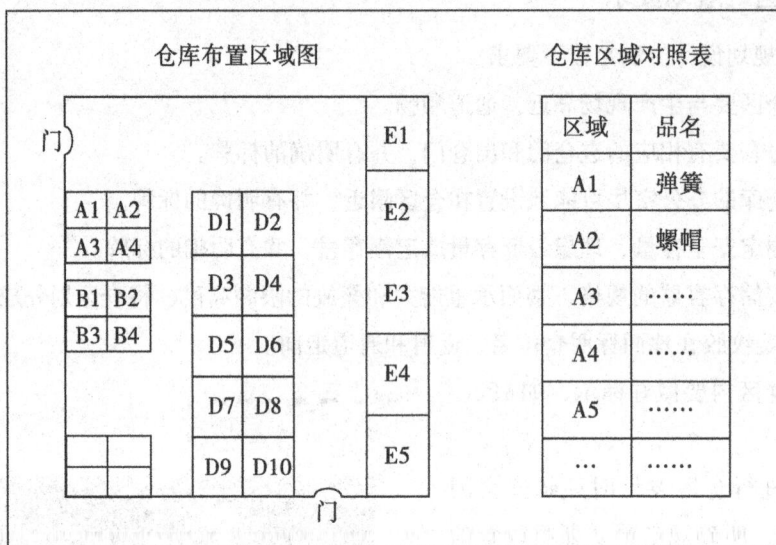

图2-4　材料仓库布局图示二

（11）为了方便员工从大的方向上找到所需的物品，可以同时设一个简略一些的平面图，图中只需简要标明仓库所储存的物品即可。

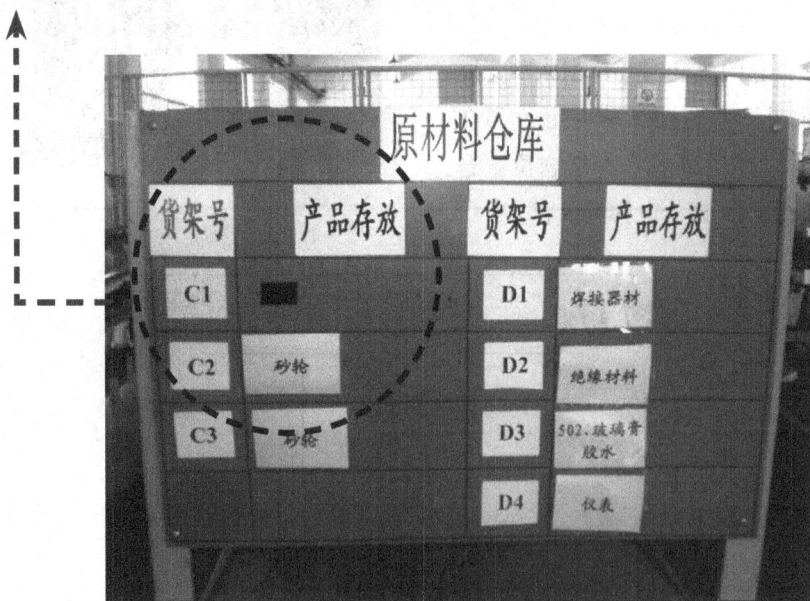

3. 仓区分类方法

按物品种类和性质划分储存区域是普遍采用的仓区分类方法。此方法又可分为两种情况：一种情况是按生产部门的物品使用来划分仓库储存物品的仓区分类；另一种情况是按照物品的自然属性来划分仓区分类，如将怕热、怕潮、怕光、怕通风等不同性质的物品分别集中起来，安排在适宜储存的场所。

此外，按照物品发往地区划分储存区域也是划分仓区分类的一种方法，此种方法主要适用于成品中转仓库或待运仓间。

4．仓区分类要求

（1）摸清物品进出库规律，及时进行调整

根据本年度生产储存计划执行中可能存在的变动情况等，摸清分季、分月的主要物品进出库规律，有计划地调整货区和货位。具体要求如图2-5所示。

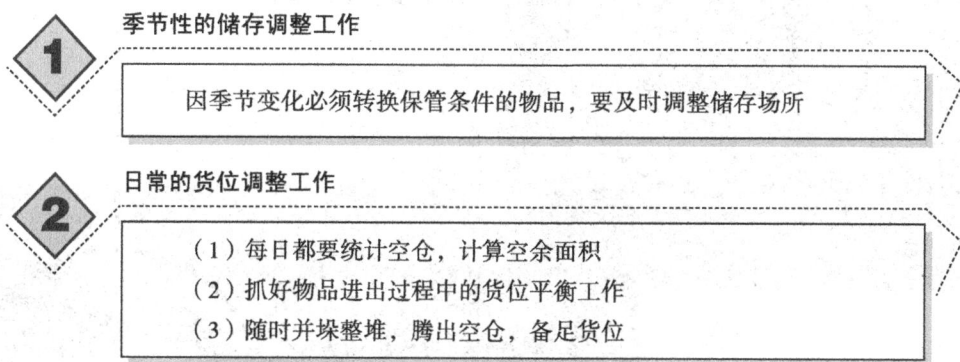

1 季节性的储存调整工作

因季节变化必须转换保管条件的物品，要及时调整储存场所

2 日常的货位调整工作

（1）每日都要统计空仓，计算空余面积
（2）抓好物品进出过程中的货位平衡工作
（3）随时并垛整堆，腾出空仓，备足货位

图2-5　具体要求

（2）预留机动货区

通常在整个仓库划分货区时，预先留出一定面积作为机动货区，其大小可视仓库业务性质、物品储存量、品种的多少、物品性质、进出频繁程度和仓储设备条件而定。

预留机动货区的目的，是为了巩固仓区分类和暂时存放货到而单据未到或待验收、待整理、待分拣、待商检等物品。

有了机动货区，某些物品入库数量如果超过固定货区容纳量，就可以在机动货区暂存，待机移至固定货区，避免到处存放，造成混乱。

在一个库房内部，也可以考虑为某些种类物品留下适当机动仓位，以便就近调剂使用，不打乱原有的仓区分类。

仓区分类应该粗细适当，过粗易造成范围不清、物品混淆，进而增加管理困难；过细则徒具形式，浪费仓容，导致仓区混乱。有些仓库的物品，货量多、品种少，库房、货场面积较大，仓储物品的仓区分类可以细些，一个库房、一个货场、一排货架的物品都可以做到分小类、分品名、分货号；但在零星发货的仓库，由于仓储品种多，而每个品种数量较少，就不宜划分过细。

5. 收料区域设置要求

仓库要设置一个特定的收料区，并做好标示用以暂放从供应商所进的物料，等待检验后从此区域移入正式仓库。此收料区需分为三个区域。

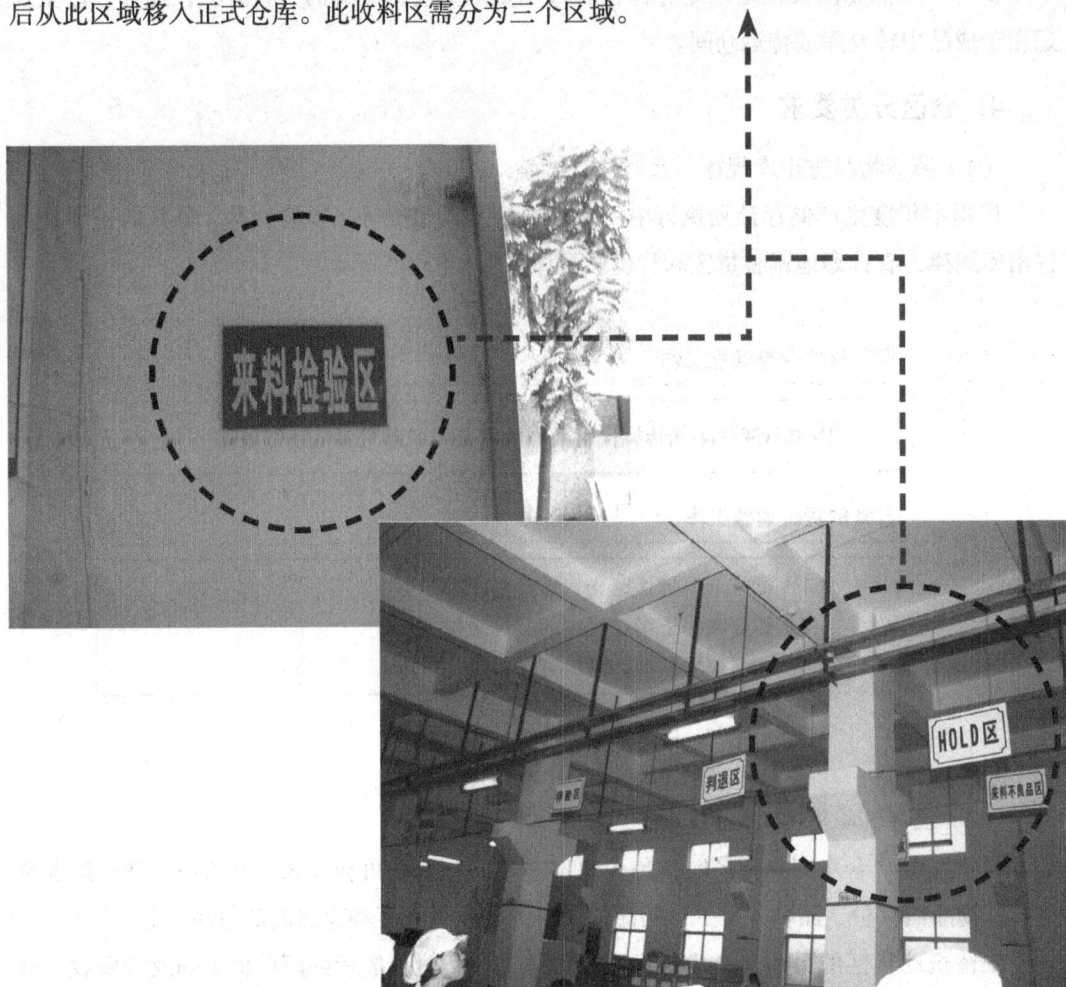

（1）来料待验区

仓库收料人员收到物料后，将物料放置在此区域，不同的物料要分开摆放，不得混放在一起。

（2）来料合格区

经由品质部门检验合格的物料，放置在此区域，等待仓库收料人员办理入库。

（3）来料验退区

经由品质部门检验不合格的物料或和生产管理部门所提供资料不符的物料，放置在此区域，等待供应商处理。

要点07：货位的布置

货位布置是指将货垛或者货架进行合理有效的布局，以便为存放物料做好准备。

1. 货位布置方法

仓库的货位布置主要有以下三种方法。

（1）横列式。横列式是指货垛或货架与库房的宽向平行排列。

（2）纵列式。纵列式是指货垛或货架与库房的宽向垂直排列。

（3）混合式。混合式是指在同一个库房布局内，横列式与纵列式混合使用。

2．货位规格化

货位，即物品储存的位置。货位规格化，是指运用科学的方法，通过周密的规划设计，将库内物品进行合理分类、编号（库房号、货架号、层次号和货位号），使库内物品的货位排列系统化、规范化。

实行货位规格化的主要依据是物品分类目录，物品储备定额以及物品本身的物理、化学等自然属性。

（1）物品分类目录

为使仓库管理适应计划管理、业务管理和统计报表的需要，并与采购环节相衔接，企业采用供应渠道的物品分类目录进行分类较为合适。在货位排列方面，对不同类的物品的货架和层次安排上，应采用独立存放于一个货架或独立存放在货架的某一层的的方式，并通过一张平面图来标示。

（2）物品储备定额

企业要按储备定额中的规定规划货位。如果无储备定额，可根据常备物品目录进行安排，并在货架上留有适当空位。

（3）物品本身的自然属性

物理、化学性质相抵触，温、湿度要求不同，以及灭火方法相抵触的物品，不能存放在一起。

要点08：货位的编号

货位编号是指将库房、货场、货棚、货垛、货架及物品的存放具体位置按顺序统一编列号码，并作出明显标志。实行货位编号，对于提高物品收发效率，加强对仓储物品的检查监督和盘存统计工作以及方便仓管人员之间的互助合作有很大的作用。

1．货位编号准则

货位编号准则如图2-6所示。

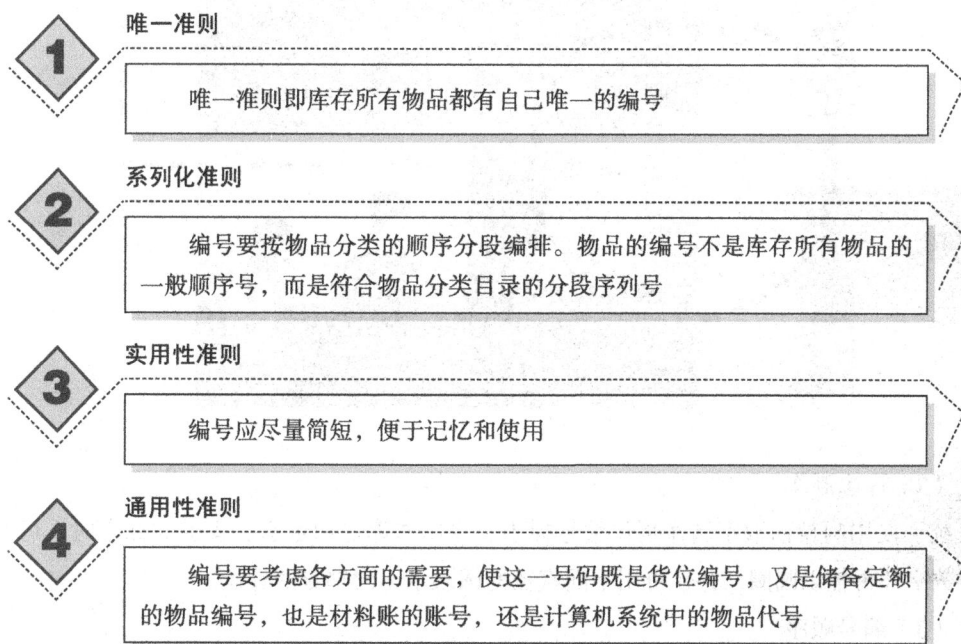

1 唯一准则

唯一准则即库存所有物品都有自己唯一的编号

2 系列化准则

编号要按物品分类的顺序分段编排。物品的编号不是库存所有物品的一般顺序号，而是符合物品分类目录的分段序列号

3 实用性准则

编号应尽量简短，便于记忆和使用

4 通用性准则

编号要考虑各方面的需要，使这一号码既是货位编号，又是储备定额的物品编号，也是材料账的账号，还是计算机系统中的物品代号

图2-6 货位编号准则

2．货位编号的要求

货位编号好比物品在库房的"住址"。企业应根据不同库房条件、物品类别和批量整零的情况，搞好货位画线及编排序号，以符合"标志显眼易找、编排循规有序"的要求。

25

（1）标志设置

设置原则：采取适当方法，选择适当位置。例如，仓库标志，可在库门外挂牌；库房标志，可写在库门上；货场货位标志，可竖立标牌；多层建筑库房的走道、支道、段位的标志，一般都刷在水泥或木板地坪上。但存放粉末类、软性笨重类物品的库房，其标志也有印在天花板上的。泥土地坪的简易货棚内的货位标志，可利用柱、墙、顶、梁涂刷或悬挂标牌。

（2）标志制作

统一使用阿拉伯数字制作货位编号标志。在制作库房和走道、支道的标志时，可在阿拉伯数字外再辅以圆圈，并且可用不同直径的圆表示不同部分的标志。

（3）编号顺序

仓库范围的房、棚、场以及库房内的走道、支道、段位的编号，基本上都按进门的方向以左单右双或自左而右的规则编排。

（4）段位间隔

段位间隔的宽窄取决于储存物品批量的大小。

3．货位编号的方法

（1）地址法

利用保管区中的现成参考单位如建筑物第几栋、区段、排、行、层、格等，按相关顺序编号，如同地址的市、区、路、号一样。通常采用的编号方法为"四号定位"法。

"四号定位"法是采用4个数字号码对应库房（货场）、货架（货区）、层次（排次）、货位（垛位）进行统一编号的方法。

【例】"3-4-3-8"编号，就是指3号库房（3号货场）、4号货架（4号货区）、第3层（第3排）、8号货位（8号垛位）。

①货架货位编号。此方法是将库区号当作整个仓库的分区编号，货架号则是面向货架从左至右编号，货架层次号即从下层向上层依次编号，货架列号即面对货架从左侧起横向依次编号。

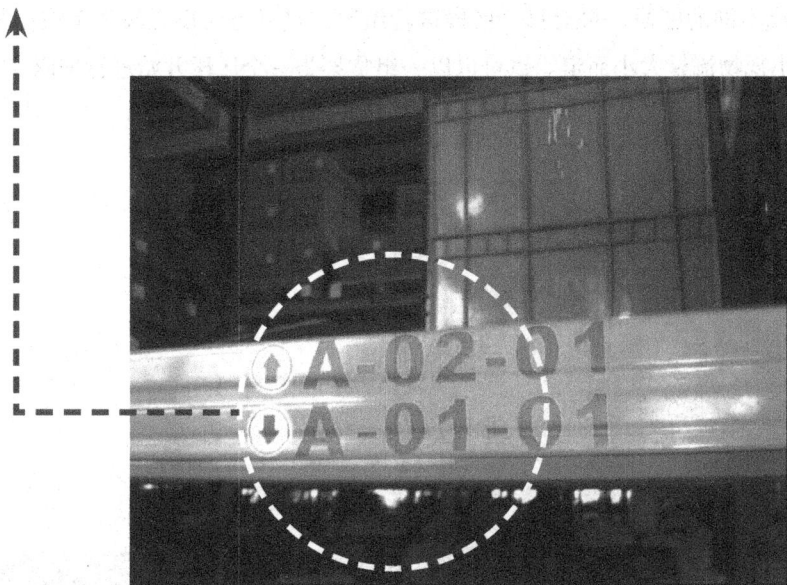

【例】3号库区2号货架第4层第3列用"3-2-4-3"表示。

编号时，为防止出现错觉，可在第一位数字后加上拼音字母"K"、"C"或"P"来表示，这3个字母分别代表库房、货场、货棚。如5K-8-3-18，即为5号库，8号货架，第3层，第18号。

【例】B库房3号货架第4层第2列用"BK-3-4-2"表示。

②货场货位编号。货场货位编号一般有两种方法：按照货位的排列编成排号，再在排号内顺序编号；不编排号，则采取自左至右和自前至后的方法，顺序编号。

【例】D库房3号位4排2位用"DK-3-4-2"表示。

③以排为单位的货架货位编号。此方法将库房内所有的货架，按进入库门的方向，自左至右安排编号，继而对每排货架的夹层或格眼，在排的范围内以自上至下、自前至后的顺序编号。

【例】4号库房设置16排货架，每排货架有4层，每层有4个格眼，每排货架共有16个格眼，其中第6排货架，第8号格眼用"4-6-8"表示。

④以品种为单位的货架货位编号。此方法将库房内的货架，以物品的品种划分储存区域后，根据品种占用储存区域的大小，在分区编号的基础上进行格眼编号。

⑤以物品编号代替货架货位编号。此方法适用于进出频繁的零星散装物品；在编号时要注意货架格眼的大小，格眼数量多少应与存放物品的数量、体积大小相适应。

【例】某类商品的编号从10101号至10110号，储存货物的一个格眼可放10个编号的商品，则在货架格眼的木档上制作10101-10的编号，以此作为该格眼的编号。

（2）区段法

把保管区分成不同的区段，再对每个区段进行编码。这种方法以区段为单位，每个号码代表的区域大小视物流量大小而定。也可以以一组货架为一个区段开始进行编码。

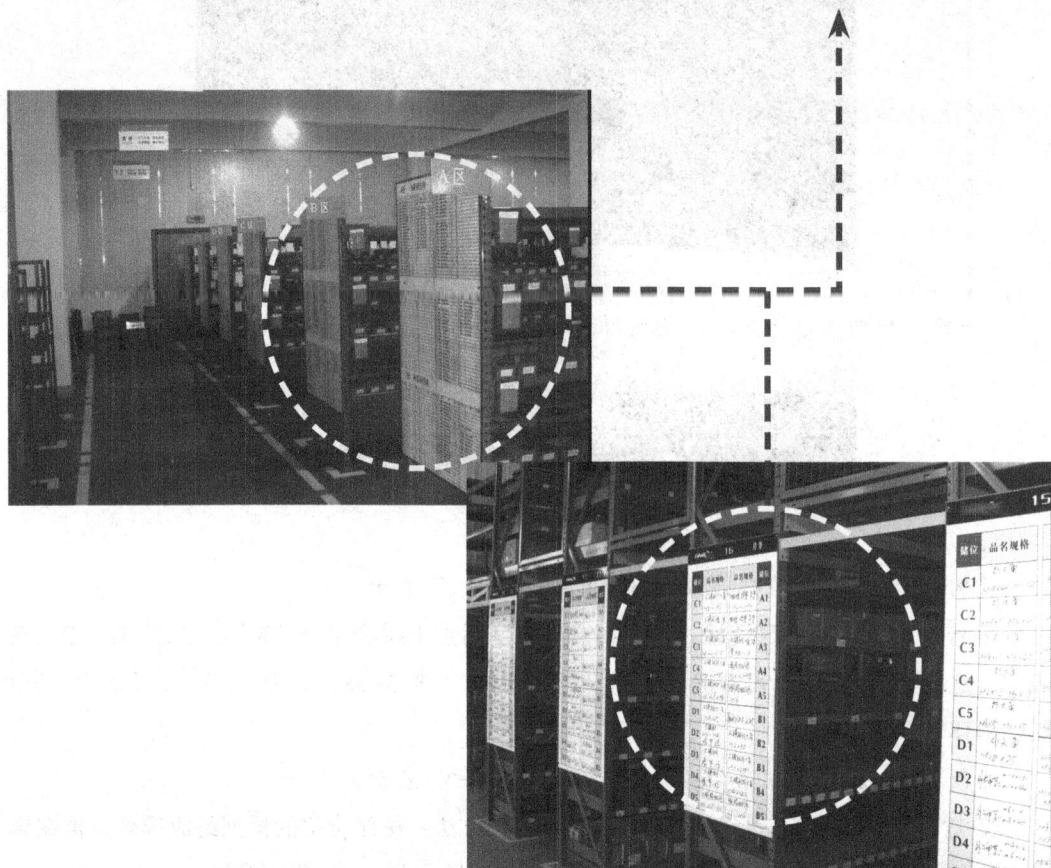

（3）品类群法

把一些相关物品经过集合后，分成几个品类群，再对每个品类群进行编码。此方法适用于容易按物品群保管的场合和品牌差距大的物品，例如电子群、五金群等。

4. 绘制货位图

为便于管理及提高工作效率，可将仓库内储存区域与货架分布情况绘制成物品货位图。常见的货位图有两种，分别示例如下。

【示例一】

A库：货架1、2、3、4、5 ------------------------- 玩具

货架6、7、8、9、10 ------------------------- 办公用品

货架11、12、13、14 ----------------------- 体育健身用品

B库：洗涤用品

C库：货架1、2、3 ----------------------- 女性服装

货架4、5、6 ----------------------- 儿童用品

D库：家用电器

【示例二】

品名	编号	库区号	货架号	货架层、列号
玩具熊	0015	A	1	3-1
城堡积木	0021	A	2	1-1
……				

5. 货位编号的注意事项

（1）物料、半成品、成品入库后，应将其所在货位的编号及时登记在保管账、卡的"货位号"栏中，并输入电脑。货位编号输入得正确与否，直接决定着出库物品的准确性，应认真对待这一项操作，以免出现差错。

（2）当物品所在的货位变动时，账、卡的货位号也应进行相应的调整，做到"见账知物"和"见物知账"。

（3）为了提高货位利用率，同一货位可以存放不同规格的物品，但必须采用具有明显区别的标志，以免造成差错。

（4）走道、支道不宜经常变动，否则不仅会打乱原来的货位编号，还会造成库房照明设备的调整。

（5）每个货架的显眼处应悬挂其物品放置图，图中列出每一层放置的物品，以方便查看。必要时，将物品堆放形态图全部贴出。

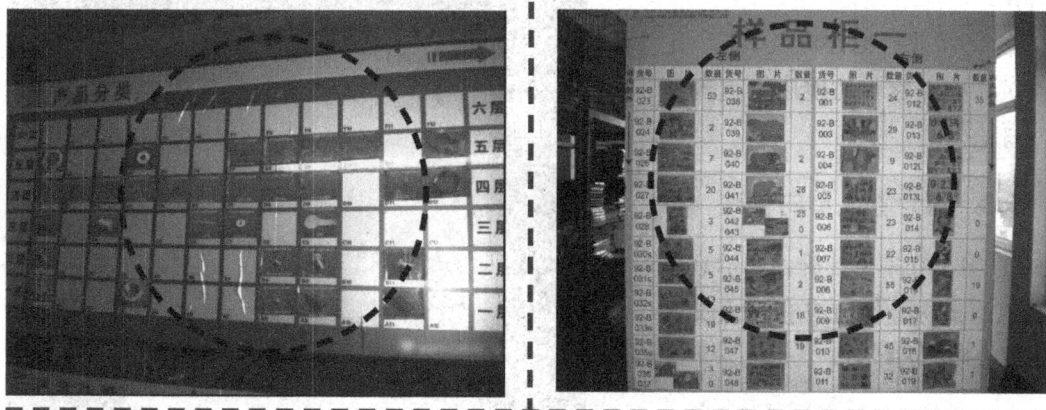

要点09：仓库组织管理

仓库在企业中有着重要的地位和作用，各级仓管人员具体承担着管理仓库的重任。

1．仓库与其他部门的关系

仓库肩负着物料的验收、摆放、发货以及向有关方面反映存货数量及存货状况的工作，与其他部门联系密切。为了合理配备仓库人员，必须先了解仓库与其他部门的关系。

（1）与生产部门。生产现场所使用的各种物料都来自于仓库，而生产现场的成品与半成品都必须入库保存。

（2）与财务部门。仓库各种物料的订购都必须向财务部门领取相应费用，而且仓库的所有物料都必须登记入账。

（3）与品质管理部门。二者是协作关系，共同对来料入库和成品出货做好质量检验控制。

（4）与采购部门。仓库的物料采购都必须通过采购部门进行。

2．对仓管人员的工作要求

仓管人员每天都要与物料接触，工作繁忙，责任重大。对仓管人员的工作要求一般有以下几项。

（1）要有强烈的责任心，对工作认真负责，一丝不苟。

（2）要爱护企业财产，对物料认真分类保管，轻拿轻放。

（3）要认真学习专业知识，努力使仓库的管理工作顺畅有序。

（4）要经常深入生产一线，了解各种物料的使用情况。

（5）要有良好的沟通意识，努力处理好与各用料部门的关系。

（6）要大胆工作，对浪费材料的现象敢于提出批评。

（7）要坚守工作岗位，不要无故请假、迟到早退，以免影响生产部门领料。

（8）要积极备料，推动生产进程。

（9）要严把材料入库关、定额关，确保材料的使用率达到控制目标。

3．对仓管人员的管理

（1）在墙上挂牌，标示仓库的组织架构，使所有仓管人员知道自身所处的位置。

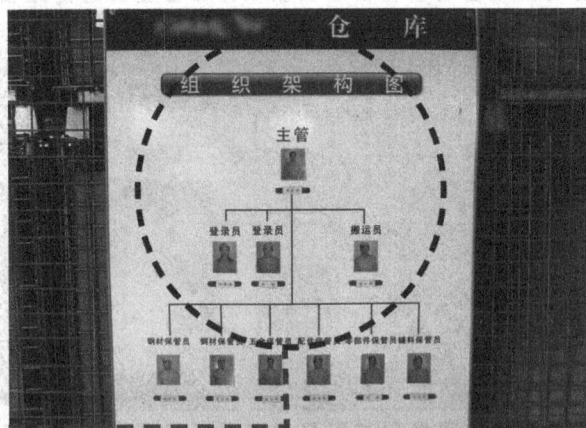

（2）设置学习专栏，供仓管人员进行日常学习。

（3）设置优秀员工榜，对优秀员工进行表彰。

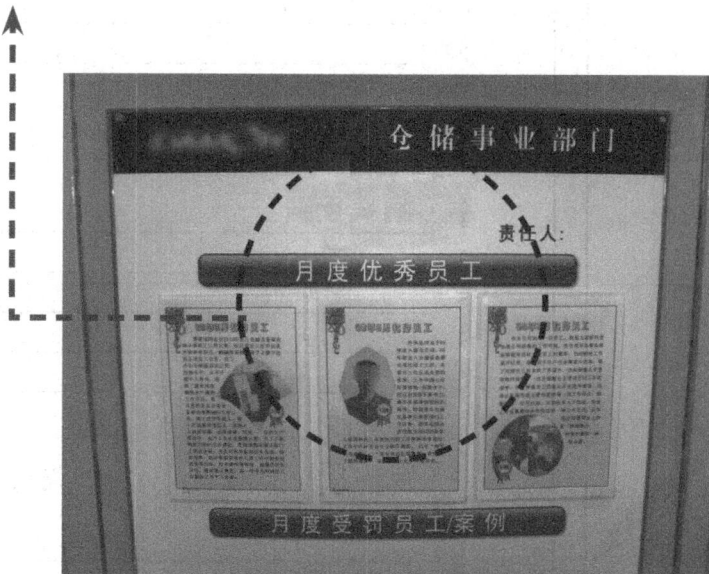

通过学习本章内容，想必您已经掌握了不少学习心得，请仔细填写下来，以便继续巩固学习。如果您在学习中遇到了一些难点，也请如实写下来，方便今后重复学习，彻底解决这些难点。

同时本章列举了大量实景图片，与具体的文本内容互为参照和补充，方便您边学边用，请如实填写您的运用计划，以使工作与学习相结合。

我的学习心得：

1. _____
2. _____
3. _____
4. _____
5. _____

我的学习难点：

1. _____
2. _____
3. _____
4. _____
5. _____

我的运用计划：

1. _____
2. _____
3. _____
4. _____
5. _____

第3章

工厂物品入库管理

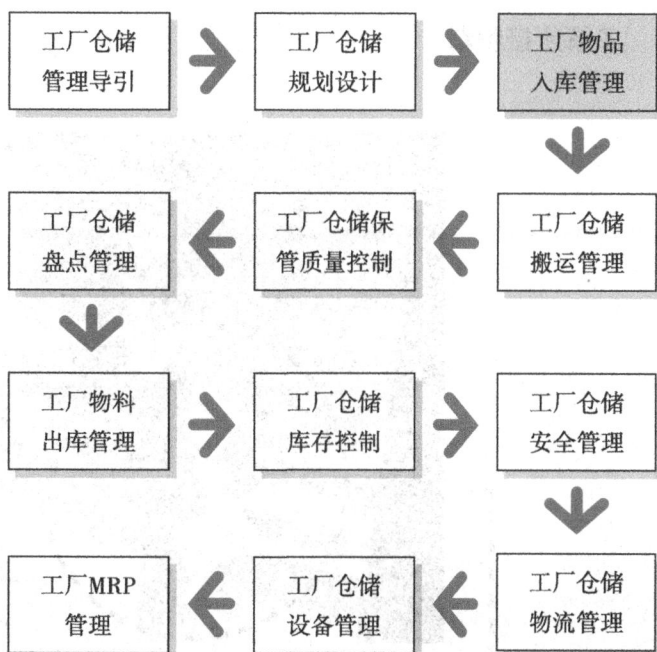

工厂仓储管理导引 → 工厂仓储规划设计 → 工厂物品入库管理

工厂仓储盘点管理 ← 工厂仓储保管质量控制 ← 工厂仓储搬运管理

工厂物料出库管理 → 工厂仓储库存控制 → 工厂仓储安全管理

工厂MRP管理 ← 工厂仓储设备管理 ← 工厂仓储物流管理

导视图

要点01：物料入库准备

仓库要想迅速、准确地接收每批入库存放物料，必须事先做好充分的入库准备工作，以防止由于突然到货而产生的慌乱和迟延接收。

物料入库前的准备工作一般有以下几个方面。

1. 了解所接物料

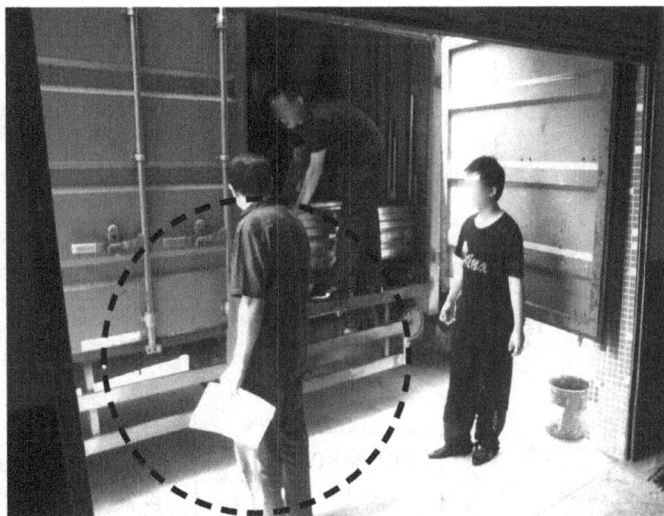

当仓管人员接到"收货通知"并确认其有效无误后，在物料到达之前应主动与采购部门或供应商联系，了解物料入库应具备的凭证和相关技术资料如物料的性质、特点、保管

事项等，尤其是对新物料或不熟悉的物料，更要提前了解相关信息。下例是某公司的收货通知单。

【参考范本】A公司收货通知单

A公司收货通知单

仓库：

我公司向B公司订购的×××材料将于_____年___月___日送达，请仓库接到通知后做好收货的各项准备。

A公司采购部（签章）

_____年___月___日

2．划分存放位置

仓管人员在确定物料存放的位置时，要综合考虑仓库的类型、规模、经营范围、用途，以及物料的自然属性、保养方法等因素。常见的划分物料存放位置的方法有以下五种，仓管人员需要根据物料的实际情况选择存放物料的方法。

（1）按物料的种类和性质分类储存

这是大多数仓库采用的分区分类储存方法，它要求按照物料的种类及性质，将其分类存放，以便于物料的保养。

（2）按物料的危险性质分类储存

这种方法主要用于储存危险品的特种仓库。它按照物料的危险性质，对易燃、易爆、易氧化、有腐蚀性、有毒害性、有放射性的物料分开存放，避免相互接触，防止事故的发生。

（3）按物料的归属单位分类储存

这种方法主要用于专门从事保管业务的仓库。根据物料所属的单位对其进行分区保存，可以提高物料出入库的作业效率，同时减少差错的发生。

（4）按物料的运输方式分类储存

这种方法主要用于物料储存期短而进出量较大的中转仓库或待运仓库。它依据物料的发运地及运输方式进行分类保存。

（5）按物料存储作业特点分类储存

根据物料储存作业时具体的操作方法，将物料分类储存。例如，将进出库频繁，需严格按照"先入先出"的原则储存的物料存放在车辆进出方便、装卸搬运容易、靠近库门的区域；而将储存期较长，不需严格按照"先入先出"的原则储存的物料，储存在库房深处或多层仓库的较上层。

3．整理存放区域

确定物料的具体存放位置后，就需要对相应区域做适当的整理工作，具体如下。

（1）准备验收场地。

（2）腾出存放空间。

（3）做好现场清洁工作，保证地面无脏污现象。

（4）备足苦垫用品。

（5）提前标示存放区域。

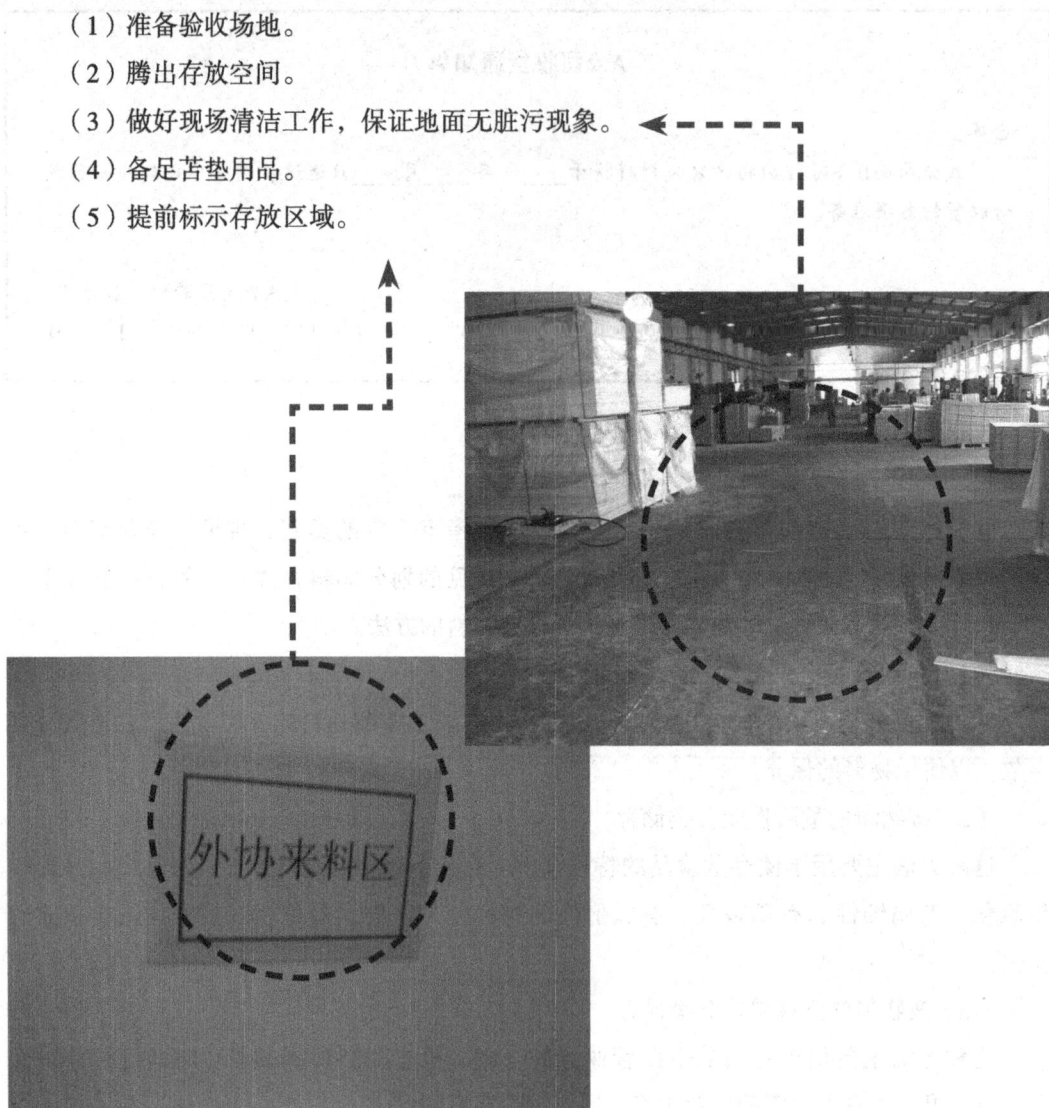

4．组织人力

按照物料到达的时间、地点、数量等，仓储部门要预先做好到货接运、检验、堆码等人力的组织安排。

5. 准备物力

仓储部门根据接收物料的种类、包装、数量以及接运方式等，确定搬运、检验、计量的方法，提前准备好所需卡板（通常卡板有木质和塑胶两种），配备好所用车辆，检验器材，度量衡器，装卸、搬运、堆码苫垫的工具，以及必要的防护用品、用具等。

要点02：物料接收基本流程

接收物料的管理过程包括从收到收货通知单开始，到把物料存放到规定的位置为止的整个过程。这一过程的顺利开展必须有具体的接收流程予以保障。

物料接收的具体步骤如图3-1所示。

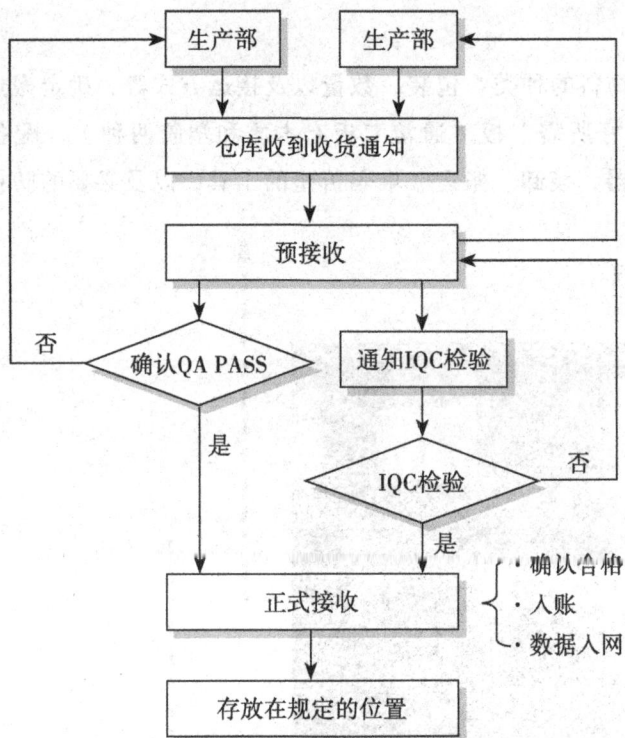

图3-1　物料接收的具体步骤

1．预接收物料

（1）送货单（见表3-1）是接收物料的凭证，是完成采购订单的具体体现。仓管人员一旦在送货单上签了字，就意味着该物料被接收，也就可以办理其他入账关联手续。

表3-1　送货单

TO: 地址：				电话：			编号： 日期：			
FROM: 地址：				电话：						
序号	订单号	品名	编号	规格	单位	数量	单价	金额	备注	

发货人：　　　　日期：　　　　　　　　收货人：　　　　日期：

（2）预接收物料的方法。仓管人员在预接收物料时要按以下的方法进行。

①确认实物、清点数量、检查外包装状态以及装箱标签和供应商的检验合格标记。确认过程中如发现任何问题，都要当面指出。

②接收员在送货单上签字。

③将签字后的送货单复印一份交给送货人，原件登记后送IQC（指企业中负责来料检验的相关人员），通知其做好检验准备，同时组织卸货工作。

2．通知检验

通知IQC检验的方式主要有两种：开来料报告单和直接转交送货单。

（1）开来料报告单，通知品质部IQC进行检验

来料报告单上详细地描述了检验过程和要求，如检查期限、注意事项、编号、追溯、检查结果、处理结果等，有利于物料的管控。但这种方法要多开一次单，显得比较麻烦。其具体的过程如图3-2所示。

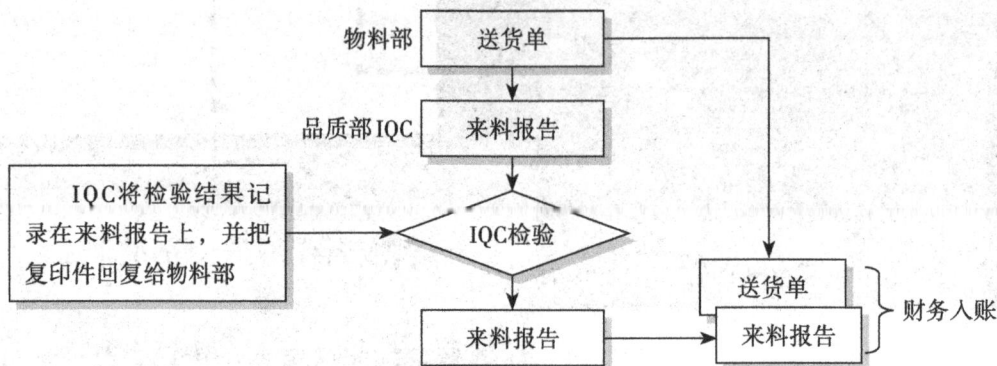

图3-2 开来料报告单通知IQC

（2）直接转交送货单，通知IQC检验

经过登记后在送货单上加盖本企业的编号印记后直接转交IQC。此方法比较简单，但不容易追溯，一旦送货单遗失就无法查考了。其过程如图3-3所示。

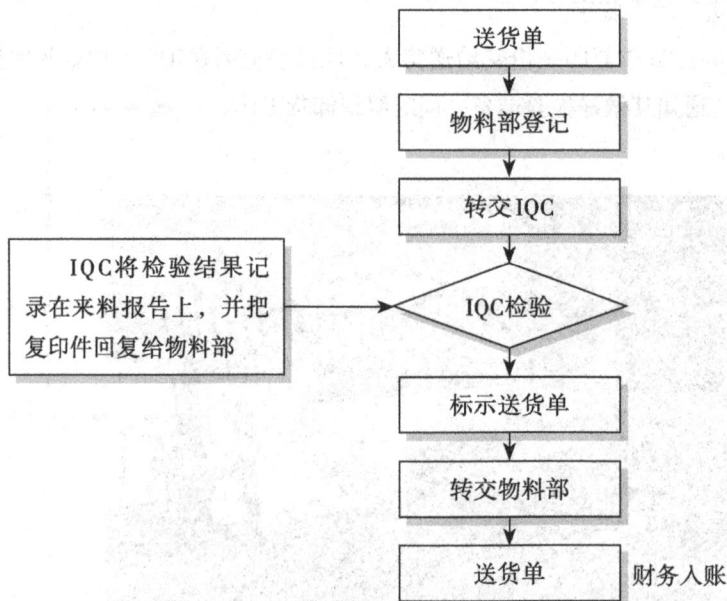

图3-3 直接转交送货单通知IQC

3. 按检验结果处理物料

（1）检验后物料的标示

①IQC检验员在送货单或来料报告上标注检验结果，如"合格"、"不合格"等。

②在被检验的物料或其外包装上标注检验结果，如粘贴"IQC合格"、"IQC不合格"标签等。

（2）依据检验结果处理相关物料

按检验结果处理物料的过程如图3-4所示。

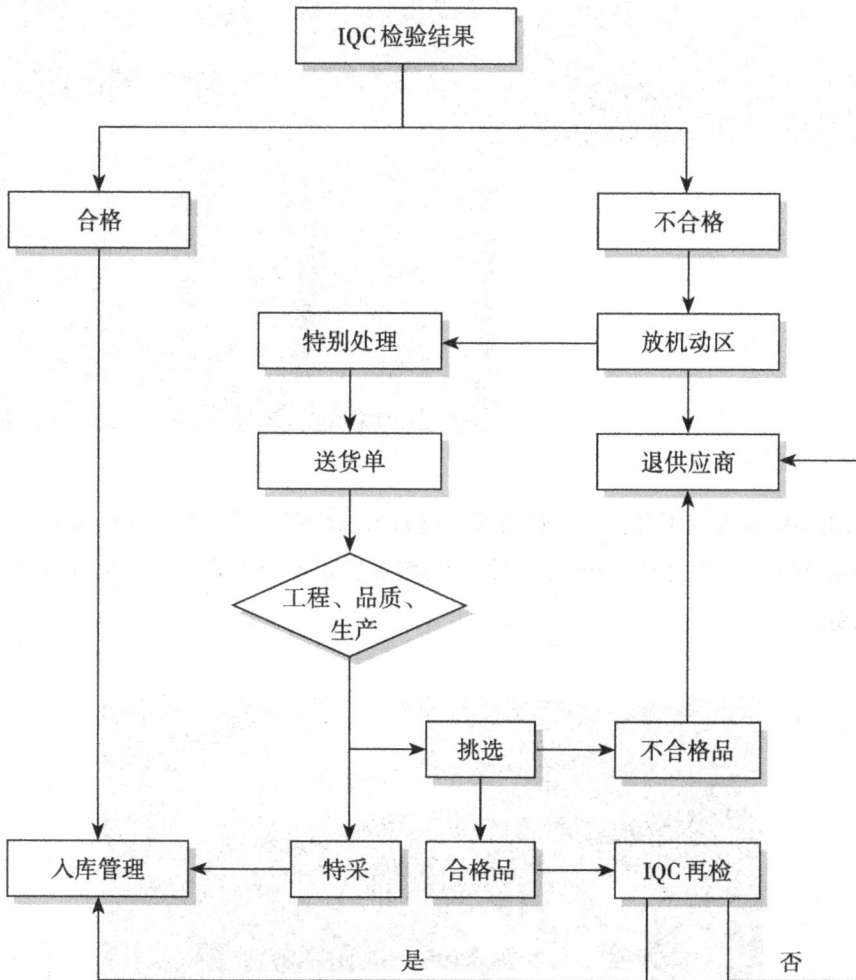

图3-4　按检验结果处理物料的流程

①如检验结果为"合格"，为被检物料贴上合格标签，并将其放置在规定的区域，摆放整齐，同时将相关数据登记入账。

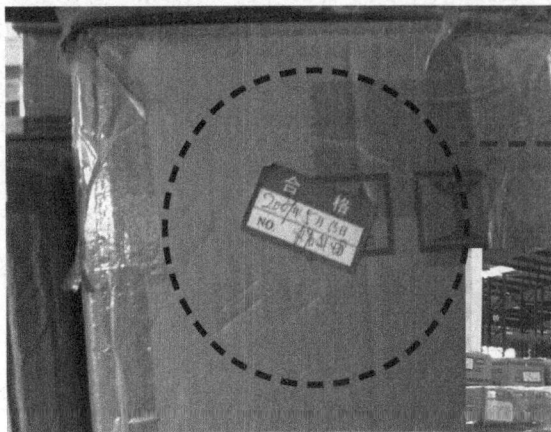

②如检验结果为"不合格"，仓储部门应通知采购部，看是否需要启动不合格品处理程序。如采购部回答为否时，仓储部门将该物料放置到不合格品区，并通知供应商在规定时间内拿走。

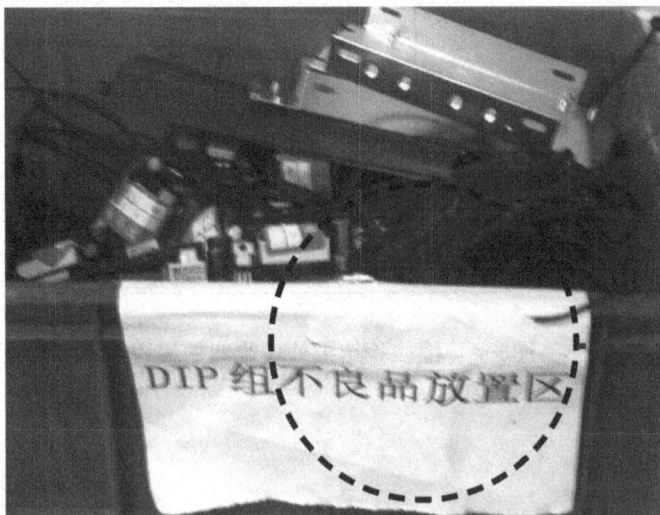

③如需要启动不合格品处理程序，应在采购部的引导下由工程、品质、生产等部门共同研讨决定处理方案，如挑选、特采等。

④仓储部门按上述决定结果对不合格品按规定的方法处理。

其一，将应予以挑选的物料放置到机动区。对选出的物料重新开"来料报告单"交IQC检验，检验结果合格时按合格品处理，不合格则贴上不合格标签，需要退货时就贴上相应退货标签。选剩的物料退还给供应商，并要求及时补料。

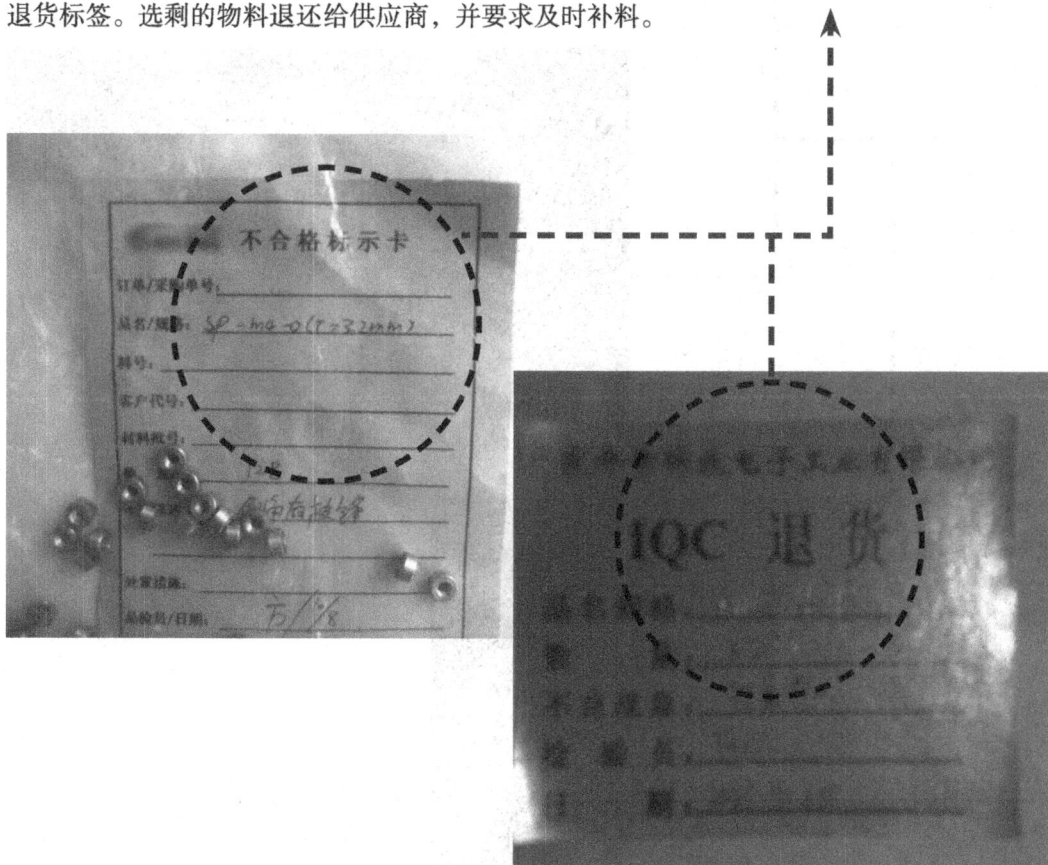

其二，将特采的物料挂上适当标志后按合格品处理。

（3）在供应商现场已实施检验的物料的处理方法

仓储部门对于IQC在供应商现场已实施检验的物料，依据其标志按合格品处理。

要点03：物料检验方式

无论是物流企业、制造企业还是流通型企业，仓库收到物料后，在物料入库前都应该根据企业自身的情况做好物料的验收工作，为物料的储存打下良好的基础。

物料检验方式如下。

1．数量检验

数量检验通常与检查接收工作一起进行。一般的做法是直接检验，但是当现货和送货单未同时到达时，就会实行大略式检验。另外，在检验时至少要核对两次数量，以确保数量准确无误。

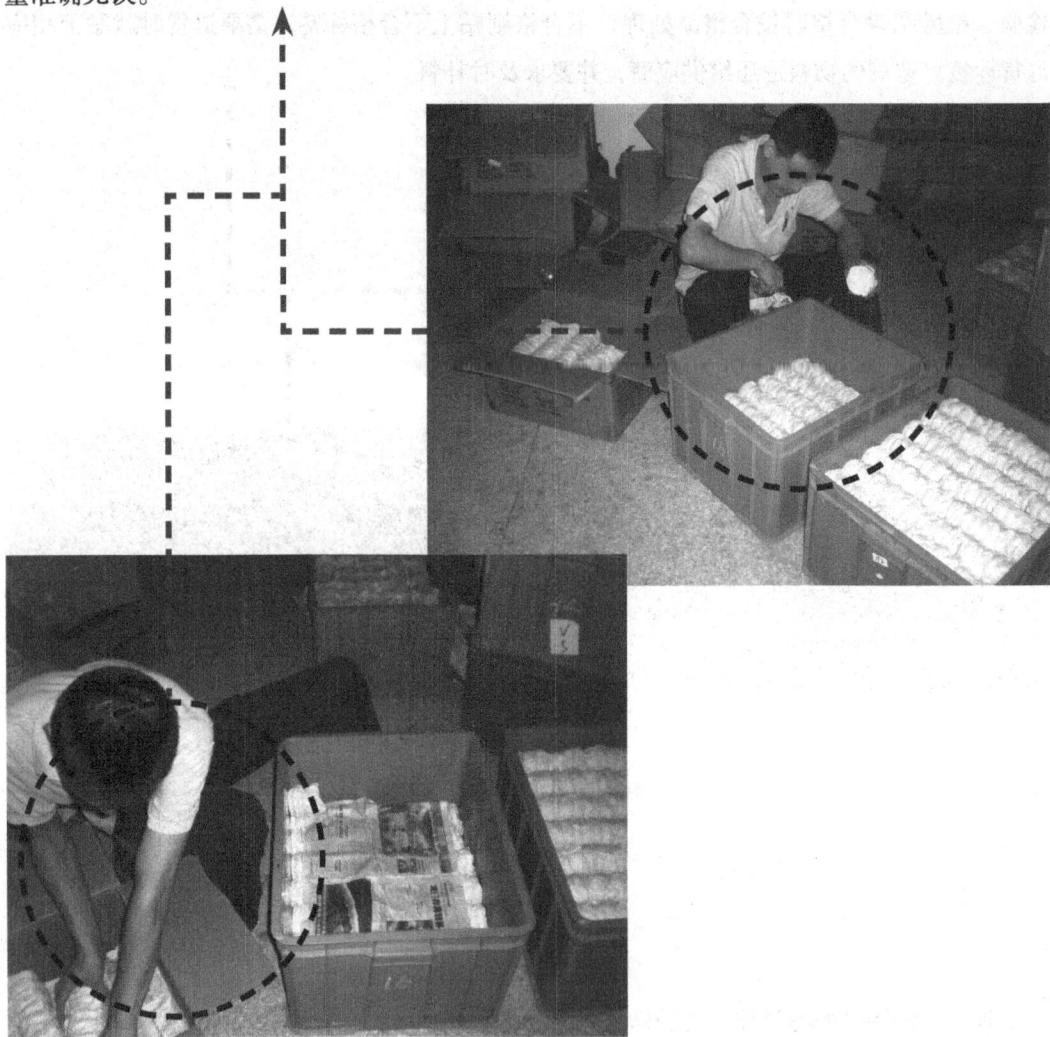

数量检验应注意以下问题。

（1）件数不符

在大数点收中，如发生件数与通知单所列不符，数量短少，经复点确认后，应立即在送货单各联上批注清楚，并按实际数量签收。同时，由仓管人员与承运人共同签章。经验收核对确认，由仓管人员将已查明的短少物料的品名、规格、数量通知承运单位和供应商，并开出短料报告（如表3-2所示），要求供应商补料。

表3-2　短料报告

TO：　　　　　　　　　　　　　　　　产品序列号（S/N码）：

FROM：　　　　　　　　　　　　　　　日期：

物料编码（P/N）			
供应商		订单号（PO No.）	
来料日期		短料数量	
收料仓员		要求补回数量	
短料原因			
仓储主管核实		质检证明	
处理意见		请供应商在_____前补回短料数。	

（2）包装异状

接收物料时，如发现包装有异状，仓管人员应会同送货人员开箱、拆包检查，查明残损或细数短少情况，由送货人员出具物料异状记录，或在送货单上注明。同时，应另行堆放，勿与以前接收的同种物料混堆在一起，以待处理。

如果物料包装损坏十分严重，仓库不能修复，应通知供应商派人员协助整理，然后再接收。未正式办理入库手续的物料，仓库要另行堆存。

（3）物料串库。

在点收本地入库物料时，如发现货与单不符，有部分物料错送来库的情况（俗称串库），仓管人员应将这部分与单不符的物料另行堆放，待应收的物料点收完毕后，交由送货人员带回，并在签收时如数减除。如在验收、堆码时才发现串库物料，仓管人员应及时通知送货员办理退货更正手续，不符的物料交送货或运输人员提走。

（4）物料异状损失，指接货时发现物料异状和损失的问题。

设有铁路专用线的仓库，在接收物料时如发现短少、水渍、玷污、损坏等情况，由物控人员直接与交通运输部门交涉。如遇车皮或船舱铅封损坏，经双方会同清查点验确有异状、损失情况的，应向交通运输部门按章索赔。如该批物料在托运之时，供应商另有附言，损失责任不属交通运输部门者，也应请其做好记录，以分清责任，并作为必要时向供应商要求赔偿损失的凭证。

在大数点收的同时，对每件物料的包装和标志要认真查看。检查包装是否完整、牢固，有无破损、受潮、水渍、油污等异状。物料包装的异状，往往是物料受到损害的一种外在现象。如果发现异状包装，必须单独存放，并打开包装详细检查内部物料有无短缺、破损和变质。逐一查看包装标志，目的在于防止不同物料混入，避免差错，并根据标志指示操作，确保入库储存安全。

2．品质检验

品质检验的目的是确认接收的物料与订购的物料是否一致。对于物料的检验，还可以用科学的红外线鉴定法等，或者依照验收的经验及对物料的认识采取其他检验方法。

（1）检验物料包装

这是验收物料的首要工作。物料包装的完整程度及干湿状况与内装物料的质量有着直接的关系。通过对包装的检验，能够发现在储存、运输物料过程中可能发生的意外，并据此推断出物料的受损情况。

①当发现包装上有人为挖洞、开缝的现象时，说明物料在运输的过程中有被盗窃的可能，此时要对物料的数量进行仔细核对。

②当发现包装上有水渍、潮湿时，表明物料在运输的过程中有被雨淋、水浸或物料本身出现潮解、渗漏的现象，此时要对物料进行开箱检验。

③当发现包装有被污染的痕迹时，说明可能由于配装不当，引起了物料的泄漏，并导致物料之间相互玷污，此时要将物料送交质量检验部门检验，以确定物料的质量是否产生了变化。

④当发现包装破损时，说明包装结构不良、材质不当或装卸过程中有乱摔、乱扔、碰撞等情况，此时包装内的物料可能会出现磕碰、挤压等情况，影响了物料的质量。

对物料包装的检验是对物料质量进行检验的一个重要环节。通过观察物料包装的好坏可以有效地判断出物料在运送过程中可能出现的损伤，并据此制定对物料的进一步检验措施。

（2）检验外观质量

对物料包装的检验只能判断物料的大致情况，因此必须对物料的外观质量进行检验。物料外观质量检验的内容包括检验外观质量缺陷，外观质量受损情况及受潮、霉变和锈蚀情况等。

对物料外观质量的检验主要采用感观验收法，这是一种用感觉器官，如视觉、听觉、触觉、嗅觉来检查物料质量的方法。

①看。这是对物料外观质量进行检验的最主要方法，检验人员通过观察物料的外观，确定其质量是否符合要求。

②听。听是指通过轻敲某些物料，细听发声，鉴别其质量有无缺陷。如原箱未开的热水瓶，可以通过转动箱体，听其内部有无玻璃碎片撞击之声，从而辨别有无

请注意

感观验收法简便易行，不需要专门设备，但是却有一定的主观性，容易受检验人员的经验、操作方法和环境等因素的影响。

破损。

③摸。摸是指用手触摸包装内物料，以判断物料是否有受潮、变质等异常情况。

④嗅。嗅是指用鼻嗅物料是否已失去应有的气味，或有串味及漏异味的现象。

对于不需要进行进一步质量检验的物料，仓管人员在完成上述检验并判断物料合格后，就可以为物料办理入库手续了。对于那些需要进一步进行内在质量检验的物料，仓管人员应该通知质量检验部门对产品进行质量检验，待检验合格后才能办理物料的入库手续。

物料的检查方式有全检和抽检两种，一般而言，高级品或是品牌物料都应做全面性检查，而购入数量大，或是单价低的物料，宜采取抽样检查方式。

3．契约（采购）条件检查

检验相关采购契约条件，如商品品质、数量、交货、价格、货款结算等条件是否与合同规定相符等。

要点04：物料入库登记

物料验收合格后，仓管人员应该为物料办理入库手续，并根据物料的实际检验及入库情况填写物料入库单，然后再对物料进行登账、设卡以及建档管理，并将必要的数据计入入库单。

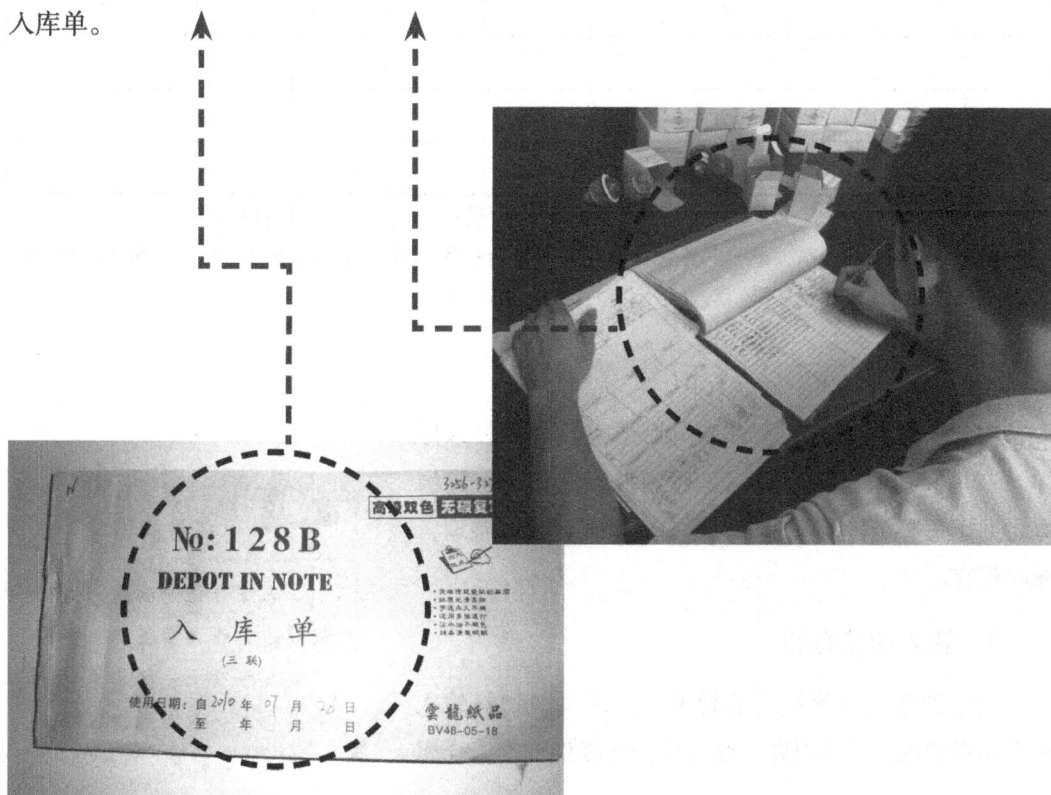

1. 入库单填制

（1）入库单的种类

入库单是记录入库物料信息的单据，它应记录物料的名称、编号、实际验收数量、进货价格等内容。

①外购物料入库单

外购物料入库单是指企业从其他单位采购的原材料或产品入库时所填写的单据。它除了记录物料的名称、编号、实际验收数量、进货价格等内容外，还要记录与采购有关的合同编号、采购价格、结算方式等内容，其具体格式如表3-4所示。

表3-4　物料入库单

采购合同号：　　　　　　件数：　　　　　　入库时间：

物料名称	品种	型号	编号	数量			进货单价	金额	结算方式	
				进货量	实点量	量差			合同	现款

采购部经理：　　　　采购员：　　　　仓管员：　　　　核价员：

备注：该表一式三联，第一联留做仓库登记实物账；第二联交给采购部门，作为采购员办理付款的依据；第三联交给财务记账。

（2）填制入库单

物料验收合格后，仓管人员要据实填写物料入库单。在填写时，仓管人员应该做到内容完整、字迹清晰，并于每日工作结束后将入库单的存根联进行整理，统一保存。

2. 建立收货台账

为了便于对入库物料的管理，正确反映物料的入库及结存情况，并为对账、盘点等作业提供依据，仓库

请注意

入库登记是物料入账的依据，必须真实正确，企业可以参照以上一些表格设计出适合本企业实际情况的入库登记管理制度。

还要建立收货台账。收货台账中应详细列明入库物料的基本情况，如物料编号、规格、型号、数量、检验员、收货员等。一些特殊情况如属让步收货、超量采购等，则应在备注中注明。

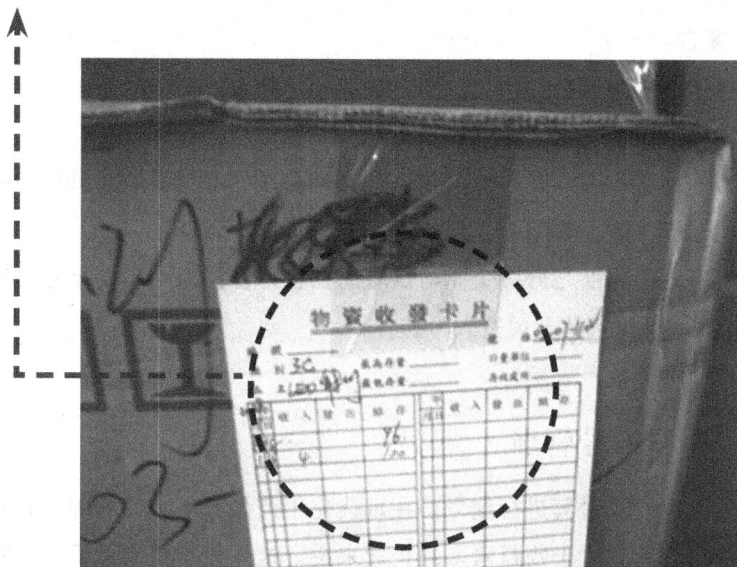

表3-5 收货台账

时间：

序号	物料编号	物料名称	规格型号	单位	入库数量	入库日期	实收数量	品质等级	采购单号	入库人员	检验员	收货员	储存位置	备注

复核： 统计：

要点05：物料入库损害赔偿

如果出现物料和现品不同、物料中有不良品、物料有一部分没达到质量标准、物料数量不足、交期延迟或是出货不符等情形，就会涉及到损害赔偿的问题。

损害赔偿是由于检验的结果和订购的数量、品质及条件出现了不一致，而导致的物料的质量不达标、数量不足等问题。所提出的赔偿的方式会依问题的严重程度不同而分为以下几种。

（1）提出警告。

（2）要求物料赔偿。

（3）要求金钱赔偿。

重要的是第（2）点与第（3）点。第（2）点可以要求损害赔偿、降价、拒绝支付等；而第（3）点可以要求解约，或者搭配组合，以追求责任归属。

损害赔偿有不同的程度之分，企业与供应商在签订合同时一定要事先约定好相关赔偿条款，以免事发时，纠缠不清，耗费人力物力。

要点06：物料编号管理

物料正式入库后，应对其进行编号。在现代化生产条件下，物料编号是正确有效地进行物料管理的前提，尤其对于物料繁多的企业来说，这点显得更为重要。物料编号就是用编号来代表物料，每种物料对应一个唯一的编号。物料的编号相当于人的身份证号码。

1．物料编号的作用

（1）增进物料资料的准确性。如果物料的领用、发放、请购、跟催、盘点、储存、保管、记账等一切物料管理事务性的工作均通过物料编号查核的话，物料管理就较容易，准确率也高，物料名称混乱的情况就不易发生了。

（2）提高物料管理的效率。在物料管理中，用物料编号代替文字的记录，能使各种物料管理事务简单省事，效率提高。

（3）有利于ERP系统的管理。物料全部编号，配合电脑化系统处理，检索、分析、查询、计算都非常方便。

（4）减低物料库存、降低成本。物料编号有利于物料存量的控制，有利于防止呆滞废料的产生，并提高物料活动的工作效率，减少资金的积压，降低成本。

（5）防止各种物料舞弊事件的发生。物料编码后，物料收支两条线管理，对物料进出容易追踪，物料记录也相对正确，物料储存保管有序，可以减少或防止物料舞弊事件的发生。

（6）便于物料的领用。每种物料都有唯一的料号，物料的领用与发放更方便，并能减少错领错用事件。

3．物料编号的基本要求

物料编号应遵循简单、唯一性等要求，具体如表3-6所示。

表3-6 物料编号的要求

序号	要求	具体要求
1	简单	物料编号使用各种文字、符号、字母、数字来表示时尽量简单明了，不必编得太复杂，以利于记忆、查询、阅读、抄写等各种工作，并可减少出错的机会
2	分类延展	对于复杂的物料，进行大分类后还要进行细分类，如五金类可再细分为五金管材类、螺栓类等，管材类可再细分不锈钢管、碳钢管等，不锈钢管又有不同的大小规格。所以编号时应注意所选择的数字或字母要具有延展性
3	一一对应	一个物料编号只能代表一项物料，不能用一个物料编号代表数项物料，或数个物料编号代表一项物料
4	有规律	物料编号要统一，分类要具有规律性，不能这次编号按某一标准分，下次编号按另一标准分，这样很容易造成混乱
5	具有伸缩性	物料编号要考虑到未来新产品、新物料存在发展扩充的情形，要预留一定的余地，产生的新物料也有对应的唯一的料号
6	有组织、有顺序	物料编号应有组织、有顺序，以便根据物料编号查询某项物料的资料
7	能适应电脑管理	要考虑使物料编号在电脑系统上查询方便、输入方便、检索方便
8	易记忆	物料编号还应选择容易记忆、有规律的方法，有暗示和联想的作用，使人不必强制性地记忆

4. 物料编号的结构组成

物料编号的结构组成如下：部组用一位数字表示（1~9），大类用一位数字表示（1~9）；中类用一位数字表示（1~9）；小类用一位数字表示（1~9）；具体型号用两位数字表示（01~99）。

5. 物料编号的方法

（1）数字法

数字法是以阿拉伯数字为编号工具，按属性方式、流水方式或阶层方式等进行编号的一种方法。具体如表3-7所示。

表3-7　数字法编号

类别	分配号码
塑胶类	01～15
五金类	16～30
电子类	31～45
包材类	46～60
化工类	61～75
其他类	76～90

（2）字母法

字母法是以英文字母为编号工具，按各种方式进行编号的一种编号方法。具体表3-8所示。

表3-8　字母法编号

采购金额	物料种类	物料颜色
A：高价物料 B：中价物料 C：低价物料	A：五金 B：塑胶 C：电子 D：包材 E：化工	A：红色 B：橙色 C：黄色 D：绿色 E：青色 F：蓝色 G：紫色

（3）暗示法

暗示法是以字母或数字作为编号工具，进行物料编号的方法。字母数字与物料能产生一定规律的联想，看到编号能联想到相应的物料。具体如表3-9所示。

表3-9　暗示法编号

编号	螺丝规格（毫米）
03008	3×8
04010	4×10
08015	8×15

（续表）

编号	螺丝规格（毫米）
15045	15×45
12035	12×35
20100	20×100

（4）混合法

混合法是指将以上三种方法综合运用，即字母、数字、暗示法同时使用的一种方法，这是一种最好的方法。

例如，电风扇塑胶底座（10）、高价（A）、ABS料（A）、黑色（B）、顺序号（003），其编号为"10-AAB-003"。

5. 物料编号的注意事项

（1）集团的物料编号管理

集团的物料编号一般需要专职部门统筹管理。如果实施分散管理，也要求各分企业遵循相同的编号原则。另外，集团内部各部门应该采用相同的编号规则对所有物料进行统一编号管理，这有利于集团的物料管理，也便于对外交流和协调。

（2）物料描述的规范性

物料命名不规范容易在使用过程中产生许多问题。到目前为止，有关产品和物料的命名还没有国际标准，也没有国家标准，也不存在行业标准，有些企业制定了自己的命名规范，但在推广和执行过程中都遇到不同程度的阻碍，造成不规范的实际后果，这给物料规范化和标准化的实施带来了较大困难。

要准确描述一种物料仅有名称是不够的，还需要辅助的规格、型号、图号、颜色、材质等属性。这些属性和名称的组合，如果没有规范定义排列位置，将产生混乱。

（3）物料编号与产品明细表

物料编号反映的仅仅是物料本身的技术性能和物理特征，而不反映它与产品之间的层次结构。物料与部件、产品之间的层次隶属关系由产品明细表（如表3-10所示）确定。如果把产品的层次关系体现在物料编号里，不利于物料本身的管理，也不利于产品之间的物料借用。

同时，物料编号不但与产品明细表之间存在关系，也与工艺路线之间存在关系。

表3-10　产品明细表

产品名称				产品型号				
产品料号				客户				
阶数	料号	名称	规格	单位	标准用量	标准损耗率	来源	图号

确认：　　　　审核：　　　　制定：

（4）数据加工过程的信息失真。

数据加工和传播过程往往伴随着信息失真，尤其是不同业务部门之间的信息传递，业务人员根据自己的需求加工数据更容易导致信息的失真和歧义。如何避免数据加工过程中的信息失真，是情报学研究的范畴，目前还没有比较有效的方法。

数据加工的常用工具有Excel等。在Excel中，可以方便地进行数据的排序、过滤、分列、合并和运算以及表与表之间的数据链接等操作，这些操作都有可能产生数据的错乱，处理完成后一定要进行数据的校验。

要点07：物料定位与标示

1．物料的定位

将物料进行定位，对于物料的查找、使用和整理有很大的帮助。同区内各物料的定位依据下述原则。

（1）以基准存量和容量预留空间，如图3-6所示。

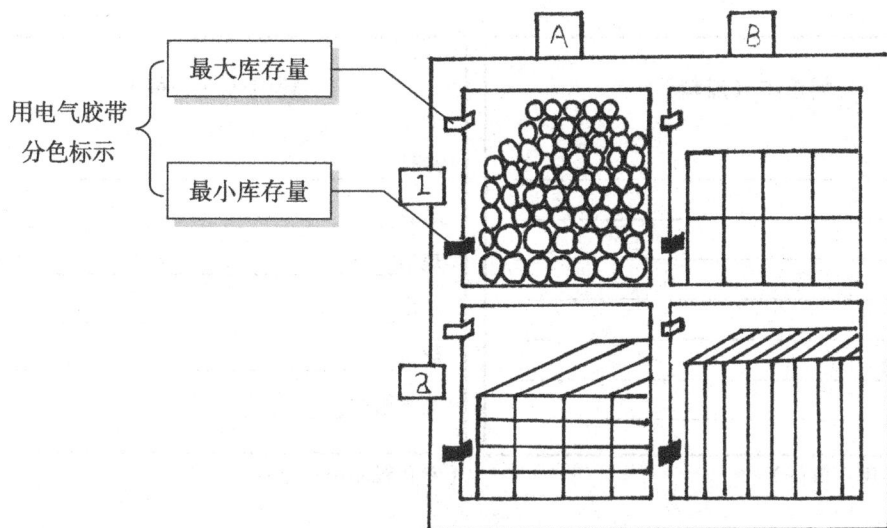

图3-6 以基准存量和容量预留空间

（2）进出频繁的物料，应考虑其装卸的便捷性。

（3）符合先进先出的存放方式。

（4）将各区的位置按货架或储柜等编号，如B02代表B区第2个货架，C10代表C区第10个货架。

（5）物料存放的货位号码填于账册的"存放地点"栏或"备注"栏，以方便了解物料储位，遵循先进先出的原则。

物料定位可设计一些定位卡来标示，如表3-11～表3-15所示。

表3-11　料位卡（一）　　　　　　表3-12　料位卡（二）

料位卡（专案）

编号＿＿＿＿＿＿＿＿＿＿＿
品名＿＿＿＿＿＿＿＿＿＿＿
规格＿＿＿＿＿＿＿＿＿＿＿
单位＿＿＿＿＿＿＿＿＿＿＿
数量＿＿＿＿＿＿＿＿＿＿＿
基本用途＿＿＿＿＿＿＿＿＿

（专案料品用：浅红色）

料位卡（备品）

编号＿＿＿＿＿＿＿＿＿＿＿
品名＿＿＿＿＿＿＿＿＿＿＿
规格＿＿＿＿＿＿＿＿＿＿＿
单位＿＿＿＿＿＿＿＿＿＿＿
数量＿＿＿＿＿＿＿＿＿＿＿
基本用途＿＿＿＿＿＿＿＿＿

（专案料品用：青绿色）

表3-13　料位卡（三）　　　　　　表3-14　料位卡（四）

料位卡（滞料）

编号＿＿＿＿＿＿＿＿＿＿＿
品名＿＿＿＿＿＿＿＿＿＿＿
规格＿＿＿＿＿＿＿＿＿＿＿
单位＿＿＿＿＿＿＿＿＿＿＿
数量＿＿＿＿＿＿＿＿＿＿＿
基本用途＿＿＿＿＿＿＿＿＿
滞存部门＿＿＿＿＿＿＿＿＿

（专案料品用：黄色）

料位卡（一般）

编号＿＿＿＿＿＿＿＿＿＿＿
品名＿＿＿＿＿＿＿＿＿＿＿
规格＿＿＿＿＿＿＿＿＿＿＿
单位＿＿＿＿＿＿＿＿＿＿＿
数量＿＿＿＿＿＿＿＿＿＿＿
基本用途＿＿＿＿＿＿＿＿＿

（专案料品用：白色）

表3-15　料位卡（五）

料位卡（包装、配件）

编号＿＿＿＿＿＿＿＿＿＿＿
品名＿＿＿＿＿＿＿＿＿＿＿
规格＿＿＿＿＿＿＿＿＿＿＿
单位＿＿＿＿＿＿＿＿＿＿＿
数量＿＿＿＿＿＿＿＿＿＿＿
基本用途＿＿＿＿＿＿＿＿＿
滞存部门＿＿＿＿＿＿＿＿＿

（专案料品用：朱红色）

2．物料的标示

物料标示应遵循下列原则。

（1）建立物料管理卡、物料标示牌，明确标示物料的编号、品名、规格、单位、数量、入厂日期等。物料进、出之后，其标示的数量、日期等内容应及时变更。如果物料是装在袋中的，则物料标示牌应附在袋上。

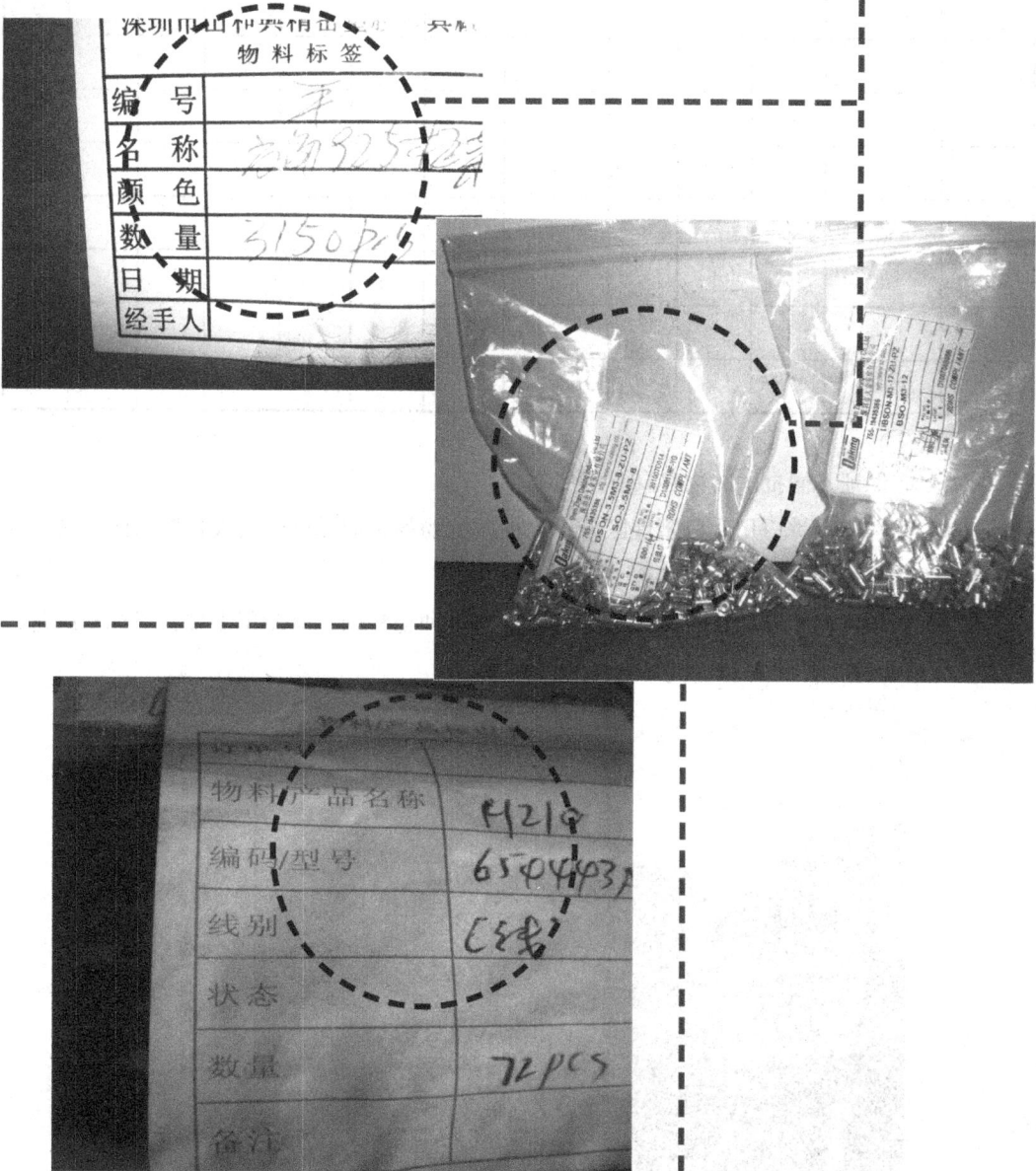

物料管理卡的模板如表3-16所示。

表3-16　物料管理卡

物料名称：		规格：			最高存量：			最低存量：		
物料编号：		存放位置：						订购量：		

日期（月日）	收发、领退凭单	收料记录			生产制令单号	领料单位	发料记录		结存记录			核对
		数量	单价	金额			数量	金额	数量	单价	金额	

（2）应保证不同批次的物料具有可追溯性。

（3）物料标示牌应用颜色管理区分不同性质的物料，如绿色区代表合格品区，黄色区代表待检暂存品区，红色区代表退货品区等等。

（4）如果物料是储存在物料箱内，且箱内有多种物料的，应使用多种物料标示牌进行标示。

要点08：半成品、成品入库控制

除了做好物料的入库工作外，仓库主管也要督促下属人员做好半成品和成品的入库工作。仓库主管应明确入库作业准备的基本事项，方便员工操作。

1．入库之前的检验程序

接收到成品仓的产品必须是经过检验合格并贴有"QC PASSED"等标记的合格产品。

（1）生产部生产的半成品或成品在入库前，应由现场物料人员开具入库单，注明制造命令、产品名称、编号、规格、数量后，送品质部检验。

（2）品质部依"最终检验规定"实施检验。

（3）检验结果有"合格"（或允收）、"不合格"（或拒收）与"特采"（或让步接收）三种。

（4）判定不合格的物品，由品质部在入库单上注明"不合格"，并开具"不合格通知单"。"不合格通过单"一式两联，第一联由品质部自存，第二联转生产部安排重检作业。

2．入库作业确认事项

判定合格或特采的产品，由生产部送往仓库办理入库手续。仓库接收时要确认以下事项。

（1）确认入库单填写完整、内容正确。

（2）确认入库的实物与入库单的内容相一致。

（3）确认入库的产品包装状态完好。

（4）按规定的方式把已经确认的产品摆放好，做好标记，并入账，记入相关单据如表3-11、3-12中。

表3-11　成品/半成品入库单

编号：　　　　　　□成品　□半成品　　　　　　入库日期：

物料名称	型号	规格说明	编号	数量	生产日期	批号	检验单号	备注

经办人：　　　　　　复核人：　　　　　　仓管员：

　　备注：产品入库单一般一式三联，一联留做仓库存根记账，一联交生产部，一联交财务部核算及记账。

表3-12　入库日记表

单据种类：　　　　　　　　　　　　　　　　入库日期：

检收单号	品名	规格	代号	单位	数量	单价	金额	厂商	请购单编号	备注

　　（5）为入库的半成品、成品编制"库存卡"，表明其储存位置、存量等。

学习笔记

通过学习本章内容，想必您已经掌握了不少学习心得，请仔细填写下来，以便继续巩固学习。如果您在学习中遇到了一些难点，也请如实写下来，方便今后重复学习，彻底解决这些难点。

同时本章列举了大量实景图片，与具体的文本内容互为参照和补充，方便您边学边用，请如实填写您的运用计划，以使工作与学习相结合。

我的学习心得：

1. _____
2. _____
3. _____
4. _____
5. _____

我的学习难点：

1. _____
2. _____
3. _____
4. _____
5. _____

我的运用计划：

1. _____
2. _____
3. _____
4. _____
5. _____

第 4 章

工厂仓储搬运管理

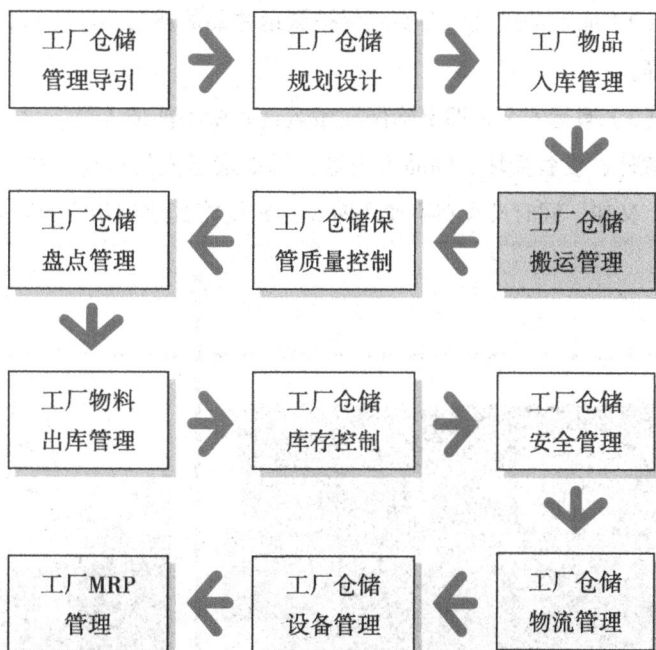

导视图

- 工厂仓储管理导引 → 工厂仓储规划设计 → 工厂物品入库管理
- 工厂仓储盘点管理 ← 工厂仓储保管质量控制 ← 工厂仓储搬运管理
- 工厂物料出库管理 → 工厂仓储库存控制 → 工厂仓储安全管理
- 工厂MRP管理 ← 工厂仓储设备管理 ← 工厂仓储物流管理

搬运是仓库现场作业的重要内容之
一，搬运人员必须遵守搬运的基本规则，
认真完成搬运工作。

要点01：仓储搬运的基本规则

搬运就是把物品由某一个位置转移到另一个位置的过程。但是，如果仅仅是物品位移的话也许这个搬运就是没有意义的，甚至有时是失效的。所以，搬运过程也要强调一些要求。

常见的搬运要求如下。

（1）搬运的时效性，即要遵守搬运计划的规定，按时按量、准确而及时地实施搬运。

（2）搬运的质量，即要确保被搬运物品的质量不能降低，如不能发生性能损坏、物品变质等。

（3）搬运安全，即要确保在搬运过程中不能使人员、设备、物品等发生事故，如人身安全意外、设备损坏、物品丢失等。例如搬运人员从高处往地处搬运时，应顺着梯子慢慢走下。又如，同时叉车在不使用时，一定要将其放到相应的区域，不能插在卡板内。

（4）在仓库外搬运时要注意不要撞到防撞栏。

要点02：仓储搬运方法

搬运方法是为实现搬运目标而采取的搬运作业手法，搬运工具的选择视不同物品的属性而定。二者的选择将直接影响到搬运作业的质量、效果、安全和效率。

1. 认识"搬运作业指导书"

"搬运作业指导书"是一种规范性文件，它为广大仓库搬运作业人员实施搬运作业提供了指导和依据。它的作用和要求如下。

（1）"搬运作业指导书"用来指示搬运方法、明确步骤、规范搬运作业，从而确保物品能够得到妥善的搬运。

（2）"搬运作业指导书"适合于所有在公司内发生的搬运和装卸作业，也包括公司外部人员在公司内部进行的搬运和装卸作业。

"搬运作业指导书"应包括以下内容。

①搬运人员的职责。

②搬运设备、工具的使用方法。

③搬运方式的选择要求。

④搬运过程中的注意事项。

⑤搬运事故处理方法。

⑥装载物品的方法。

⑦卸下物品的方法。

⑧物品堆放方法。

⑨特种物品搬运方法。

⑩适当的图示指引。

2. 搬运方法

搬运方法是为实现搬运目标而采取的搬运作业手法，它将直接影响到搬运作业的质量、效果、安全和效率。通常而言，搬运方法有以下几种。

（1）按搬运作业对象分

按搬运作业对象可分为以下几种。

①单件搬运作业法，即逐个、逐件地进行搬运和装卸，主要针对庞大、笨重的物品。

②集装单元搬运作业法，即像集装箱一样实施搬运。

③散装搬运作业法，就是对无包装的散料，如水泥、沙石、钢筋等直接进行装卸和搬运。

（2）按搬运作业手段分

按搬运作业手段可分为以下几种。

①人工搬运作业法。该方法主要靠人力进行搬运作业，但有时也会使用简单的设备和工具，如手动叉车等。

②机械搬运作业法，即借助机械设备来完成物品的搬运。这里的机械设备不仅仅指简单的设备，还应包括性能比较优越的设备，如装卸机等。

③自动搬运作业法，一般是指在电脑的控制下来完成一系列的物品搬运，如利用自动上料机、机电一体化传输系统等完成物品的搬运。

（3）按搬运作业原理分

按搬运作业原理可分为以下几种。

①滑动法，就是利用物品的自重力而产生的下滑移动，比如利用滑桥、滑槽、滑管等搬运。

②牵引力法，即利用外部牵引力的驱动作用使物品产生移动，如拖拉车牵引、吊车牵引等。

③气压输送法，即利用正负空气压强产生的作用力吸送或压送粉状物品，如负压传输管道输送等。

（4）按搬运作业连续性分

按搬运作业连续性可分为以下几种。

①间歇搬运作业法，即搬运作业按一定的节奏停顿、循环，如利用起重机、叉车等搬运。

②连续搬运作业法，即搬运作业连续不间断地进行，如利用传送带、卷扬机等搬运。

（5）按搬运作业方向分

按搬运作业方向可分为以下几种。

①水平搬运作业法，也就是以实现物品产生搬运距离为目的的搬运方法，如把物品由甲地运往乙地。

②垂直搬运作业法，也就是以实现物品产生搬运高度为目的的搬运方法，如把物品由地面升到一定的高度。

3．选择搬运方法

"搬运作业指导书"中应对所选择的搬运方法有明确的说明，以便搬运人员能够迅速识别并作出选择。选择合适的搬运方法是良好地完成搬运任务、实施有效搬运的先决条件。

一般情况下决定搬运方法的主要因素包括人、机、料、法、环（4M1E）五个方面。

（1）人的方面指搬运人员状况，包括人员的数量、专业程度、经验技能、组织形式和用工方式等。

（2）机的方面指搬运设备状况，包括设备的功能、数量、完好程度等。

（3）料的方面指被搬运物品的特性，也就是它的物理性、化学性、工艺性、精密性等，如形态、体积、性质、重量、贵重程度、精细程度、包装条件和防护性等。

（4）法的方面指要求的搬运作业量，如搬运数量、行程、时间、成本等。

（5）环的方面指搬运作业环境，如气候条件（温度、湿度、日晒、雨淋）、照明条件、地形状况等。

要点03：仓储搬运效率的提高

搬运的有效性是针对搬运结果而言的，也就是说有效的搬运活动，其搬运结果对于物品的使用或存放应该是有效的。

1. 确保搬运有效

实施有效搬运，就是要使搬运工作在投入最小、影响最小和损耗最小的情况下顺利完成，具体来说，搬运有效性的内容一般包括以下几点。

（1）搬运结果要到位，最好是一次到位，做好、做彻底，不要有再次搬运。

（2）摆放方式要适合，比如，物品的摆放位置、方向等要适合，不要返工。

（3）放置环境要适合，要合理安排照明，避免视线不清的情况发生。

（4）杜绝或减少搬运损失，包括减少由于丢失、打破、变形、泄漏、挥发、挤压等因素导致的各种损耗。

（5）节减搬运成本，选择合理的搬运方式，可以选择机械化、自动化、人工等多种搬运方式，但前提是用最低的综合投入实现最大的搬运量。

（6）消除危险因素，在搬运过程中安全使用搬运设备，例如在使用叉车时，要注意查看叉车周围的情况，防止其撞到其他物品。

2. 确保搬运合理

合理化搬运是一种状态，也是一种趋势，如何进行合理化搬运是许多企业正在思索的问题。

（1）合理化搬运的衡量准则

①尽可能少地投入人力。

②投入的设备、器械、工具等要尽可能适用，并有固定的存放区域，防止乱放。

③保证被搬运物品无损耗。

④搬运方法科学、文明。

⑤搬运环境安全、适合。

（2）减少搬运次数

①减小暂时放置的发生概率，尽可能一次搬运到位。暂时放置是增加搬运次数的首要原因。

②掌握合适的单位搬运量是减少搬运次数的另一个重要因素。

（3）缩短搬运距离

①合理规划企业布局，可以有效缩短搬运距离。

②在企业布局已经确定的情况下合理规划流程，及时制订搬运计划，可以缩短搬运距离。

（4）提高物品活载程度

物品的活载程度是指物品移动的难易程度。比如，放在货架上的物品就比堆放的物品容易搬运，因为前者的活载度要大一些；放在托盘上的物品比放在传送带上的更难搬运，因为前者的活载度要小一些。在实际生产中，为了便于搬运作业，应尽可能地提高存放物品的活载度。各种存放方式下物品的活载程度和活性指数如表4-1和图4-1所示。

表4-1 物品活载程度表

状态	说明	处置时所费的人工				耗费的人工数	活性系数
		收集	扶起	抬高	移动		
散放	散乱放置在地板、台架上	○	○	○	○	4	0
装箱	用集装箱、箱子、袋子装置或捆成捆儿放在一起	×	○	○	○	3	1

（续表）

状态	说明	处置时所费的人工				耗费的人工数	活性系数
		收集	扶起	抬高	移动		
支垫	放置在平板架上、木棒、枕木上，以便随时能举起来	×	×	○	○	2	2
装车	放置在推车上	×	×	×	○	1	3
移动	放置在移动的传送带上或斜槽上	×	×	×	×	0	4

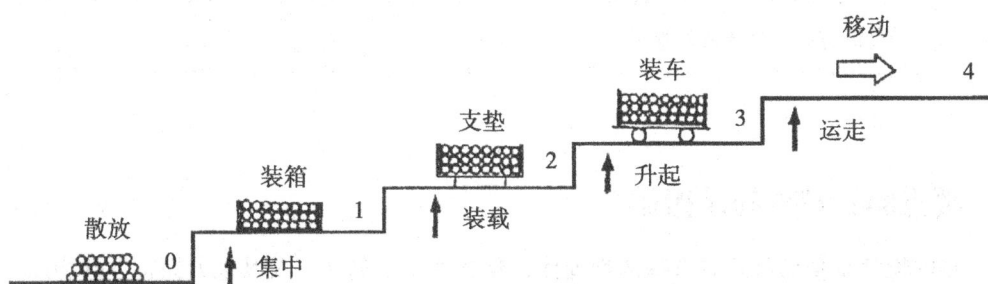

图4-1 活性指数

常用的提高活载度的方法如下。

①采用自动包装、送料。

②采用传输带送料。

③将卡通箱存放于标准尺寸的托盘上。

④将散料装箱。

⑤多采用专用的物品装载设备。

⑥设计合理的物品装载器皿，并正确使用。

⑦如需手工搬运重物时，应多人协同操作，避免因个人搬运力量不足导致的物品损坏或人员受伤现象。

（5）提高搬运作业的机械化和自动化水平

①使用先进的搬运设备和搬运技术。在现代化的企业，为了实现搬运合理化，我们应该尽可能多地使用先进的搬运设备和搬运技术。比如，尽量实现搬运设备机电一体化以及搬运方式自动化。

②实现装卸搬运作业的省力化和机械化，在有条件的情况下利用重力式移动货架，可减轻劳动强度和降低能量的消耗。

请注意

推广组合化装卸搬运，将物品以托盘、集装箱、集装袋为单位进行组合后进行装卸，实施集装处理。

要点04：特殊物品搬运

特殊物品是指那些具有特殊的物理性、化学性、工艺性以及其他方面特性的物品。因为特殊物品的搬运有效性对搬运过程具有重大影响，搬运方法不当可能导致人员伤亡或造成重大财产损失。所以，对这类物品的搬运要慎重处理。

1．特殊物品的类别

特殊物品是指那些具有特殊物理性、化学性、工艺性以及其他方面特性的物品，这些物品包括以下几大类。

（1）危险品，如汽油、橡胶水、炸药、压缩气体、液化气体等。

（2）剧毒品，如农药。

（3）腐蚀品，如硫酸。

（4）放射性物品，如射线器械。

（5）贵重物品，如金、银、玉器等。

2．特殊物品的搬运方法

对特殊物品的搬运要格外慎重，必要时专门处理。其搬运方法如下。

（1）搬运人员方面：确保人员技术熟练、经过专门培训、体检合格。

（2）搬运班组方面：由挑选的合格人员组成，并指定具体负责人，明确其职责。

（3）装卸现场方面：设置防爆照明灯、防护管理措施。

（4）配备合格的专用工具，如油罐车、冷藏车等。

（5）装卸开始前要全面确认以消除安全隐患。

（6）搬运作业开始前要根据有关的专业要求进行必要的防护，如穿戴防护服等，并做好消防措施、伤员抢救和其他紧急应对措施。

（7）搬运作业中要严格执行搬运作业标准和有关要求，如有必要，有些搬运操作应在技术专家的全程监督下完成。

（8）运输途中要监视物品状况，严防意外发生。如发现有隐患存在时要及时采取处理措施，防止事态扩大。

（9）入库摆放前和卸车后要认真清扫货位和车辆，并按有关规定酌情处理。

（10）以认真的态度文明搬运是一切搬运工作的基础，这一点对于搬运特殊物品尤为重要。

3．特殊物品的搬运设备选择

对特殊物品的搬运设备要慎重选择，如果选择错了，将直接威胁到搬运的有效性和搬运质量。以下就专用叉车使用时的注意事项进行说明。

（1）内装瓷器、陶器、玻璃器皿的包装箱不能使用防爆叉车码垛。

（2）使用防爆叉车码垛时钢瓶应平卧放置，安全帽朝向一方，底层垫牢。

（3）大钢瓶码垛高一层，小钢瓶码垛不超过四层。

（4）使用防爆叉车将卧放大铁桶竖起时应有专人指挥。

（5）使用防爆叉车将卧放大铁桶码垛两层以上时应有专人认可。

（6）托盘上的物品应压缝牢固，必要时用胶带加固。

4. 各类特殊物品的搬运要领

（1）易爆品的搬运

易爆品的搬运应遵循以下要求。

①装卸车时详细检查车辆，车厢各部分必须完整、干净和干燥，不能残留酸、碱等油脂类物品和其他异物。

②搬运作业前检查危险品的包装是否完整、坚固，使用的工具是否适合、良好。

③要求参加搬运作业的人员禁止携带烟火设备，禁止穿有铁钉的鞋。

④搬运交接物品时要手对手、肩靠肩，交接牢靠。

⑤装卸时散落的粉状、粒状爆炸物要及时用水湿润，再用木糠或棉絮等物品将其吸收，并将吸收物妥善处理。

（2）氧化剂的搬运

氧化剂的搬运要求如下。

①装车时车内应清扫干净，不得残留酸类、煤炭、面粉、硫化物、磷化物等。

②装卸车前应将车门打开，并彻底通风。

③散落在车厢或地面上的粉状、颗粒状氧化物，应撒上沙土后再清理干净。

（3）压缩气体和液化气体的搬运

压缩气体和液化气体的搬运要求如下。

①使用专用的搬运设备，禁止肩扛或滚动。

②搬运设备、车辆、手套、防护服上不得沾有油污或其他危险物品，以防引起爆炸。

③钢瓶应平卧堆放，垛高不得超过四个，禁止日光直射暴晒。

（4）自燃、易燃品的搬运

自燃、易燃品的搬运要求如下。

①搬运作业时开门通风，避免可燃气体聚集。

②对于桶装液体、电石物品，若发现容器膨胀时，应使用铜质或木质的扳手轻轻打开排气孔放出膨胀气体后方可搬运作业。

③遇雨雪天气，如防雨设备不良时禁止搬运遇水燃烧的物品。

④对装运易挥发的液体，开盖前要慢慢松开螺栓，并停留几分钟后再开启。装卸完毕，应将阀门和螺栓拧紧。

（5）腐蚀性物品的搬运

腐蚀性物品的搬运要求如下。

①散落在车内或地面的腐蚀品应以沙土覆盖或海绵吸收后，用清水冲洗干净。

②装过酸、碱的容器不得胡乱堆放。

③搬运作业前应准备充足的清水，以便人身、车辆、工具等受到腐蚀时可以及时得到冲洗。

④装卸石灰时应在石灰上放置垫板，不准在雨中搬运作业，严禁将干湿石灰混装在一起。

（6）剧毒品的搬运

剧毒品的搬运要求如下。

①装卸车前打开车门、窗户通风。

②搬运作业时应穿好防护用具，搬运作业后及时沐浴。

③使用过的防护用具、工具等，最好集中洗涤并消毒。

④患有慢性疾病的人员不能参加此项搬运作业。

⑤人员的工作时间不宜过长，最好间隔休息，搬运作业中如发现有头晕、恶心等现象，要立即停止搬运作业，并及时处理。

（7）放射性物品的搬运

放射性物品的搬运要求如下。

①由有相关经验的人员在搬运作业前进行检查和鉴定，以确认是否可以搬运，并指定装卸方法和搬运时间。

②搬运作业前做好防护，精力集中。

③搬运作业后应立即将防护用品交回专门的保管场所，人员沐浴并换衣。

④人员沐浴、防护用品的洗涤等都必须在专门地点进行。

（8）贵重易损物品的搬运。

贵重易损物品的类别包括：精细的玉器、瓷器、艺术品，精密机械、仪表，易碎的玻璃设备等。搬运贵重易损物品时应注意以下几点。

①小心谨慎、轻拿轻放。

②严禁摔碰、撞击、拖拉、翻滚、挤压、抛扔和剧烈震动。

③严格按包装标志码垛、装卸。

④理解并遵守各种要求。

⑤盛装器皿应符合规定，必要时要专料专用。

⑥贵重的金属，如金、银材料，水银、有色重金属等因其具有价值高，因此有必要实施专门的方式搬运。

要点05：常见运输标志辨识

要想做好物品的搬运作业，首先必须认识运输标志，包括物品的包装储运标志和危险品标志，只有这样才能进行灵活准确的搬运，并确保自己的人身安全。

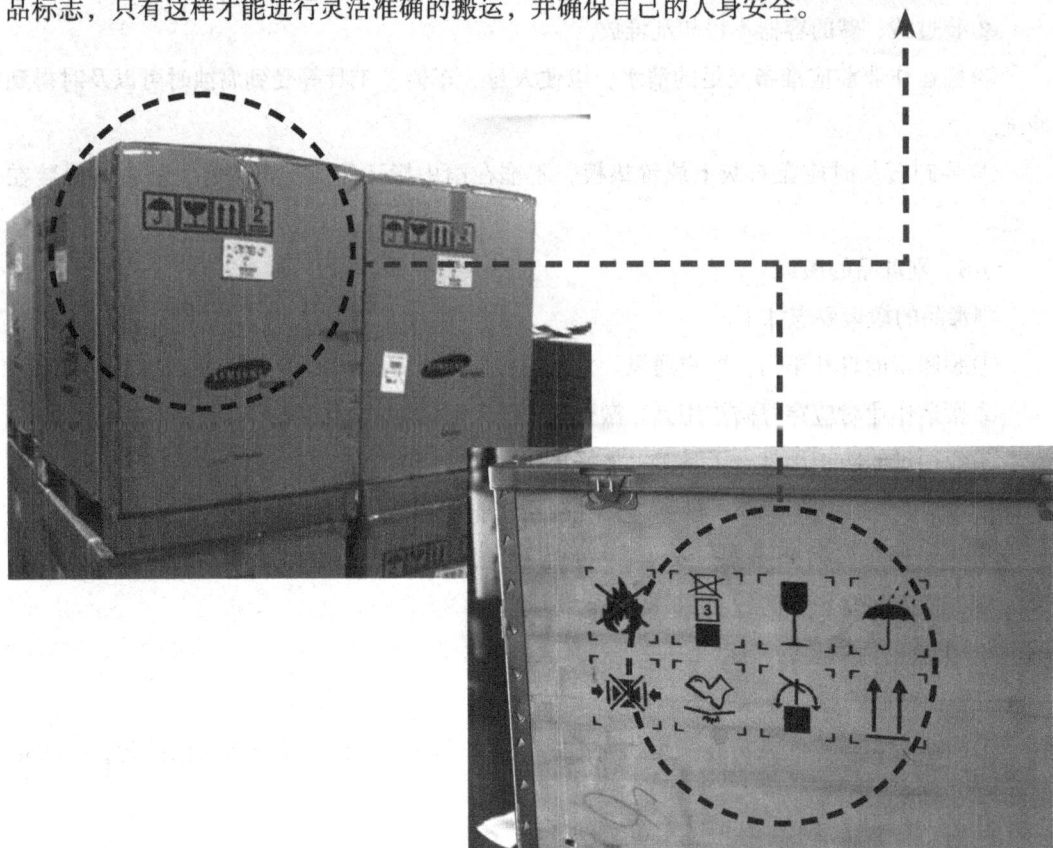

1. 包装储运图示标志

包装储运标志是根据产品的某些特性（如怕湿、怕震、怕热、怕冻等）而确定的。其目的是为了在货物运输、装卸和储存过程中引起搬运作业人员的注意，使他们按图示标志的要求进行操作。

（1）小心轻放标志

小心轻放标志表示包装内货物易碎，不能承受冲击和震动，必须轻拿轻放，绝不能任意抛甩。

小心轻放标志

向上标志

（2）向上标志

向上标志表示包装内货物不得倾倒、倒置。搬运时必须朝上。

（3）由此吊起标志

由此吊起标志表示吊运货物时挂链条或绳索的位置。

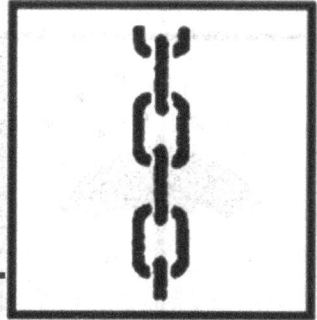

由此吊起标志

重心点标志

（4）重心点标志

重心点标志指示货物重心所在处，方便移动、拖运、起吊等。

（5）重心偏斜标志

重心偏斜标志表示货物重心向右偏离货物的几何中心，货物容易倾倒或翻转。

重心偏斜标志

（6）易于翻倒标志

易于翻倒标志表示货物容易倾倒，在放置时必须注意安全。

易于翻倒标志

怕湿标志

（7）怕湿标志

怕湿标志表示货物在运输搬运过程中绝对不能被雨淋湿或向其直接洒水。

（8）怕热标志

怕热标志表示包装内货物怕热，不能曝晒，不能置于高温热源附近。

怕热标志

怕冷标志

（9）怕冷标志

怕冷标志表示包装内货物怕冷，不能受冷、受冻。

（10）堆码极限标志

堆码极限标志表示货物的码放有重量和层级限制，要按要求在符号上添加数值。

堆码极限标志

（11）温度极限标志

温度极限标志要求货物必须在一定的温度环境下存放，绝不能超过规定的温度。

温度极限标志

（12）由此开启标志

由此开启标志表示包装箱开启位置。一般用于较硬的、需用工具开启的外包装箱上。

由此开启标志

（13）由此撕开标志

由此撕开标志表示包装的撕开部位。符号的箭头指向表示撕开的方向。一般用于软封装或纸箱等外包装上。

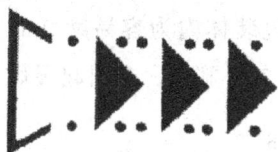

由此撕开标志

（14）禁止翻滚标志

禁止翻滚标志表示搬运货物时不得滚动，只能作直线水平移动。

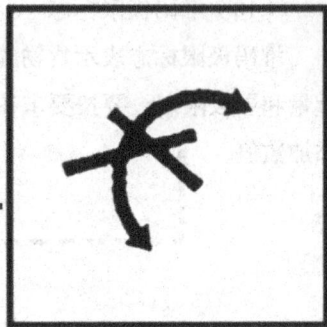

禁止翻滚标志

禁用手钩标志

（15）禁用手钩标志

禁用手钩标志表示不得使用手钩直接钩着货物或其包装讲行搬运，否则就会损坏货物。

2. 危险化学品包装标志

危险化学品包装标志是用来标明危险化学品的。这类标志为了能引起人们的特别警惕，采用特殊的色彩或黑白菱形图示。

（1）爆炸品标志

爆炸品标志表示包装体内有爆炸品，受到高热、摩擦、冲击或其他物质接触后，会发生剧烈反应而引起爆炸。

爆炸品标志
（符号：黑色；底色：橙红色）

易燃气体标志
（符号：黑色或白色；底色：正红色）

（2）易燃气体标志

易燃气体标志表示包装体内为容易燃烧的气体，因冲击、受热易产生气体膨胀，有引起爆炸和燃烧危险。

（3）不燃压缩气体标志

不燃压缩气体标志表示包装内为有爆炸危险的不燃压缩气体，容易因冲击、受热而产生气体膨胀而引起爆炸。

不燃压缩气体标志

（符号：黑色或白色；底色：绿色）

（4）有毒气体标志

有毒气体标志表示包装体内为有毒气体，有引起爆炸、造成中毒危险的气体。要格外注意。

有毒气体标志

（符号：黑色；底色：正红色）

（5）易燃液体标志

易燃液体标志表示包装体内为易燃性液体，燃点较低，即使不与明火接触，也会因受热、冲击或接触氧化剂，引起燃烧或爆炸。

易燃液体标志

（符号：黑色或白色；底色：正红色）

（6）易燃固体标志

易燃固体标志表示包装体内为易燃性固体，燃点较低容易引起燃烧或爆炸。

易燃固体标志

（符号：黑色或白色；底色：正红色）

（7）自燃品标志

自燃品标志表示包装体内为自燃性物质，即使不与明火接触，在适当的温度下也能发生氧化作用因积热达到自燃点而引起燃烧。

自燃品标志

（符号：黑色；底色：上白下红）

（8）遇湿易燃品标志

遇湿易燃品标志表示包装体内物品遇水受潮能分解，产生可燃性有毒气体，引起燃烧或爆炸。

遇湿易燃品标志

（符号：黑色或白色；底色：蓝色）

（9）氧化剂标志

氧化剂标志表示包装内为氧化剂，具有强烈的氧化性能，遇酸、受潮湿、高热、摩擦、冲击或与易燃有机物和还原剂接触即能分解，引起燃烧或爆炸。

氧化剂标志

（符号：黑色；底色：柠檬黄色）

（10）有机过氧化物标志

有机过氧化物标志表示包装体内为有机过氧化物，本身易燃、易爆、极易分解，对热、震动、摩擦极为敏感。搬运中不能摔碰、拖拉、翻滚、摩擦和剧烈震动。

有机过氧化物标志

（符号：黑色；底色：柠檬色）

（11）有毒品标志

有毒品标志表示包装内为有毒物品，具有较强毒性，能引起局部刺激、中毒，甚至造成死亡。

有毒品标志

（符号：黑色；底色：白色）

剧毒品标志

（符号：黑色；底色：白色）

（12）剧毒品标志

剧毒品标志表示包装内为剧毒物品，具有强烈毒性，极少量接触皮肤或侵入人体、牲畜体内，即能引起中毒造成死亡。搬运时必须穿戴防护用品，严防皮肤破损处接触毒物。

（13）有害品（远离食品）标志

有害品（远离食品）标志表示包装内为有害物品，不能与食品接近，否则容易引发中毒。这种物品和食品的垂直、水平间隔距离至少应为3米。

有害品标志

（符号：黑色；底色：白色）

感染性物品标志

（符号：黑色；底色：白色）

（14）感染性物品标志

感染性物品标志表示包装内为含有致病微生物的物品，误吞咽、吸入或皮肤接触会损害人的健康。

（15）一级放射性品标志

一级放射性品标志表示包装内为放射量较小的一级放射性物品，能放出α、β、γ等射线，对人体有一定危害。

一级放射性品标志
（符号：黑色；底色：白色，
附一条红竖线）

二级放射性品标志
（符号：黑色；底色：白色，
附两条红竖线）

（16）二级放射性品标志

二级放射性品标志表示包装内为放射量中等的二级放射性物品，能自发地、不断地放出α、β、γ等射线。

（17）三级放射性品标志

三级放射性品标志表示包装内为放射量很大的三级放射性物品，能自发不断地放出很强的α、β、γ等射线。搬运时一定要穿特定的防辐射服装，作业完毕应全身清洗。

三级放射性品标志
（符号：黑色；底色：白色，
附三条红竖线）

腐蚀品标志
（符号：上黑下白；底色：上白下黑）

（18）腐蚀品标志

腐蚀品标志表示包装内为带腐蚀性的物品，接触人体或物品后，即产生腐蚀作用。搬运时要穿戴耐腐蚀的防护用品，还应备有防毒面具。

学习笔记

　　通过学习本章内容，想必您已经掌握了不少学习心得，请仔细填写下来，以便继续巩固学习。如果您在学习中遇到了一些难点，也请如实写下来，方便今后重复学习，彻底解决这些难点。

　　同时本章列举了大量实景图片，与具体的文本内容互为参照和补充，方便您边学边用，请如实填写您的运用计划，以使工作与学习相结合。

我的学习心得：

1. _____
2. _____
3. _____
4. _____
5. _____

我的学习难点：

1. _____
2. _____
3. _____
4. _____
5. _____

我的运用计划：

1. _____
2. _____
3. _____
4. _____
5. _____

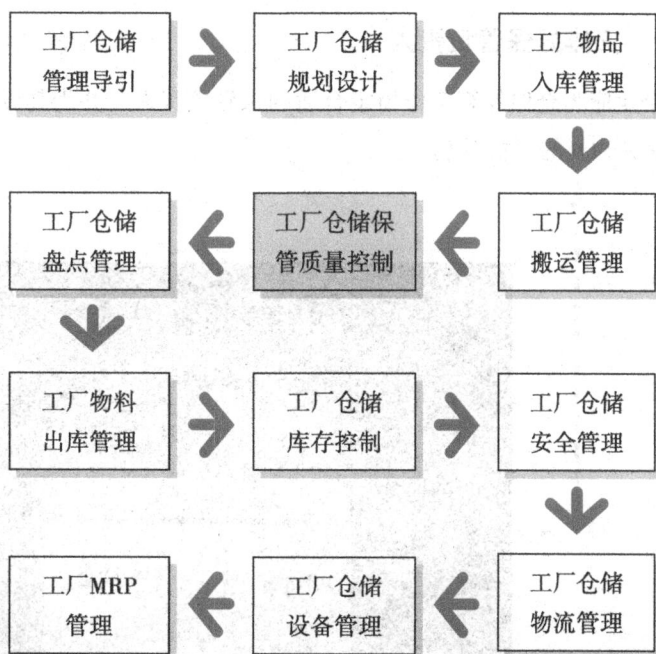

第5章

工厂仓储保管质量控制

导视图

工厂仓储管理导引 → 工厂仓储规划设计 → 工厂物品入库管理

工厂仓储盘点管理 ← 工厂仓储保管质量控制 ← 工厂仓储搬运管理

工厂物料出库管理 → 工厂仓储库存控制 → 工厂仓储安全管理

工厂MRP管理 ← 工厂仓储设备管理 ← 工厂仓储物流管理

仓储保管是仓储管理的核心工作，对仓储物品保管不当，致使物品遭遇霉变、病虫害等，将会给企业带来重大的损失。因此，各级仓管人员必须做好物品的日常储存工作，确保所有物品保存完好。

要点01：仓储保管基本要求

各种物料、半成品、成品等物品均应储存在合适的环境中，做好必要的通风、防潮、温控等措施。仓管人员应定期检查库存物品的状况，以防止物品在使用或交付前受到损坏或变质。

1．安排好保管负责人

企业应为仓储保管工作指定合适的保管负责人，并为其设置专用的办公空间，如设置专门保管物料的"物料室"。

物 料 室（1）
Raw Material Warehouse（1）

物料室（1）5S
负责人：

2．整理好储存区域

仓库的储存区域应整洁，具备适宜的环境条件。对温度、湿度或其他条件敏感的物资，应设置有明显的标志，并加以单独存放。

3．使用适当的储存方法

储存中可能会变质和腐蚀的物资，应用规定的防腐蚀和变质的方法进行清洗、防护、包装和存放。当物品摆放在货架上时，重的、价值低的物品要放在货架的下层。如果货架空间不够，可以将物品放在卡板上，同时对卡板所在的区域用黄线框起。

4．做好库存物品的监控

要对库存物品进行监控，采取必要的控制手段。

（1）采取定期检验、定期熏蒸消毒等措施，并做好库存物品的检验记录。

（2）物品入库前应经过验收，验收合格注明接收日期，做好适当标志；对有储存期要求的物品，应有适用的库存物品周转制度；物品的堆放方式要利于存取，并能防止误用。

（3）加强对细小易丢失的库存物品，如螺丝的保管力度，设置专门的螺丝存放区域。

（4）定期检查库存物品状况，限制非仓库人员进入，物品出库手续应齐全。

（5）库存物品应有一套清楚完整的账物卡管理制度。

要点02：物品合理堆放

物品堆放是指根据物品的包装、外形、性质、特点、重量和数量，结合季节和气候情况，以及储存时间的长短，按一定的规律堆码成各种形状的货垛。其目的在于方便对货物进行维护、查点以及提高仓容利用率。

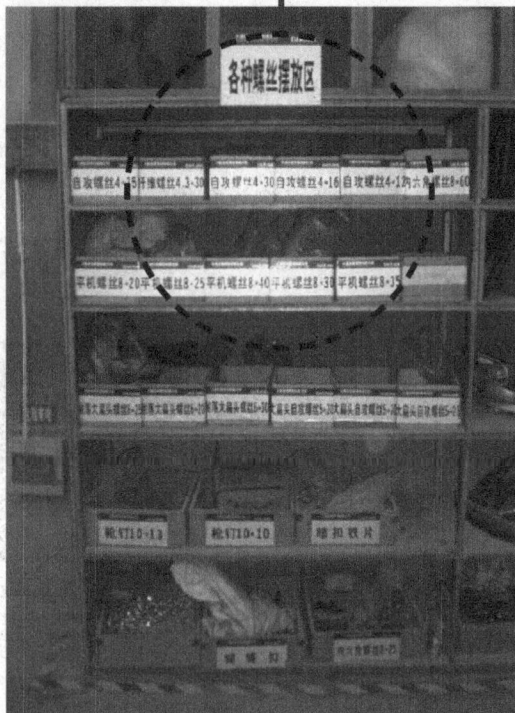

1．堆放的一般性要求

物品堆放时，必须遵循下列要求。

（1）多利用仓库空间，尽量采取立体堆放方式，以提高仓容利用率。

（2）利用机器装卸，如使用加高机等，以增加物品堆放的空间。

（3）通道应有适当的宽度，并保持装卸空间，以保证物品搬运的顺畅，同时不影响物品装卸工作效率。

（4）不同的物品应依物品本身形状、性质、价值等而考虑采用不同的堆放方式。

（5）物品的仓储要考虑先进先出的原则。

（6）物品的堆放，要考虑储存数量读取方便，但不能太高。

（7）物品的堆放应容易识别与检查，合格品、不合格品以及呆料、废料应分开堆放。

（8）不能乱堆放，以免物品发生倾倒。

（9）对无法堆放在货架上的物品，可以放置于货架旁边的空地上，但必须做好标示。

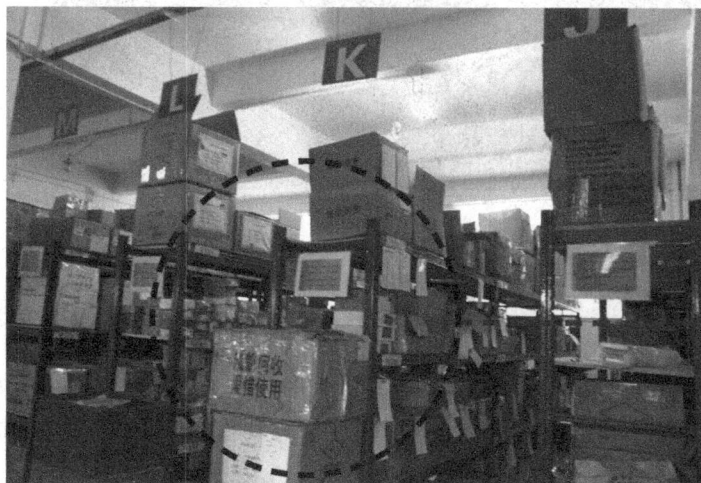

2．物品堆放的方法

（1）五五堆放法

①要求。根据各种物品的特性做到"五五成行，五五成方，五五成串，五五成堆，五五成层"，使物品叠放整齐，便于点数、盘点和取送。

②适用范围。此方法适用于品形较大、外形规则的物品。

（2）六号定位法

①要求。按"库号、仓位号、货架号、层号、订单号、物品编号"六号，对物品进行归类叠放，登记造册，并填制"物品储位图"，以便于迅速查找物品的存储位置。

②适用范围。此方法适用于体积较小、用规则容器盛装且品种较少的物品。

（3）托盘化管理法

①要求。将物品码放在托盘上、卡板上或托箱中，便于成盘、成板、成箱地叠放和运输，有利于叉车将物品整体移动，提高物品的保管和搬运效率。

②适用范围。此方法适用于机械化仓库作业的企业。

（4）分类管理法

将品种繁多的物品，按其重要程度、进出仓率、价值大小、资金占用情况进行分类，并置放在不同类别的仓区，然后采用不同的管理规定，做到重点管理、兼顾一般。

3. 物品堆放的注意事项

（1）三层以上要骑缝堆放，即相邻层面间箱体要互压，箱体间相互联系、合为一体，这样可防止物品偏斜、摔倒。

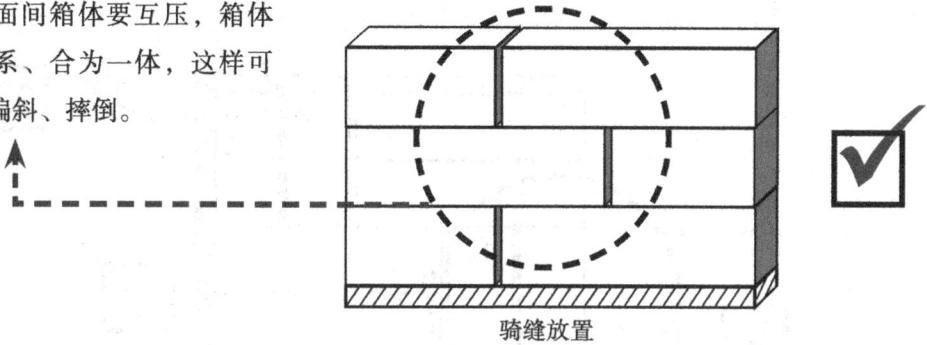

骑缝放置

（2）堆放的物品不能超出卡板，即堆放的物品要小于卡板尺寸，要求受力均匀平衡，不要落空；这样可防止碰撞、损坏纸箱。

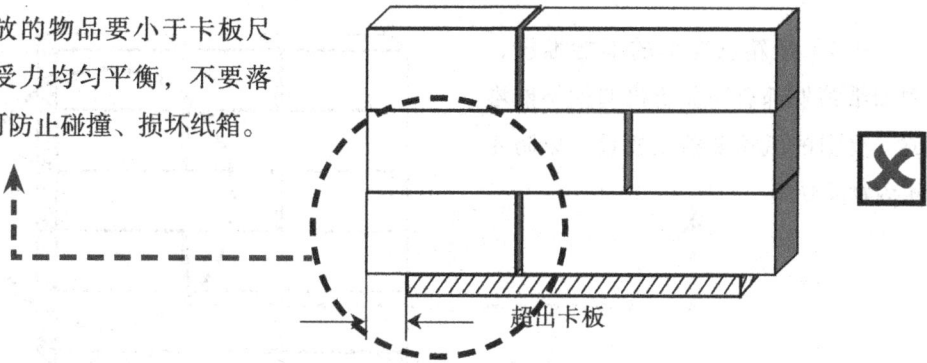

超出卡板

（3）遵守层数限制，即纸箱上有层数限制标志，要求按层数标志堆放，不要超限，以防止压垮纸箱、挤压物品。

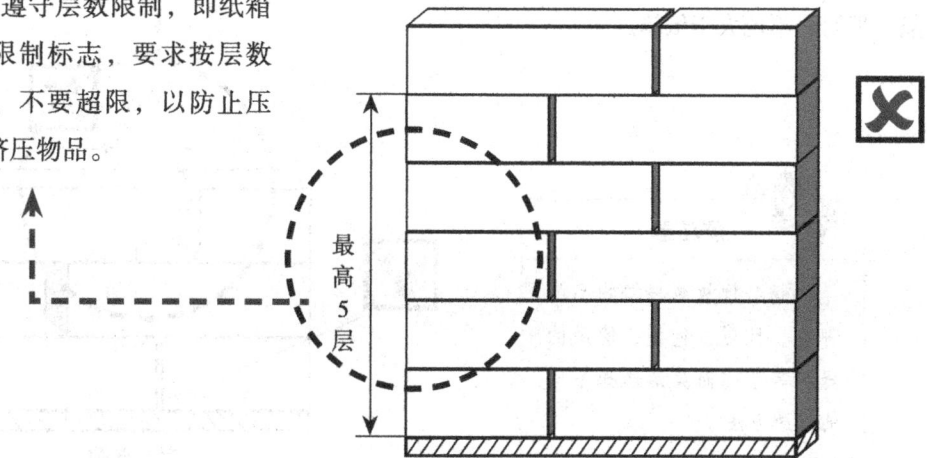

最高5层

（4）不要倒放物品，在纸箱上有箭头指示方向，要求按箭头指向堆放，不要倒放或斜放，以防止挤压箱内物品。

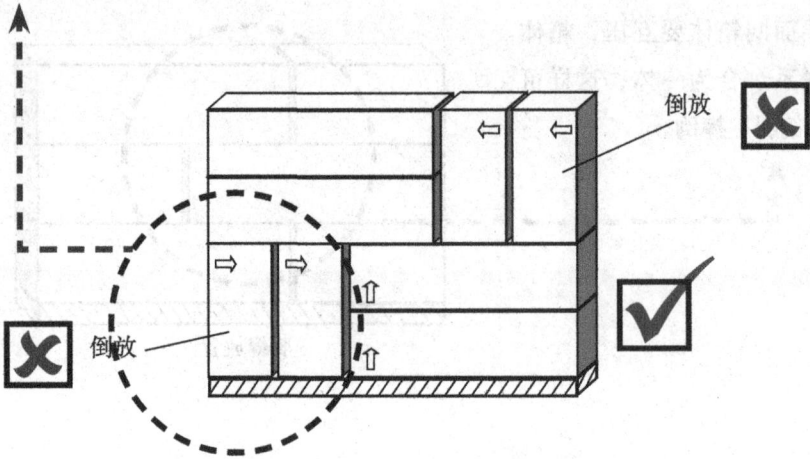

倒放

倒放

（5）纸箱已变形的不能堆放，例如纸箱外部有明显折痕的就不能堆放。受损的纸箱要独立放置，以防止箱内物品受压。

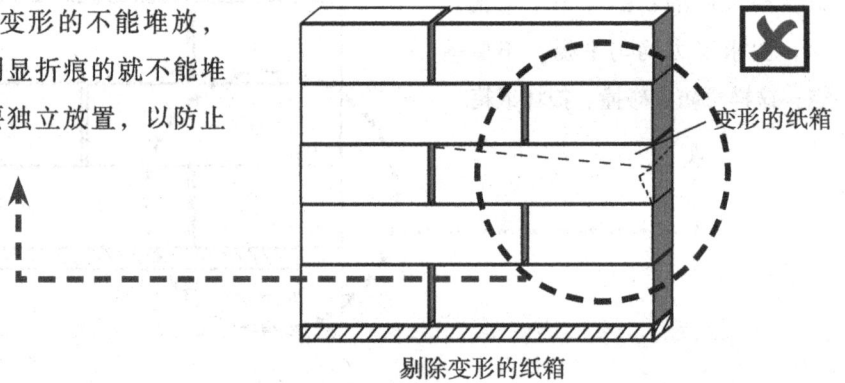

变形的纸箱

剔除变形的纸箱

（6）同层纸箱间要有一定的间隔，但间隔不能大于纸箱。

请注意

物品堆放应根据物品的种类、性质、包装、使用的器具等不同而灵活选择不同的堆放方法。

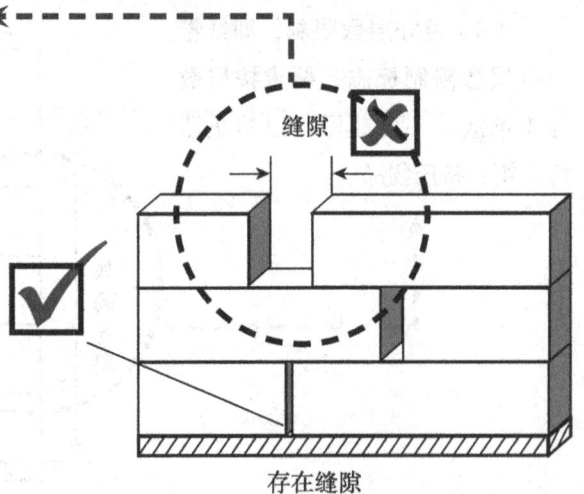

缝隙

存在缝隙

4．特殊物品的堆放

特殊物品指的是易燃、易爆、剧毒、放射性、挥发性、腐蚀性等危险物品，它们的堆放原则因物而异，但也有一些共性原则，列举如下。

（1）危险物品不能混放，如易燃、易爆品等不能同剧毒品放在一起。

（2）危险物品最好不要堆放，一定要堆放时必须严格控制数量。

（3）堆放时一定要确认其原包装状态良好。

（4）特殊物品不能骑缝堆放。

（5）特殊物品不能倚靠其他物品堆放。

（6）堆放特殊物品的垛之间必须要有适当的间距。

（7）放置在货架上的特殊物品不能堆放。

（8）存放区域相对独立，对周围环境无影响。

要点03：特殊物品的储存管理

特殊物品是指一些贵重物品、危险物品等，对这些物品，可以设置专用仓库进行保管。

1．贵重物品的储存

贵重物品是指价值较高的物品，企业通常会根据物品的贵重程度采用不同的储存方式。通常采用专用仓库储存和保险柜储存。

（1）专用仓库储存

专用仓库主要用来保管焊锡条、羊绒等价值比较高，且数量又大的物品。保管时实行专人专管的储存制度，具体方法如下。

① 专用仓库配置自动报警和监视系统，安装防盗门、密码保险锁等。

② 指定专职仓管人员进行管理。

③ 增加盘点频次，一般每周盘点一次。

④ 仓管人员须每周向上级报告一次工作主要内容。

⑤ 仓管人员应每月点检确认一次。

（2）保险柜保管

保险柜主要用来保管金、银、水银等贵重物品。保管时实行双人管理制，具体方法如下。

①将保险柜放置在规定的仓库内。

②保险柜由保管员和监督员掌管密码，只有两人同时在场时方可开启。

③填写保管物品的清单，严格记账和过磅管理。

④仓管人员应每月点检确认一次。

2．危险物品的储存

危险物品是指化工原料、印刷油墨、炸药、汽油、天那水等具有危险性的物品。其本身存在危险性，一般要根据物品的危险程度实施不同级别的储存。

（1）高危物品——专用仓库管理法

专用仓库管理法即设置专门用途的仓库，用以存放高危险性的物品，如炸药、汽油、天那水等。具体方法如下。

①针对存放物品的特性要求，建造适宜的库房，建造完成后需要得到相关专家的认可。

②制定专用库房管理细则。

③培训仓管人员对制度的认识，对物品的保管方法及安全要求的了解。

④按规定保管存放的高危物品。

⑤加强高危物品对环境要求的监控。

⑥仓管人员要随时检查高危物品的状态。

⑦仓管人员要定时监督并确认。

（2）低危物品的储存——隔离管理法

隔离管理法即把存在危险性的物品与其他物品隔离开来，分别放置，如包装完好的化工原料、印刷油墨等。具体方法如下。

①划分好需要隔离的区域。

②设置必要的栅栏等隔离器具。

③标示并指示隔离区域。

④按规定保管好存放的隔离物品。◄--------------┐

⑤平时注意加强监视被隔离物品的存放状态。

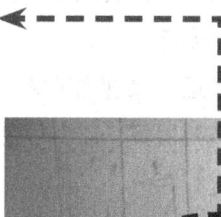

3．易损物品的储存

易损物品是指那些在搬运、存放、装卸过程中容易发生损坏的物品，如玻璃、陶瓷制品、精密仪表等。对这类物品按以下方法储存。

（1）尽可能在原包装状态下实施搬运和装卸作业。

（2）不使用带有滚轮的贮物架。

（3）利用平板车搬运时，要对码层做适当捆绑后进行。

（4）一般情况下不允许使用吊车作业。严禁用滑动的方式搬运。

（5）严格限制摆放的高度。

（6）小心轻放，文明作业。

（7）不与其他物品混放。

（8）明确标示其易损的特性。

（9）增加其外包装厚度，如用多层尼龙布予以包裹。

5．敏感物品的储存

敏感物品是指那些本身具有很敏感的特性，若控制失误就有可能导致失效或产生事故的物品，如磷可在空气中自燃，胶卷怕曝光，色板怕日晒风化等。这类物品的储存要求如下。

（1）接收时认真阅读并执行原制造商的保管要求。

（2）了解和掌握该类物品的特性，实施对口管理。

（3）必要时，要设置专人、专库。

（4）必须在原包装状态下搬运、保管和装卸。

（5）设置必要的敏感特性监视器具，以有效消除不合适的环境因素。

（6）对环保物品设置专区进行存放。◀

6．有效期限较短的物品的储存

有效期限较短的物品是指有效期限不满一年，或随着时间的延长，其性能下降比较快的物品，如电池、黄胶水、PCB等。这类物品的储存要求如下。

（1）严格控制订货量，尽量减少库存积压。

（2）严格控制库存时间。

（3）严格按物品的制造日期实施先进先出管理。

7．可疑物品的储存

可疑物品是指那些性质、状态、规格、型号和名称等不明了，或缺乏证据的物品。

（1）生产过程中被弄乱、生产人员不能识别其规格或质量好与坏的物品。

（2）物品的标志或状态遭到损坏，仓管人员不能确定其性质和状态，或者有疑问的物品。

（3）工作或使用中发现可疑因素，致使人们对物品的原标志或状态产生怀疑、不相信等情况下所关联的物品。

（4）其他任何情况下所产生的有争议且无法定夺的物品。

在大多数企业中，可疑物品一律按不合格品处理。当其未被处理时，应在仓库中设置不合格品专区予以保管。

8．长期库存的物品的储存

物品长期存放在仓库是一种不合理的现象，所以应该尽量减少长期库存物品。对长期库存的物品应按以下方法实施管理。

（1）指定专门存放区域予以隔离。

（2）定期检查专门存放区域的存放环境。

（3）定期确认存放物品的包装状态和完好度。

（4）每月定期向上级通报被存物品的状况。

（5）如物品有可能出货或使用，要提前通知品质部重新进行检验。

（6）如物品有变质现象或不宜继续存放时，要迅速上报处理。

（7）存放物品的账目要清楚。

9．退货物品的储存

退货物品是指出货后由于某些原因又被客户退回企业的物品，主要包括以下两类。

（1）客户检验退货品

客户检验退货品是指被客户整批退回的未经使用的物品。这类退货物品一般是由于客户或其他机构在检验中发现了某些问题而引起的。处理要求如下。

①按"退货单"接纳退货品，清点数量，确认物品状态。

②按相关规定将退货品安置在不合格品区，并做好标志。

③通知品质部进行检验。

④通知工程技术部分析检验结果，并指定处理措施。

⑤由生管部安排返工计划，生产部按计划实施返工，返工后品质部再次检验。

⑥品质部检验合格后再入库管理，等待再次出货。

（2）客户使用退货品

客户使用退货品是指已经使用过的非批量性物品。这类退货物品的应对方法如下。

①按"退货单"接纳退货品，清点数量，确认物品状态。

②按相关规定将退货品安置在不合格品区，并做好标志。

③通知品质部进行检验，记录检验结果。

④通知工程技术部分析检验结果，依据分析结果制定纠正和预防措施，以改善生产。

⑤将退货品实施拆分处理，生管部安排拆分计划，生产部按计划拆分。

⑥拆出的零件视完好情况分类后交物品部处理。合格品交来料检验，不合格品及来料检验的不合格品作报废处理。

⑦检验合格的合格品重新办理入库进行管理。

10. 特殊体积物品的保管

（1）体积较小物品的保管

对于体积较小的物品，应配置合适的物品储存箱，并将储存箱摆放整齐。

（2）较长物品的保管

如果物品较长，可以将其横向摆放。

要点04：金属物品保管要点

仓库储存的物品很多都是金属，因此，对其保管必须掌握一些要点。金属物品很容易锈蚀，因此，必须对其进行防锈与除锈。

1．金属物品锈蚀的原因

通常我们把金属在大气中由于受到氧、水分及其他污染杂质引起的腐蚀或变色，称为生锈或锈蚀。金属物品生锈后，轻者影响外观质量，严重的则影响使用，甚至造成报废，所以金属物品在保管中一定要注意防锈。

造成金属生锈的主要原因如图5-1所示。

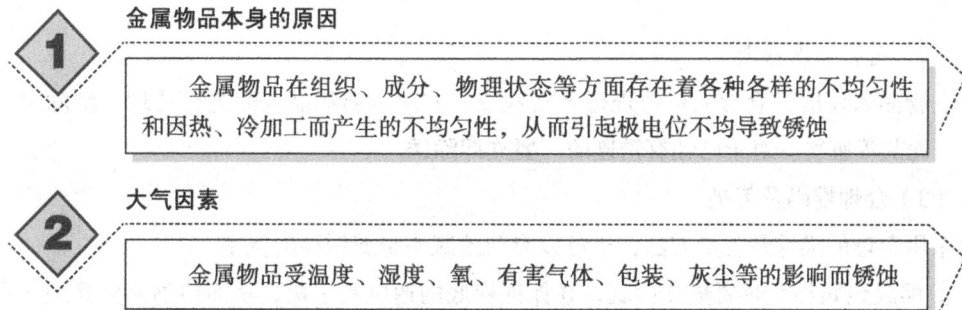

1 金属物品本身的原因

金属物品在组织、成分、物理状态等方面存在着各种各样的不均匀性和因热、冷加工而产生的不均匀性，从而引起极电位不均导致锈蚀

2 大气因素

金属物品受温度、湿度、氧、有害气体、包装、灰尘等的影响而锈蚀

图5-1　造成金属生锈的主要原因

2. 金属物品防锈

金属物品的防锈方法有很多，有些在生产过程就应予以考虑。在仓储作业中，仓管人员所能采用的防锈办法，主要有以下几种。

（1）控制存储环境

仓管人员应尽可能选择远离有害气体和粉尘的库房存放金属物品，同时让金属物品远离酸、碱、盐类物质或气体。储存场所需具有良好的排水系统，货场要用碎石或炉灰垫平，以增强地面表层的透水性，保持库区的干燥。

不同金属物品的保管场所如表5-1所示。

表5-1　不同金属物品的保管场所

序号	物品类别	保管场所
1	一般价值较高的贵重金属、小型精密配件和五金制品	应存放在库房中
2	小型薄壁管材，冷、热轧钢板，硅钢片和小型优质钢材等	应存放在库房，如果条件不具备也可存放在料棚中，但存放时一定要下垫上苫
3	镀锌铁板、马口铁、金属制品和小型钢丝绳等	可存入料棚内，如有条件最好存放在库房中
4	大中型物品，如圆钢、方钢、六角钢、工字钢、槽钢、各种型号的钢轨	可以在露天场地以下垫上苫的方式存放
5	贵重、有特殊性能的金属及金属制品	要用专门的库房存放。易燃物品不能裸露存放，应远离火源存放。例如，高纯度的镁在空气中能自燃；硅铁受潮会分解出有毒气体，遇碱产生氢气，有爆炸燃烧的危险。因此，仓管人员为这类物品选择库房时需特别谨慎

（2）进行入库检查

在物品入库时，仓管人员要进行严格检查，并对金属物品表面进行清理，清除水迹、油污、泥灰等脏物。对于已经有锈迹的，要立即除锈。

（3）合理堆码及苫垫

采用合理的堆垛及苫垫方法，也可以有效地减小金属锈蚀的概率。

①堆放金属物品时要垫高垛底，并保证垛底的通风及干燥，从而使物品免受地面湿气的影响。

102

②对不同的金属物品应采用不同的存放方法，不同种类的金属物品存放于同一地点时，必须有一定的间隔距离，以防止因接触而发生腐蚀。

③对于放置在露天货场的金属物品，最好进行苫盖，以使其与雨水、潮湿空气隔离。

（4）涂抹防锈油

防锈油是一中外观呈红褐色具有防锈功能的油溶剂，涂抹在金属表面可以有效防止锈蚀。

（5）控制仓库的湿度

相对湿度在60%以下，就可以防止金属制品表面凝结水分、生成电解液层而遭受电化学腐蚀。但由于相对湿度60%以下较难达到，一般库房可以将其控制在65%～70%。

（6）进行隔离处理

与控制存储环境这种方法相比，将金属物品与环境隔离开的防锈方法，是一种短期的、高成本的方法。通常可以采取将金属物品包装起来的方式进行保管，对体积较小的物品可以使用包装袋进行保管，而体积较大的则可以使用防锈膜进行保管。

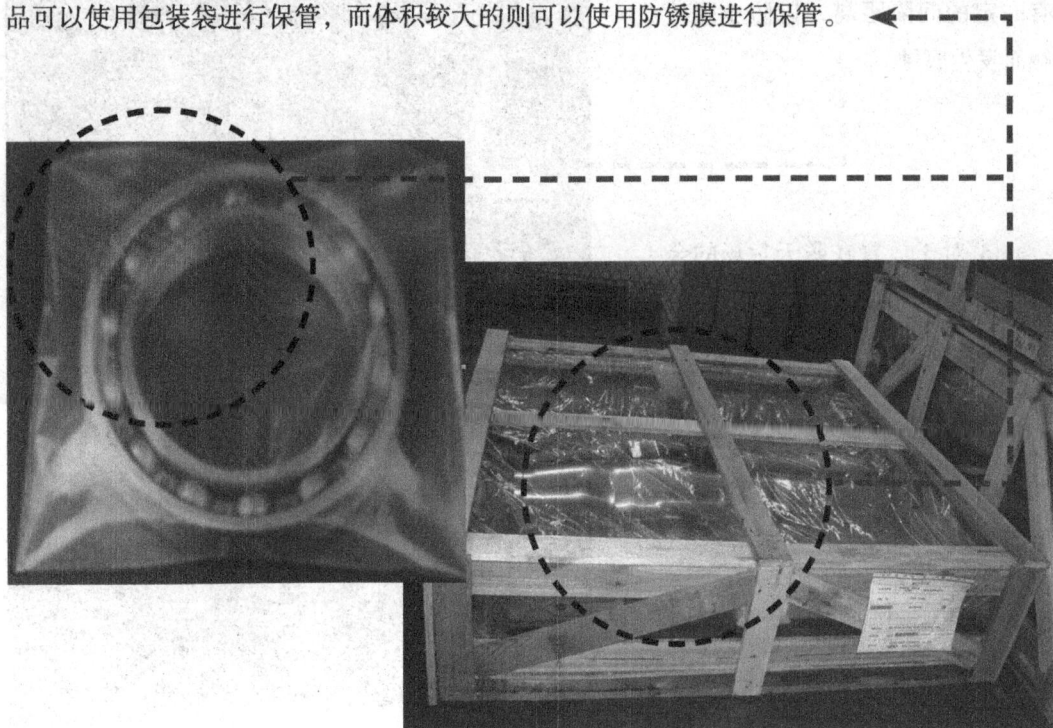

3．金属物品除锈

（1）手工除锈

手工除锈，是指用简单的除锈工具，通过手工擦、刷、磨等操作，将金属物品上的锈斑、锈痕除去的一种方法。常见的手工除锈方法如表5-2所示。

表5-2　常见手工除锈方法

除锈工具	操作方法	除锈范围
钢丝刷	先用钢丝刷或铜丝刷打锈，再用废布将商品擦拭干净	各种钢管、水暖器材、铁板等
砂布	用砂布直接擦拭，再蘸取去污粉、煤油擦拭，最后再用干抹布擦拭一次	各种小五金工具、配件及一般精密仪器，如钢珠、轴承、天平等
木屑	把清洁干燥的木屑撒在板材上，然后用旧布盖住进行擦拭，最后将木屑扫净，并用干抹布再擦拭一次	铜板上的轻中度锈蚀

（2）机械方式除锈

机械除锈，是通过专用机械设备进行除锈的一种方法，一般有抛光法、钢丝轮除锈法和喷射法三种，具体如图5-2所示。

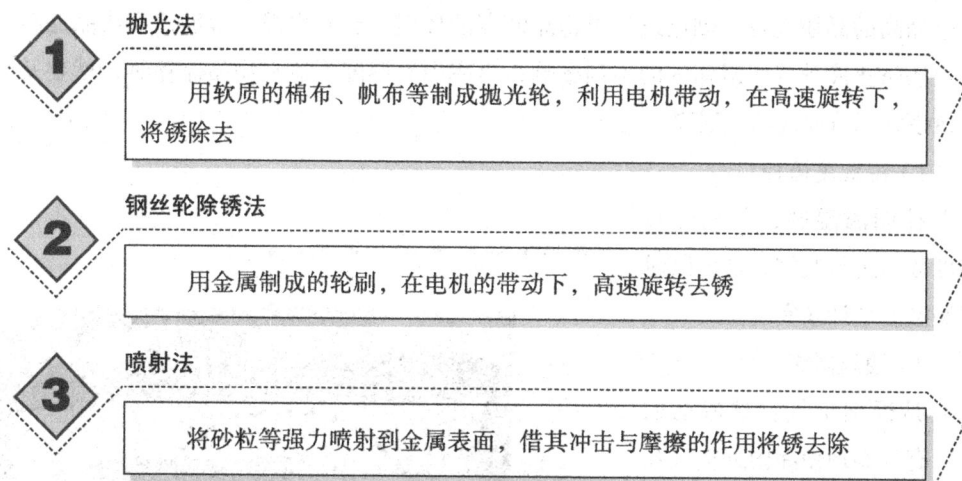

1 抛光法

用软质的棉布、帆布等制成抛光轮，利用电机带动，在高速旋转下，将锈除去

2 钢丝轮除锈法

用金属制成的轮刷，在电机的带动下，高速旋转去锈

3 喷射法

将砂粒等强力喷射到金属表面，借其冲击与摩擦的作用将锈去除

图5-2　机械方式除锈

（3）化学方式除锈

化学方式除锈，是利用能够溶解锈蚀物的化学品，除去金属制品表面锈迹的方法。它具有操作方便、设备简单、效率高、效果好等优点，特别适用于形状复杂的物品。由于化学除锈所使用的化学溶液都有较强的腐蚀性，因此在操作时应按以下步骤进行，如图5-3所示。

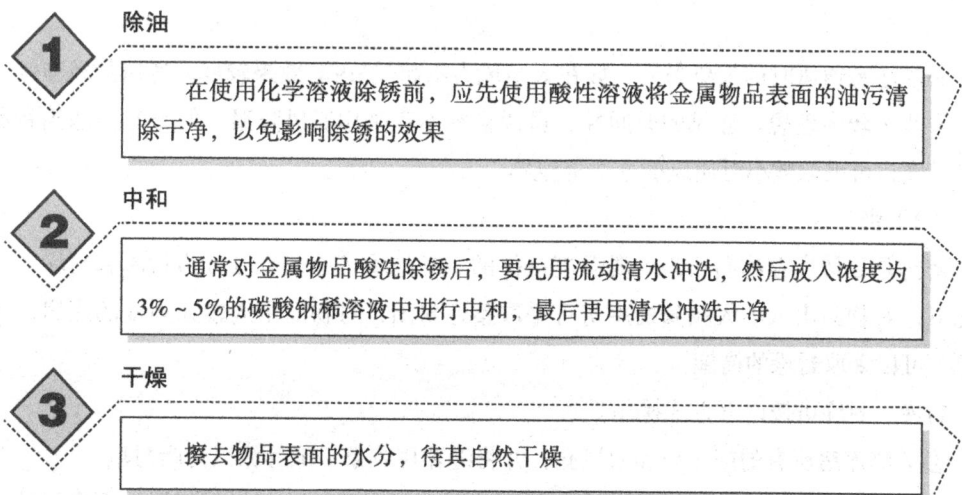

1 除油

在使用化学溶液除锈前，应先使用酸性溶液将金属物品表面的油污清除干净，以免影响除锈的效果

2 中和

通常对金属物品酸洗除锈后，要先用流动清水冲洗，然后放入浓度为3%～5%的碳酸钠稀溶液中进行中和，最后再用清水冲洗干净

3 干燥

擦去物品表面的水分，待其自然干燥

图5-3　化学方式除锈

要点05：仓储环境控制

1．仓库温湿度控制及调节

物品在储存期间，都要求有一个适宜的温湿度，以确保物品的性质不发生变化。为了维护仓储品的品质完好，创造适宜于物品储存的环境，当库内温、湿度适宜物品储存时，就要设法防止库外气候对库内的不利影响；当库内温湿度不适宜物品储存时，就要及时采取有效措施调节库内的温湿度。

（1）温湿度监控

要控制温湿度，首先应对温湿度数据进行监控，这可以通过安装温湿度计来实现。

（2）通风降温

它是根据空气自然流动的规律，有计划地使库内外空气互相流通，以达到调节库内空气温湿度的目的。在采用通风降温时，必须符合以下两个条件。

① 库外空气的温度和绝对湿度低于库内空气的温度和绝对湿度。

② 库外气温高于库内气温，库外绝对湿度低于库内绝对湿度，并且库内露点小于库内气温和库外露点小于库内露点。

必须注意通风时的气象条件，如在天晴风力不超过5级时效果较好。通风的季节性（如秋冬季节）较为理想。通风的时间性，虽说夏季不宜采用通风降温，但有时会遇到有利的通风天气，可采取数小时通风的办法降温等。

（3）密封

密封是保持库存物品所需的温湿度条件的一种技术措施，它区分为封库和封垛。一般情况下，对物品出入不太频繁的库房可采取整库封闭；对物品出入较为频繁的库房，不能封库，可以采取封垛的措施。

封库、封垛可按以下方式操作。

①关闭库房所有的门、窗和通风孔，并将缝隙用胶条、纸等涂以树脂封堵。

②用5厘米宽、2.5厘米厚的泡沫塑料条，刷上树脂后粘贴于门框四周，再在门的四边刻上槽，将胶管刷胶水按入槽内，使门关好后胶管正好压在泡沫塑料中间。

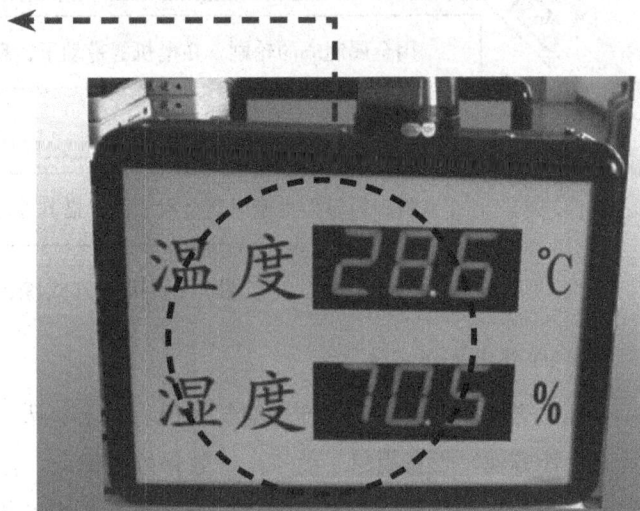

③库房大门上开一个人行小门，以减少潮湿空气侵入库内。

④利用塑料薄膜将货垛或货架全部遮盖包围直至地面，以隔绝或减少湿气和物品的接触等。

（4）吸潮

在梅雨季节或阴雨天，当库内湿度过高，不适宜物品保管，而库外湿度也过大，不宜进行通风散潮时，可以在密封库内用吸潮的办法降低库内湿度。

①吸湿剂

吸湿剂是一种除湿的辅助办法，它是利用吸湿剂吸收空气中水汽的办法，达到除湿的效果。常用的吸湿剂有生石灰、氯化钙、硅酸等。

②吸湿机

这是仓库普遍使用的吸潮方法，即使用吸湿机把库内的潮湿空气通过抽风机吸入吸湿机冷却器内，使它凝结为水而排出。吸湿机一般适宜于储存棉布、针棉织品、贵重百货、医药、仪器、电工器材和烟糖类的仓库吸湿。

2．库存物品霉变防治

物品霉变的防治主要针对物品霉变的外因即微生物产生的环境条件，而采取的技术措施。常用措施有两条：一条是加强库存物品的保管工作；另一条是预防措施，即采取药物防霉腐。

（1）库存物品的合理保管

①加强每批物品的入库检查，检查有无水渍和霉腐现象，检查物品的自然含水量是否超过储存保管范围，包装是否损坏受潮，内部有无发热现象等。

②针对不同物品的性质，采取分类储存保管，达到不同物品所需的不同储存保管条件，以防止物品的霉变。

③根据不同季节、不同地区的不同储存保管条件，采取相应的通风除湿措施，使库内温度和湿度达到具有抑制霉菌生长和繁殖的要求。

（2）药剂防霉腐

药剂防霉腐即将对霉腐微生物具有抑制和杀灭作用的化学药剂加到物品上，达到防止霉腐的作用。防霉腐药剂的种类很多，常用的工业品防腐药剂有亚氯酸钠、水杨酰苯胺、多聚甲醛等。

另一种情况是，由于多数霉腐微生物只有在有氧气条件下才能正常繁殖，所以，采用氮气或二氧化碳气体全部或大部分取代物品储存环境的空气，使物品上的微生物不能生存，从而达到防霉腐效果。

请注意

仓库的温度、湿度的调控以及物品的霉变防治是一项长期而重要的日常工作，必须依上述措施认真执行。

3. 防治虫害问题

虫害容易造成物品损坏，因此，仓管人员要采用各种防治措施，积极消灭虫害。常见害虫防治措施如表5-3所示。

表5-3　常见害虫防治措施

感染途径	途径说明	预防措施
物品内潜伏	物品在入库前已有害虫潜伏其中，如农物品一般均含有害虫或虫卵，在加工的过程中，如果没有进行彻底的杀虫处理，成品中就会出现害虫	做好物品入库前的检疫工作，确保入库物品不携带害虫及虫卵
包装内隐藏	仓库包装物内藏有害虫，入库物品放入包装后，害虫即可以危害物品	对可重复利用的包装物进行定期消毒，杀死其中隐藏的害虫
运输工具感染	运输工具如果装运过带有害虫的物品，害虫就可能潜伏在运输工具中，进而感染其他物品	注意运输工具的消毒，运输时严格区分已感染物品与未感染物品
仓库内隐藏	害虫还有可能潜藏在仓库建筑的缝隙以及仓库内的各种备用器具中，或者在仓库周围生长，并最终进入仓库	做好库房内、外环境的清洁工作，对库房内用具进行定期消毒，防止害虫滋生

（续表）

感染途径	途径说明	预防措施
邻垛之间相互感染	当某一货垛感染了害虫后，害虫有可能爬到邻近的货垛	对已经感染了害虫的货垛及时隔离，并对其相邻货垛进行严密监控

要点06：仓储质量监督

放在仓库中的物品，如果保管不善可能会发生劣化，影响物品的质量，因而物品的存储与其质量有很重要的关系，对在库品的质量监督正是为了保证库存物品的质量。

1．质量监督的方式和性质

从总体上讲，在库品质量监督的工作方式是巡视，方法是目视检查。

（1）巡视：定时巡回查看。

（2）目视检查：用眼睛观察确认。◀━ ┓

2．质量监督的频率

一般来说，质量监督要做到每班不少于一次，夜班也不能例外。

质量监督无须记录检查报表，但必须有"巡查记录表"（见表5-4），以免责任人遗忘和进行必要的追溯。

表5-4　仓库巡查记录表

检查项目	___月 ___日 星期一	___月 ___日 星期二	___月 ___日 星期三	___月 ___日 星期四	___月 ___日 星期五	___月 ___日 星期六	___月 ___日 星期日
库房清洁							
作业通道							
用具归位							
货物状态							
库房温度							
相对湿度							
照明设备							
消防设备							
消防通道							
防盗							
托盘维护							
检查人							

备注：1. 消防设备每月做一次全面检查。

　　　2. 将破损的托盘每月集中维护处理。

3. 质量监督的内容

（1）监督仓库的温度和湿度。

（2）监督物品的摆放状况，如有无东倒西歪等现象。

（3）监督物品本身的状况，如有无腐烂、生锈等现象。

（4）监督物品的环境状况，如有无雨淋、日晒等。

（5）监督物品的防护状况，如有无设置防护网等。

（6）监督仓库的设备状况，仓库的各项设备如起重设备、叉车、货架、托盘等是否完好。

（7）监督仓库的照明状况，照明是否能够满足仓库作业要求，照明设施有无损坏等。

请注意

物品的质量监督可以单独进行，也可以利用收发料的机会同时进行，如果发现物品质量存在问题，应及时报告上级主管予以解决。

（8）监督仓库的防盗状况，如非工作时间内门、窗是否关闭，门、窗有无破损，门锁、窗锁是否有效，防盗方面是否存在其他隐患等。

（9）监督仓库的消防状况，如消防设备是否齐全、有效，数量是否足够，存放的地点是否合适等。

4．定期质量检验

物品的定期质量检验是对于库存期限超过一定时间的物品按规定的频次进行的质量检验，目的是为了了解被储存的物品质量是否良好并进行相应的处理。

（1）定期检验的周期

定期检验的期限要根据物品的特性作出不同的规定，例如：

①油脂、液体类物品，定检期为6个月。

②易变质生锈的物品，定检期为4个月。

③危险性特殊类物品，定检期为3个月。

④有效期限短的物品，定检期为3个月。

⑤长期储备的物品，定检期为24个月。

⑥其他普通的物品，定检期为12个月。

（2）库存物品定期检验的方法

一般情况下，库存物品定期检验的方法与进料检验的方法相类似，由IQC按抽样的方法进行。库存物品定期检验的实施步骤如图5-4所示。

```
库存到期的物品 ──── 仓管员巡视发现
                    电脑自动提示
                    其他人员指出
        ↓
    仓库通报 ──────── 书面或口头通报
        ↓
  IQC实施检验 ─────── AQL抽样标准
                    检验指导书
                    对照样板
        ↓
 IQC通报检验结果 ───── 检验报告
        ↓
  仓库按结果处理 ───── 合格时维持
                    不合时将其转移，待进一步处理
```

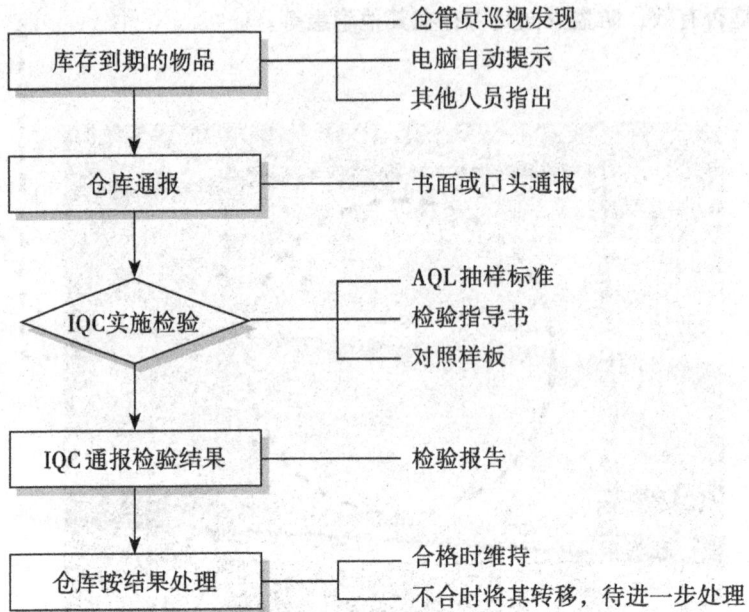

图5-4　库存物品定期检验的步骤

（3）库存物品定期检验结果的处理方法

对库存物品定期检验结果的处理应以质量检验报告为依据进行。合格时可以维持现状，不合格时则需要按图5-5所示步骤处理。

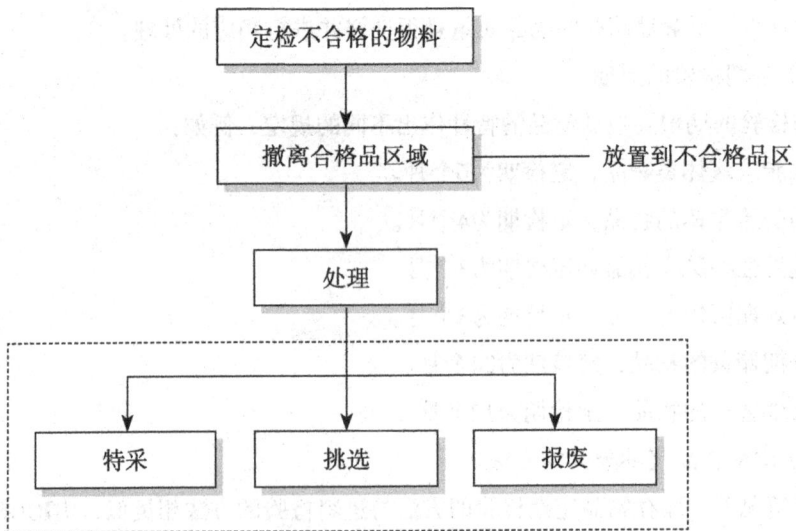

```
    定检不合格的物料
        ↓
    撤离合格品区域 ──── 放置到不合格品区
        ↓
       处理
        ↓
 ┌──────┼──────┐
特采    挑选    报废
```

图5-5　库存物品定期检验结果的处理方法

要点07：呆废料的管理

呆废料是在企业的生产经营中产生的，由于呆废料的价值已经减少了很多，所以及时处理对于节省人力以及节约仓储空间等有很重要的意义。

1．呆料、废料的划分

（1）呆料

呆料即存量过多，耗用量极少，而库存周转率极低的物料，这种物料只是偶尔耗用少许，甚至有不会再动用的可能。呆料为可用物料，没有丧失原来的特性和功能，只是呆置在仓库中很少动用。

通常可根据物料最后异动日（该物料最近一次进出日期）判断此物料是否为呆料，当其最后异动日至盘查日期的间隔日期超过180天时，仓库就可以填写"半年无异动滞料明细表"（见表5-5），并报请主管人员审批。

表5-5　半年无异动滞料明细表

物料名称	部门	名称规格	入库日期	最近半年无异动			发生原因		拟处理方式		
				数量	部门	金额	原因	说明	办法	数量	期限

主管批准：　　　　　　　　　　　　　　　经办人：

（2）废料

废料是指报废的物料，即经过使用，本身已残破不堪、磨损过甚或已超过其寿命年限，以致失去原有的功能而无利用价值的物料。

（3）其他物料

①旧料，是指经使用或储存过久，已失去原有性能或色泽，致使价值降低的物料。

②残料是加工过程中所产生的物料零头，它已丧失其主要功能，但仍可设法利用。

2．处理呆料、废料的目的

处理呆废料的目的有以下几个方面，如图5-6所示。

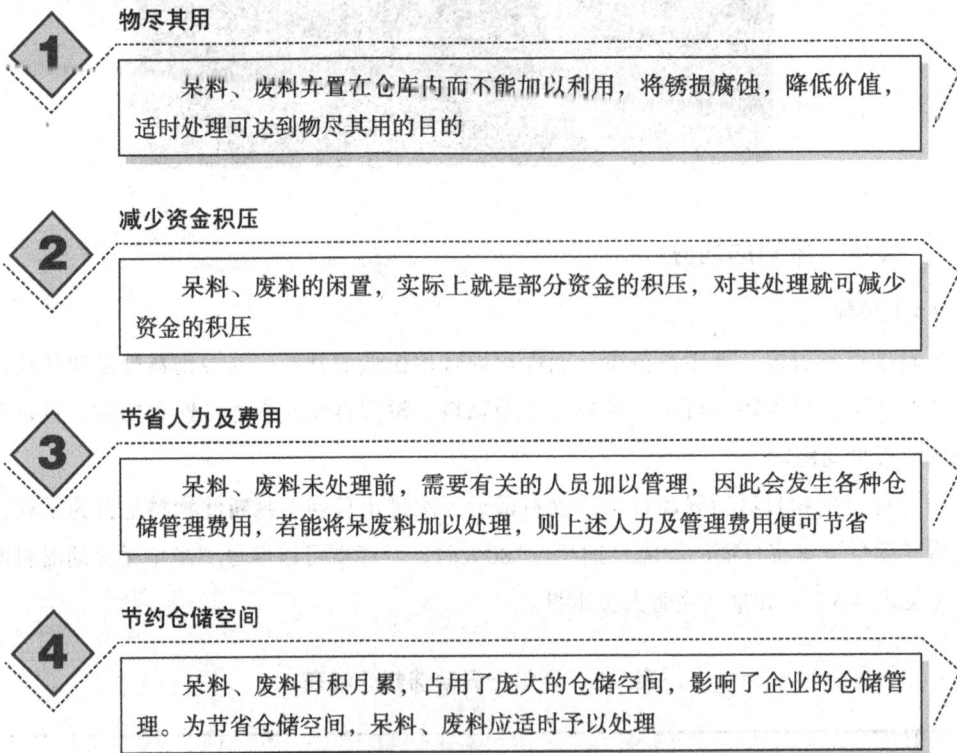

1 物尽其用

呆料、废料弃置在仓库内而不能加以利用，将锈损腐蚀，降低价值，适时处理可达到物尽其用的目的

2 减少资金积压

呆料、废料的闲置，实际上就是部分资金的积压，对其处理就可减少资金的积压

3 节省人力及费用

呆料、废料未处理前，需要有关的人员加以管理，因此会发生各种仓储管理费用，若能将呆废料加以处理，则上述人力及管理费用便可节省

4 节约仓储空间

呆料、废料日积月累，占用了庞大的仓储空间，影响了企业的仓储管理。为节省仓储空间，呆料、废料应适时予以处理

图5-6　处理呆料、废料的目的

3．呆料的预防与处理

（1）呆料的预防

呆料处理应以预防为主，所以可以对呆料产生的源头进行有效的控制。表5-6中的内容是预防呆料产生的具体措施。

表5-6　呆料的预防措施

部门	预防措施
销售部门	（1）加强销售计划的稳定性，对销售计划的变更要加以规划；切忌使销售计划频繁变更，使购进的物料变成仓库中的呆料 （2）客户的订货应确实把握，尤其是特殊订货不宜让客户随意取消；否则事先准备的物品容易成为呆料 （3）客户预订的物品型号或规格应减少变更，尤其是特殊型号和规格的物品更应设法降低客户变更的机会；否则会造成很多的呆料 （4）销售人员应反复确认订单内容，并把正确而完整的订单内容传送至计划部门
设计部门	（1）加强设计人员的能力，减少设计错误的机会，尽量不因设计错误而产生大量呆料 （2）设计力求完整，设计完成后先经过完整的试验，才能大批订购物料 （3）设计时要尽量使零件、包装物料等标准化的努力。这样就可尽量避免零件与包装物料种类过多而使呆料增加
计划与生产部门	（1）加强产销的协调，增加生产计划的稳定性，对紧急订单妥善处理。如此可减少呆料的产生 （2）生产计划的拟订应合乎现状。若生产计划错误而造成备料错误，自会产生呆料 （3）生产线加强发料、退料的管理，则生产线上的呆料自然会减少 （4）新旧物品更替，生产计划应十分周密。以防止旧物料变成呆料
仓库与物控部门	（1）物料计划应加强，消灭物料计划失常的现象 （2）对存量加以控制，勿使存量过多。以减少呆料发生 （3）强化仓储管理，加强账物的一致性
采购管理部门	（1）减少物料的不当请购、订购 （2）加强辅导供应厂商，呆料现象自可降低
验收管理部门	（1）物料验收时，避免混入不合格物料，强化进料检验并彻底执行 （2）加强检验仪器的精良化，减少物料"鱼目混珠"的机会，消灭不良物料入库的机会

（2）呆料的处理

处理呆料的途径主要有以下几种。

① 调拨给其他部门利用。本部门的呆料，其他部门仍可设法利用，可将呆料进行调拨。

② 修改再利用。既成呆料，利用机会就少，有时将呆料在规格上稍加修改，就能够加

以利用。对这部分呆料，要在仓库划出专区进行存放。体积较大的呆料，可以用专门的卡板存放。体积较小的呆料，则可以放在货架上，并做好标示。

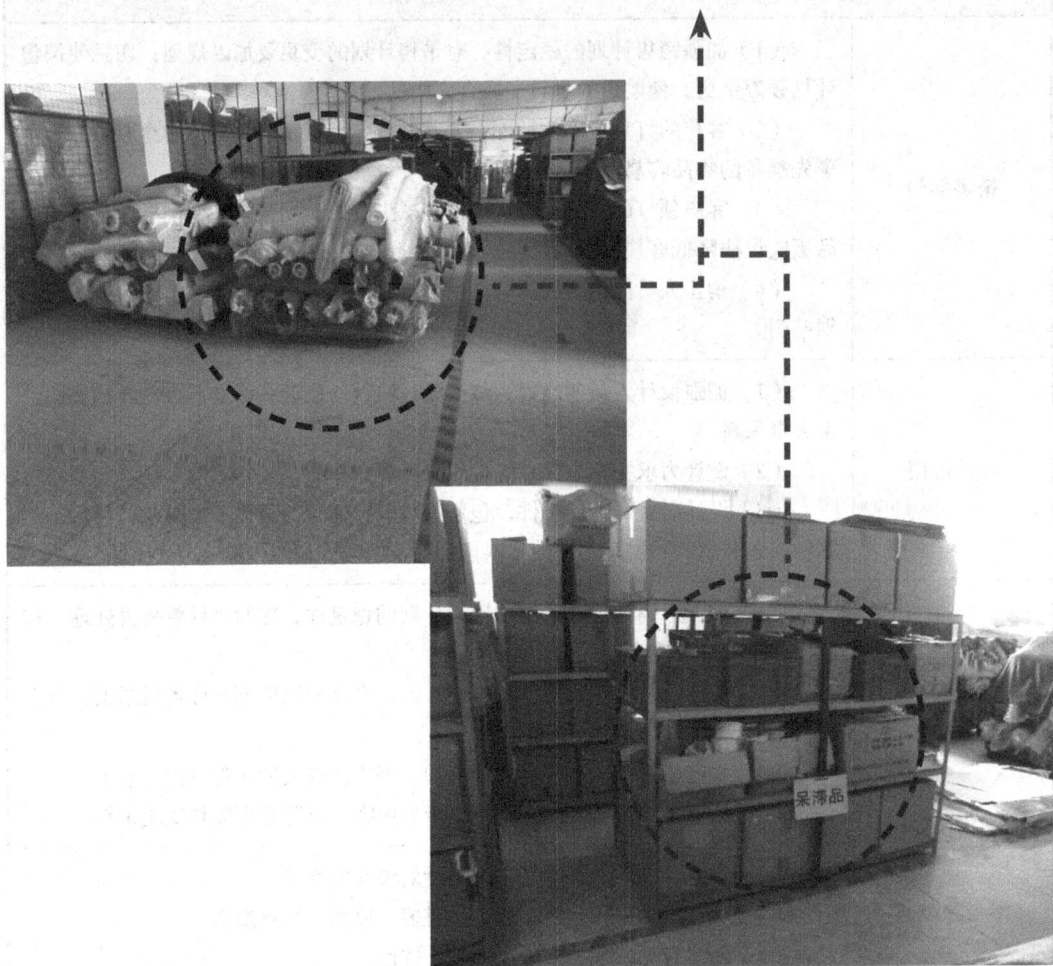

③借新物品设计时推出，消化库存的呆料。

④打折出售给原来的供应商。

⑤与其他企业"以物易物"。

⑥破坏焚毁。对于无法出售、交换、调拨再利用的呆料，宜按物料的类别分别考虑破毁、焚毁或掩埋。

4．废料的预防和处理

（1）废料的申报

对于储存的废料，仓管人员首先要填写"物料报废申请表"（见表5-7），得到相关部门的批示报告后再进行进一步的处理。

表5-7　物料报废申请表

TO：物控部

FROM：仓库

品名	规格	报废申请原因	IQC重检单号	拟处理方式	数量	单价	金额	如变卖预计回收金额	备注
合计									

总经理		厂长		生管		仓管主管审核	
财务副总经理		技术/开发		品管		制表人	

（2）废料的预防

废料产生的三大原因如图5-7所示。

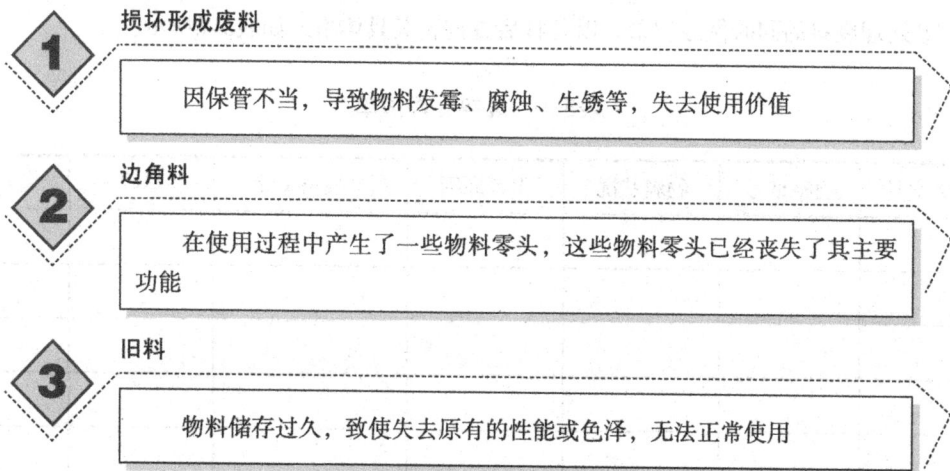

1 损坏形成废料

因保管不当，导致物料发霉、腐蚀、生锈等，失去使用价值

2 边角料

在使用过程中产生了一些物料零头，这些物料零头已经丧失了其主要功能

3 旧料

物料储存过久，致使失去原有的性能或色泽，无法正常使用

图5-7　废料产生的三大原因

根据废料产生的原因，可以采取以下预防对策。

①提高对物料的使用效率，尽量少产生边角料。

②建立物料的先进先出收发制度，设置先进先出标签，以免物料堆积过久而成为陈腐报废的物料。

③机器设备定期作保养与维护，以减少因机器的提前报废而产生的废料。

④做好仓库环境的清洁卫生，预防虫咬、霉腐、锈蚀等现象的发生，减少物料的毁损。

（3）废料的处理

在规模较小的企业，当废料积累到一定程度时应做出售处理。

在规模较大的企业，可将废料集中于一处，设立相应的报废区域，然后开展物料解体的工作，将解体后的物料分类处理。

①废料解体后，会产生许多可移作他用的物料，如胶管、机械零件、电子零件等。

②废料解体后，其中的残料，如钢条、钢片等可做残料利用。

③废料解体后，应将所剩余的废料小心分类，如将钢料、铝、铅、铜、塑胶等适当分类。若剩余废料可重新回炉，则应送企业再加工。分类后的废料按适当的价格出售给废品回收机构，废料分类后可卖得较高的价钱。

④处理废料的同时做好记录，以备日后查询，其具体格式如表5-8所示。

表5-8　废料处理清单

物料名称	规格型号	物料状况	报废原因	预计残值（元）	实际收入	备注

仓管员：

学习笔记

通过学习本章内容，想必您已经掌握了不少学习心得，请仔细填写下来，以便继续巩固学习。如果您在学习中遇到了一些难点，也请如实写下来，方便今后重复学习，彻底解决这些难点。

同时本章列举了大量实景图片，与具体的文本内容互为参照和补充，方便您边学边用，请如实填写您的运用计划，以使工作与学习相结合。

我的学习心得：

1. _____
2. _____
3. _____
4. _____
5. _____

我的学习难点：

1. _____
2. _____
3. _____
4. _____
5. _____

我的运用计划：

1. _____
2. _____
3. _____
4. _____
5. _____

第6章

工厂仓储盘点管理

导视图

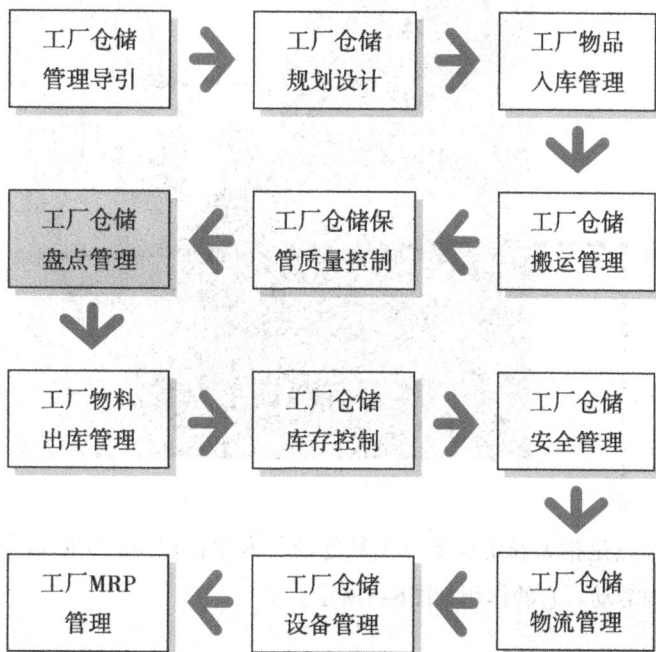

········· **关键指引** ·········

仓库中储存着大量物料、半成品、成品等物品，这些物品都是企业的重要财产，为了充分了解这些物品的储存状况，就需要做好盘点工作。通过盘点，可以核实各类物品的实际储存数量与账目是否相符。

要点01：盘点的重要作用

盘点是指为确定仓库内或其他场所内现存物品的实际数量，而对物品的现存数量加以清点的活动。它的作用如图6-1所示。

1 确定物品的现存数量

> 盘点可以确定物品的现存数量，并纠正账物不一致的现象，避免因账面错误影响正常的生产计划

2 检讨物品管理的绩效并改进

盘点可检讨物品管理的绩效，进而加以改进。例如，经过盘点可以确认呆料、废料的数量，物品的保管与维护是否到位，物品的存货周转率是否理想等，并加以改善

3 计算损益

企业的损益与物品库存有密切的关系，而物品库存金额的正确与否与存量及单价的正确性相关。因此为得到正确的损益数据，必须通过盘点明确现存物品数量

4 对遗漏的订货可以迅速采取订购措施

采购部门因工作的疏忽漏下的订单，可通过盘点加以补救

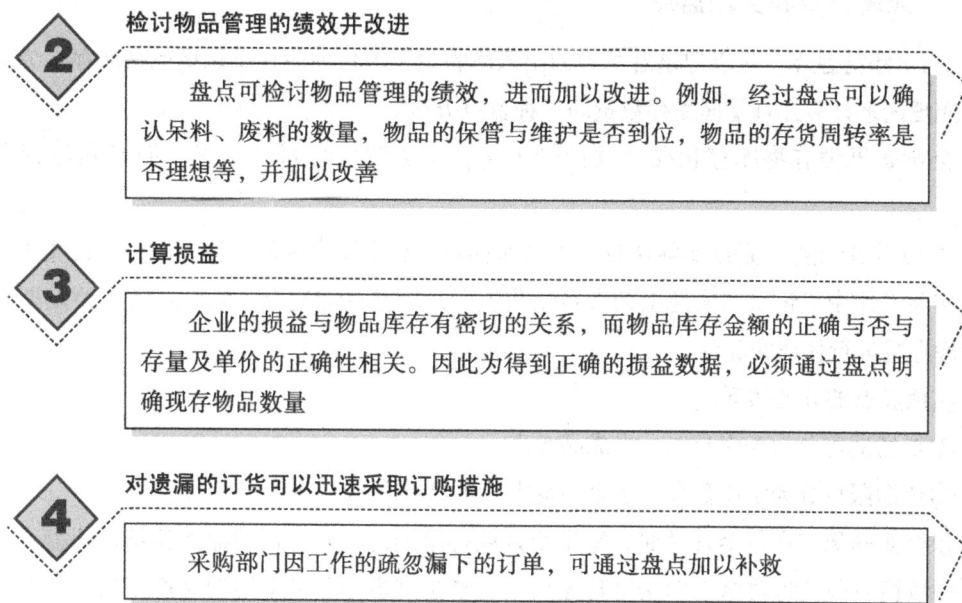

图6-1 盘点的重要作用

要点02：盘点的常见形式

企业通过盘点可以发现库存物品数量上的溢余、短缺以及规格互串等问题，以便及时查找并分析原因，采取措施挽回或减少损失。那么，企业应采取何种盘点方式呢？

1．定期盘点和循环盘点

定期盘点和循环盘点的内容如图6-2所示。

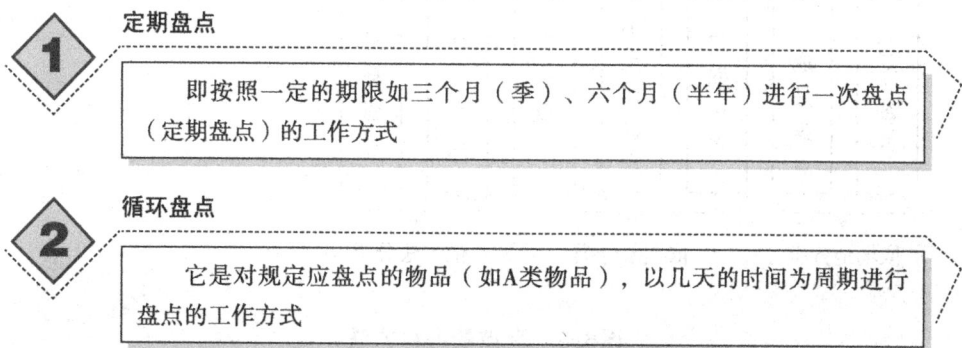

1 定期盘点

即按照一定的期限如三个月（季）、六个月（半年）进行一次盘点（定期盘点）的工作方式

2 循环盘点

它是对规定应盘点的物品（如A类物品），以几天的时间为周期进行盘点的工作方式

图6-2 定期盘点和循环盘点

2. 账簿盘点和实地盘点

（1）账簿盘点，是以记录着每天的出入库数量及单价的库存总账簿或是库存卡为准，再依照理论来计算并且掌握库存数量的一种盘点方法。

企业如果没有将库存状况持续记录下来，则无法实行账簿盘点，而必须进行实地盘点。

（2）实地盘点，是以实际调查仓库的库存数计算出库存额的一种方法，又称实盘。因为在实际工作中，记录在账簿上的库存量与实际库存量并非完全一致，这就需要定期将实际的库存量进行仔细的确认。

实地盘点的分类如下。

①依场地可分为仓库盘点、半成品盘点。

②依期限可分为定期盘点、不定期盘点、平日盘点。

依企业的规定在每个月月底、每半个月或每星期的间隔进行的盘点就是定期盘点，而属于一般性事务的每月盘点即是平日盘点，后者是许多企业最常用的盘点方法。还有一种只在需要时才进行盘点，那就是不定期盘点。

③依方法分为统一盘点、循环盘点。

盘点的各种方法如图6-3所示。

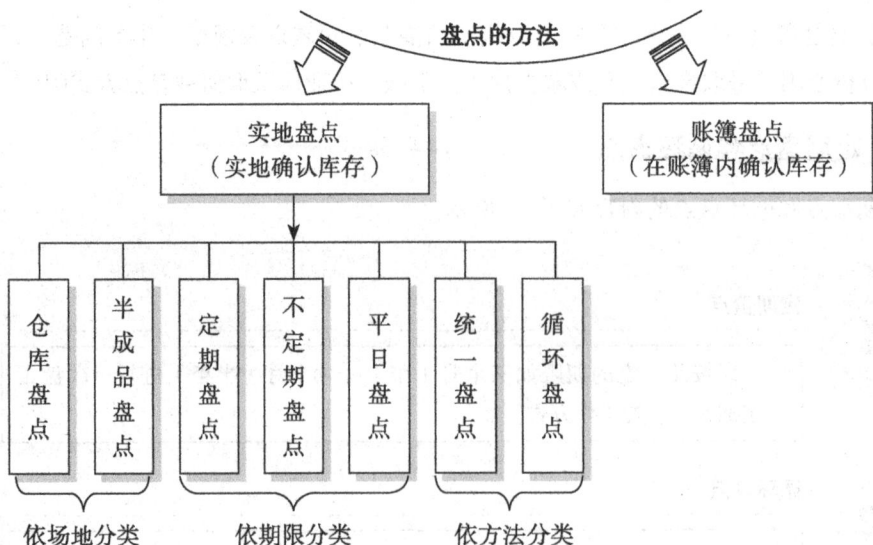

图6-3　盘点的各种方法

要点03：盘点记录工具

盘点记录工具多种多样，如盘点传票、盘点卡、盘点架等。每种工具的用法不同，企业应根据具体情况选用盘点记录工具。

1．盘点传票

盘点传票的用法如下。

（1）按计划要求做成盘点传票（记录品名、品号等）。

（2）送交盘点人。

（3）记录现货的数量及日期。

（4）撕去一半（表示已盘点）。

（5）撕去的一半收回做统计等盘点处理。

盘点传票的样式及使用方法，如图6-4及图6-5所示。

盘点传票

日期：________________

品名：________________

品号：________________

数量：________________

- - - - - - - - - - - - - - - - - - - -

日期：________________

品名：________________

品号：________________

数量：________________

（印）

图6-4　盘点传票

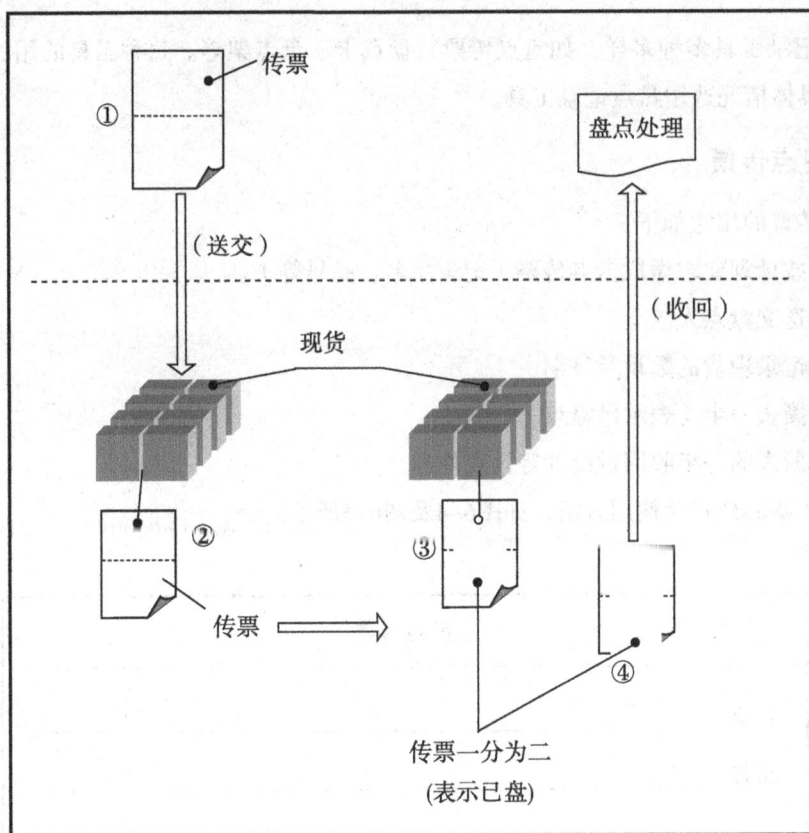

图6-5　盘点传票使用方法

2．盘点卡

盘点卡需要收回，不能留在现货处。盘点卡的用法如下。

（1）按计划要求，做成盘点卡（记入品号等）。

（2）送交盘点人。

（3）记录现货数量及盘点日期。

（4）收回做盘点处理。

盘点卡的样式及使用方法，如表6-1及图6-6所示。

表6-1　盘点卡

卡号		日期	
物品名称		物品编号	
物品规格		存放位置	

（续表）

账面数量		实盘数量		差异	
备注					
复盘人					
盘点人					

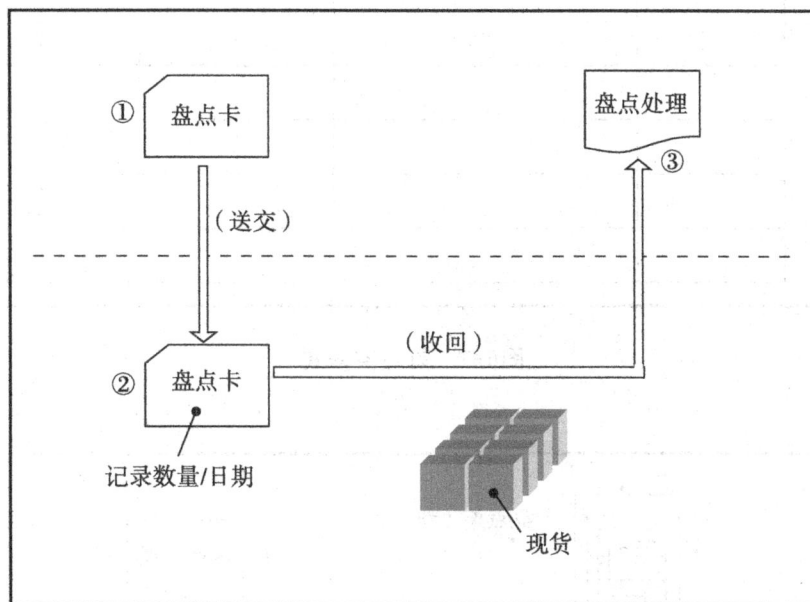

图6-6　盘点卡使用方法

3．盘点架

盘点架的用法如下。

（1）按计划要求，做成新的盘点架。

（2）将盘点架送交现货处理盘点人。

（3）在原有（旧）的盘点架上填入现货的数量及日期（旧盘点架在上次盘点时做成，上面记录着从上次盘点至现时的出库情况）。

（4）把余数（现货数）转记到新盘点架上。

（5）收回旧盘点架做盘点处理。

（6）新盘点架转仓库管理。

盘点架的样式及使用方法，如图6-7及图6-8所示。

盘点架

日期：＿＿＿＿＿＿＿＿＿＿＿＿＿＿＿＿＿＿＿＿＿＿＿＿
品名：＿＿＿＿＿＿＿＿＿＿＿＿＿＿＿＿＿＿＿＿＿＿＿＿
品号：＿＿＿＿＿＿＿＿＿＿＿＿＿＿＿＿＿＿＿＿＿＿＿＿
数量：＿＿＿＿＿＿＿＿＿＿＿＿＿＿＿＿＿＿＿＿＿＿＿＿

日期	传票	出	入	余

图6-7　盘点架样式

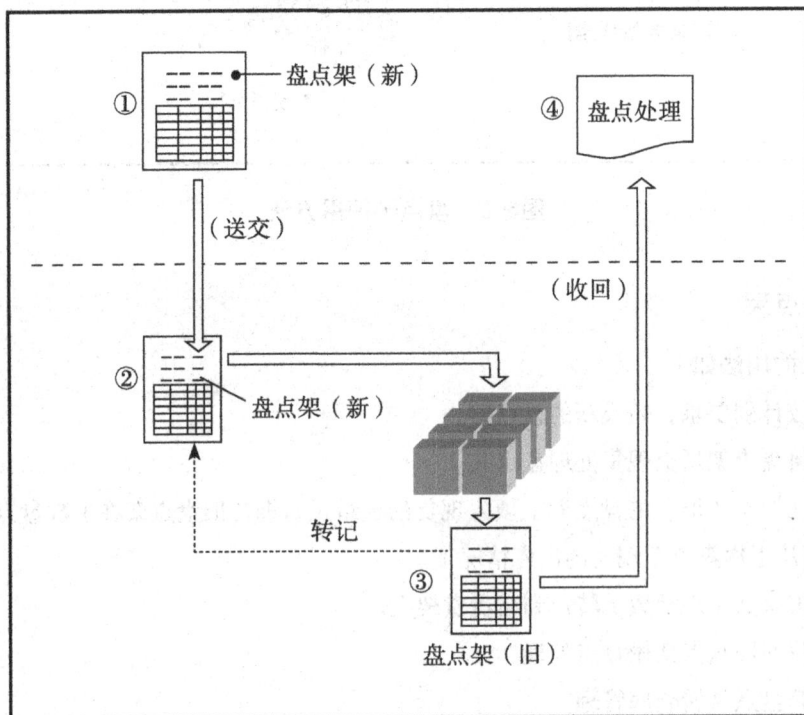

图6-8　盘点卡使用方法

要点04：盘点前的准备

盘点准备是盘点工作顺利开展的基础，盘点工作需要充分的事前准备，例如对盘点人员进行物料认知及盘点方法的培训，以保证盘点的顺利进行。做好盘点前的准备工作，具体可从以下几方面着手。

1. 做好盘点计划

盘点前应做好盘点计划，其内容如下。

（1）决定进行盘点的日期与时间。

（2）决定进行盘点的品目。

（3）决定各盘点区域的负责人。

（4）决定本次盘点的记录方法及保管方法。

2. 成立盘点小组

企业在开展盘点前应成立盘点小组。由盘点小组负责盘点的具体实施工作。盘点小组应分为初盘小组和复盘小组，两个小组的职责如下。

（1）初盘小组负责对仓库物品的初盘工作，填写盘点卡。

（2）复盘小组负责对初盘小组的盘点结果进行复盘，找出盘点差异。

3. 盘点前的清理工作

盘点前仓库的清理工作主要包括以下几项。

（1）供应商所交来的物料还没办完验收手续的，不属于本企业的物料，所有权应为供应商所有，必须与企业的物料分开，以免将其盘入企业物料当中。

（2）已验收完成的物料应即时整理归仓，若一时来不及入仓，要暂存于仓库，记在仓库的临时账上。

（3）仓库关闭之前，必须通知各用料部门预领关闭期间所需的物料。

（4）为呆料、不良物料和废料划出专区存放，做好标示。

（5）尚未交货的成品应算入企业的财产。

（6）将所有单据、文件、账卡整理就绪，未记账、销账的单据均应结清。

（7）清理仓库，使仓库井然有序，便于计数与盘点。

4．盘点前生产线退料

为了配合盘点工作，生产线的退料工作必须做得相当彻底，在仓库清理之前，生产线必须做好退料工作。生产线的退料对象包括以下几项。

（1）规格不符的物料。

（2）超发的物料。

（3）不良的物料。

（4）呆料、废料。

（5）不良半成品。

生产线的退料工作在平时就要进行，在盘点来临时才进行退料工作，工作繁杂而不易顺利开展。生产线退料工作必须彻底进行，生产线所属工作场所（如生产线上下附近、工作桌抽屉、通风管等）都应彻底退料。

5．盘点培训

为使盘点工作顺利进行，每当仓库进行盘点时，企业往往需要从其他部门抽调人手增援。对于从各部门抽调来的人手，必须加以组织分配，并进行短期的培训，使每一位人员在盘点工作中掌握盘点基本知识和注意事项。

（1）物品知识培训

主要是对储存的物料、半成品、成品知识进行培训。通过培训使盘点人员了解物品类型、特点等。

（2）盘点方法的培训

盘点方法的培训是指对盘点的程序、技巧等进行培训。参加初盘、复盘的人员必须对盘点方法有充分了解，才能顺利开展工作。

（3）盘点注意事项培训

盘点中会有很多注意事项，培训人员在培训工作中也应当提及，例如培训人员要告诉受训人员不要忽视对一些破旧但仍有使用价值的物品盘点，因为那也是企业的资产。

> **请注意**
>
> 在进行盘点前，必须将仓库的清理、生产线的退料、盘点培训等准备工作做好，这些是盘点工作必不可少的内容

6. 校正度量仪器，准备盘点工具

盘点所需要用到的磅秤、台秤等仪器企业必须安排人员事前检查仔细，并准备好盘点时使用的计量用具以及盘点票、盘点记录表等单据。

要点05：盘点的正式实施

在将盘点的准备工作做好后，各小组就要在指定时间开始盘点作业的实施。本章的盘

点作业主要是指实地盘点，其过程主要分为初盘作业和复盘作业。

1．初盘作业

（1）指定时间停止仓库物品进出。

（2）各初盘小组在负责人带领下进入盘点区域，进行各项物品的盘点工作。如果同一箱内存放着几种物品，盘点员应打开箱子进行仔细清点，并做好记录。

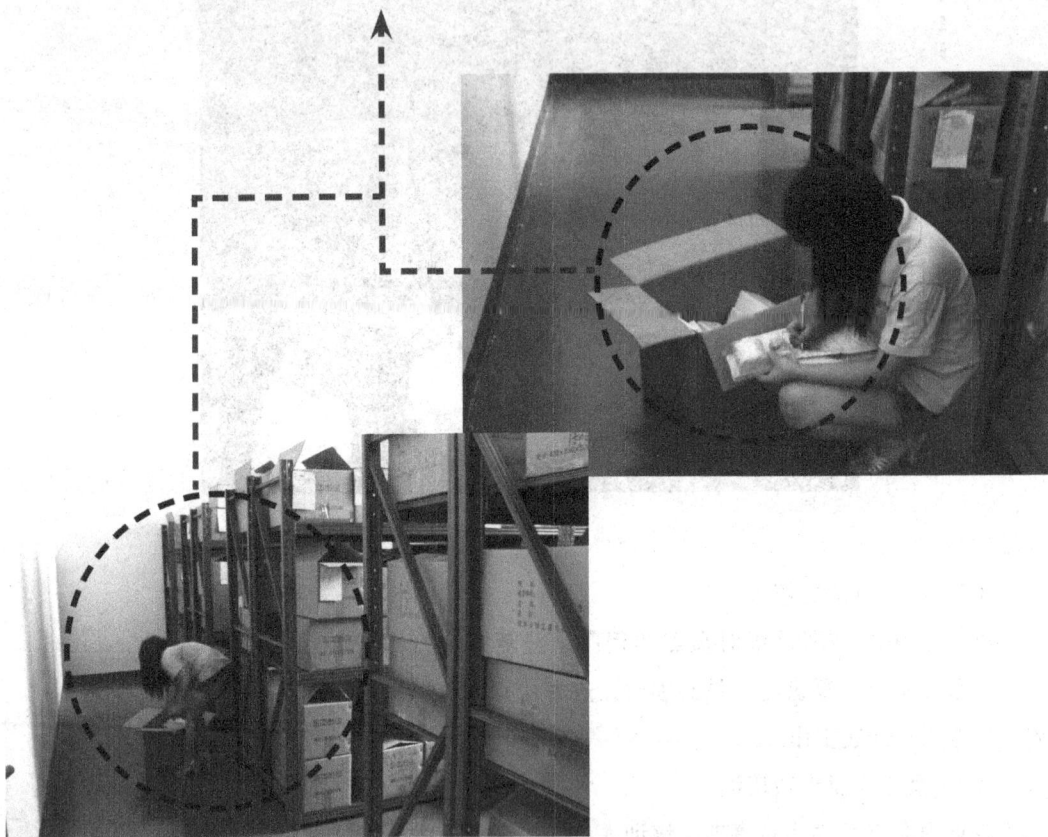

（3）盘点时可以一人一组，也可以两人一组。两人一组时可以由一人清点、读数，另一人记录，这样速度更快，效率更高。

（4）初盘人员在清点物品后，填写盘点卡，做到一物一卡。

（5）盘点卡一式三联，一联贴于物品上，两联转交复盘人员。贴在物品上的盘点卡必须贴紧，以免掉落。

（6）初盘负责人组织专人根据盘点卡资料填写盘点清册，将物品盘点卡资料填入。盘点清册一式三联，一联存被盘仓库，另两联交复盘人员。

（7）初盘作业必须非常仔细，对货架里面的物品也要认真盘点，避免出现差错，造成多次复盘。

（8）盘点时如果发现物品摆放混乱，应将其摆放整齐。

2. 复盘作业

（1）初盘结束后，复盘人员在复盘小组负责人的带领下进入盘点区域，进行物品复盘工作。

（2）复盘可采用100%复盘的方式，也可采用抽盘的方式，具体比例由复盘小组确定，但复盘比例不可低于30%。

（3）复盘人员根据实际状况，可采用由账至物的抽盘作业方式或由物至账的抽盘作业方式。

①由账至物，即在盘点清册上随意抽出若干项目，逐一至现场核对，检查盘点清册、盘点卡与实物三者是否一致。

②由物至账，即在现场随意指定一种物品，再由此对盘点清册、盘点卡进行核对，检查三者是否相符。

（4）复盘人员对核对无误的项目，在盘点卡与盘点清册上签字确认；对核对有误的，应会同初盘人员、仓管人员修改盘点卡、盘点清册中所载的数量，并签字确认。

（5）复盘人员将两联盘点卡及两联盘点清册（如表6-2和表6-3所示）一并上交财务部。

表6-2　物品盘点清册

编号：

部门				盘点日期						
盘点卡号	型号	单位	实盘数量	账面数量	差异数量	单价	差异金额	差异原因	储放位置	
合计										
说明				会计		复盘		盘点人		

表6-3　半成品/成品盘点清册

日期：

盘点卡号	料号	品名	规格	数量	单位	使用状况	备注

主管：　　　　　　　　　　　　复盘：　　　　　　　　　　　盘点人：

（6）复盘结束后要及时将仓库重新整理干净。

要点06：盘点结果统计

盘点后应将盘点卡按编号及发出数收回，并根据每张盘点卡上的最终物品数量统计出物品的总量。

1. 统计盘点结果

盘点卡是盘点实际库存数的原始记录，盘点工作负责人在盘点结束后应用电脑打印出各仓位区域内所有的盘点记录单，避免遗漏。

2. 根据盘点结果填写相应表单

盘点工作负责人根据盘点结果填写相应表单，如"盘点差异分析表"（见表6-4）、"盘点异动报告表"（见表6-5）等。

表6-4 盘点差异分析表

物品编号	仓位号码	单位	原存数量	实盘数量	差异数量	差异%	单价	金额	差异原因	累计盘赢盘亏数量	累积盈亏金额	建议对策
合计								合计				

表6-5 盘点异动报告表

盘点日期	物品编号	物品名称	盘盈数量	盘亏数量	盘盈（亏）金额	原存数量	实盘数量	累计盘盈亏数量	单价	累计盘盈亏金额

要点07：盘点结果处理

在盘点过程中，如发现账物不符的现象，企业应积极寻找账物差异产生的原因，同时做好预防及修补改善工作，防止差异的再发生。

1. 盘点差异确认

盘点工作负责人将盘点所得资料与账目核对后，如果发现账物不符的现象，则应追查原因。具体可从以下事项着手进行追查。

（1）账物不符是否确实，是否有因账物处理制度存在缺陷而造成账物无法确实表达物料数目的现象。

（2）盘盈、盘亏是否由于账物员素质过低产生了记账错误或进料、发料的原始单据丢失造成账物不足。

（3）是否盘点人员不慎多盘或将分置数处的物料未用新盘，或盘点人员事先培训工作不到位而造成错误。

（4）盘点与账物的差异是否在容许范围之内。

（5）找出盘盈、盘亏的原因，看今后是否可以事先设法预防或能否降低账物差异的程度。

查明以上事项的同时，应将相关情况填入"库存盈亏明细表"（见表6-6）中。

表6-6　库存盈亏明细表

类别：　　　　　　　　　　　　　　　　　　　　　　　　　　　日期：

项次	品名	物品编号	单位	账面数量	盘点数量	差异	差异原因

厂长：　　　　　　　　主管：　　　　　　　　　　　制表：

2. 盘点差异处理

（1）修补改善工作

① 依据盘点结果，企业应对分管人员进行奖惩。

② 对账物、物料管制卡的账面进行纠正。

③ 不足料迅速办理订购。

④ 呆料、废料迅速处理。

⑤ 加强整理、整顿、清扫、清洁工作。

⑥ 将盘点中发现的废品集中存放起来，做废弃处理。

（2）预防工作

① 呆料比率过大，应设法研究，致力于降低呆废料。

② 当存货周转率极低，存料金额过大造成财务负担过大时，应设法降低库存量。

③ 当物料供应不继率过大时，应设法强化物料计划与库存管理以及采购的配合。

④ 料架、仓储、物料存放地点足以影响到物料管理绩效，应设法改进。

⑤ 成品成本中物料成本比率过大时，应探讨采购价格偏高的原因，设法降低采购价格

或设法寻找廉价的代用品。

⑥盘点工作完成以后，所发生的差额、错误、变质、呆滞、盈亏、损耗等结果，应分别予以处理，并防止以后再发生。

3. 调整账面存量

根据盘点后的差异结果，仓管人员要办理库存账目、保管卡的更改手续，以保证账、物、卡重新相符。

（1）调整库存账目

仓管人员应该根据盘点结果，在库存账页中将盘亏数量做发出处理，将盘盈数量做收入处理，并在摘要中注明盘盈（亏），如表6-7所示。

> **请注意**
>
> 在盘点时，发生的实盘数量与库存账面数量不符时，一定要认真分析原因并作出相应处理。

表6-7 盘盈（亏）库存账目调整

年		凭证		摘要	收入	发出	结存
月	日	种类	号码				
……	……	……	……	……	……	……	
12	30	领料单	06123005			5000	146000
1	1	盘点单	070101	盘亏		5000	141000

（2）调整保管卡

仓管人员调整保管卡时，也应该在收发记录中填写数量的变更，具体方法如表6-8所示。

表6-8 盘盈（亏）保管卡调整

……							
收发记录							
日期	单据号码	发料量	存量	收料量	退回	订货记录	备注
……	……	……	……	……	……	……	……
12月30日	06123005	5000	146000				
1月1日	070101	5000	141000				盘亏

学习笔记

通过学习本章内容，想必您已经掌握了不少学习心得，请仔细填写下来，以便继续巩固学习。如果您在学习中遇到了一些难点，也请如实写下来，方便今后重复学习，彻底解决这些难点。

同时本章列举了大量实景图片，与具体的文本内容互为参照和补充，方便您边学边用，请如实填写您的运用计划，以使工作与学习相结合。

我的学习心得：

1. _____
2. _____
3. _____
4. _____
5. _____

我的学习难点：

1. _____
2. _____
3. _____
4. _____
5. _____

我的运用计划：

1. _____
2. _____
3. _____
4. _____
5. _____

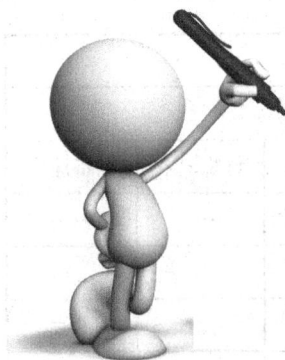

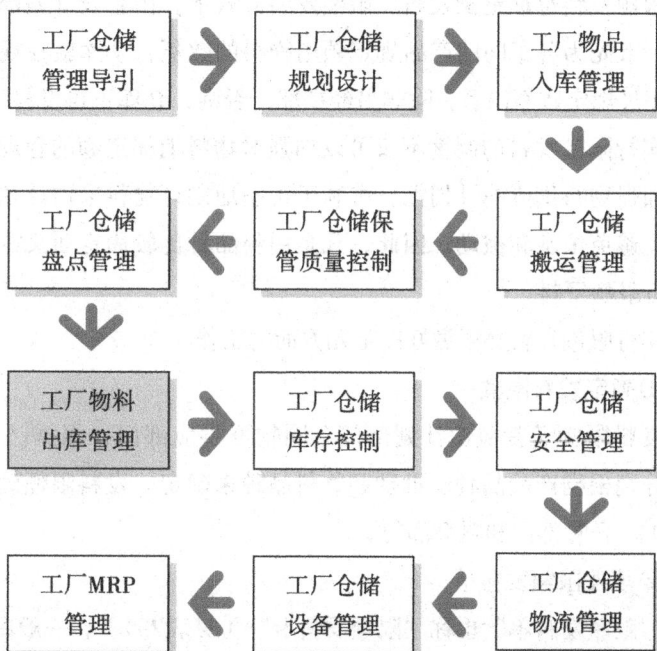

第 7 章

工厂物料出库管理

导视图

工厂仓储
管理导引
→
工厂仓储
规划设计
→
工厂物品
入库管理

工厂仓储
盘点管理
←
工厂仓储保
管质量控制
←
工厂仓储
搬运管理

工厂物料
出库管理
→
工厂仓储
库存控制
→
工厂仓储
安全管理

工厂MRP
管理
←
工厂仓储
设备管理
←
工厂仓储
物流管理

第7章

物料出库主要是指物料的发放、调拨等。各级仓管人员要积极做好物料出库工作，避免错发、错调，给企业造成损失。

要点01：物料发放的常见形式

企业物料发放的形式很多，包括生产领用、对外销售以及仓库之间的内部转移等。

1. 企业内部领用物料

企业内部领用的物料，通常有限额发料和非限额发料两种方式。

（1）限额发料

限额发料也称定额发料。限额发料方式下，由企业计划部门根据生产计划和物料消耗定额，事先为各车间的产品规定领用物料的数额，仓库就在规定的数额内对车间、部门发料，超过规定数额以后，除非另经批准，否则，仓库不再发料。

实行限额发料的制度不仅可以加强对物料消耗定额的管理，监督消耗定额的执行，还可以加强物料供应的计划性，有利于正确地制订物料采购计划，有利于做好发料前的准备工作，避免忙乱和被动。因此，凡是用料品种比较固定而又需要多次领用的物料，都应尽量实行限额发料。

实行限额发料必须做好以下几方面的工作。

①确定发料限额

发料限额通常应由计划部门会同物资供应部门，根据已经批准的生产计划和消耗定额，分别根据产品品种、批别和物料品种来确定。发料限额确定以后应通知领料车间（或部门）、仓管部门和财会部门。

②填发限额发料单

"限额发料单"也称"限额发料卡"（见表7-1），一般由计划部门会同物控部门根据发料限额填发。

"限额发料单"至少一式两联，一联交领料部门凭单领料，一联交仓库据单发料，并在发料后作为记账的依据，在月末加以汇总后送交财务部门。

表7-1 限额发料单

物料编号	品名	规格	单位	单机用量	需求数量	标准损耗	领用限额	调整后限额	实发数量	备注

生产领料员：　　　　　　　　仓管人员：　　　　　　　　PMC：

　　限额发料单可以按每种物料分别填发（即一张限额发料单只包括一种物料），也可以按每种或每批产品填发（即一张限额发料单包括几种物料）。按每种物料分别填发的，称为一单一料，按每种或每批产品填发的，称为一单多料。采用一单一料的办法，便于发料凭证的汇总分类，但由于凭证数量较多，在领、发物料时不方便。采用一单多料的办法，领、发物料的手续比较方便，但不便于发料凭证的汇总分类，在核算上比较麻烦。

　　③严格执行发料限额

　　实行限额发料制度以后，仓库必须按照发料限额准备物料，并严格按照限额发料。各车间必须在限额以内用料，如果由于生产任务超过原计划或其他原因，需要在限额以外领料时，必须按照原来确定限额的手续申请批准，未经批准不能发料。

　　④尽可能做到送料上门

　　在实行限额发料的情况下，各部门的物料需用量事先都已经通知仓管部门，仓管部门就可以按照各部门的用料需要，将物料及时送到用料部门，变上门领料为送料上门。实行送料上门不仅可以使生产工人省去领料的时间，用更多的时间从事直接生产，而且可以使仓库管理员经常深入生产第一线，了解生产情况，更好地为生产服务。

　　（2）非限额发料

　　非限额发料主要适用于临时需用以及无法确定限额的物料。

　　实行非限额发料，在发料时应由领料车间（部门）填具领料单（至少一式三联，其中一联在仓库发料后退回领料部门；一联留仓库，据以登记物料明细账；另一联送交财会部门，作为核算的依据）。领料单的具体格式如表7-2所示。

表7-2 领料单

制造单号： 产品名称： No.：
生产批量： 生产车间：□物料 □半成品 日期：

序号	料号	品名	规格	单位	计划用量	标准损耗	实领数量	备注

生产领料员： 仓管员： PMC：

2．物料销售

企业的物料销售包括废料出售、呆滞积压物料的处理，以及对其他企业的临时性支援等。工业企业的物料销售，不论出于什么原因，都应由供应部门会同销售部门填制销售物料发料单（至少一式三联），通知仓库发料。仓库发料后，发料单一联退回供应部门；一联留存仓库，据以登记物料明细账；另一联送交财务部门作为核算依据。

为了简化销售物料的发料手续，销售物料发料单也可以与物料销售发票合并填制，即在销售物料的发票中增设数联，以代替销售物料发料单。发料单的具体格式如表7-3所示。

表7-3 发料单

制造单号： 产品名称： No.：
生产批量： 生产车间：□物料 □半成品 日期：

物料编号	品名	规格	单位	单机用量	需求数量	标准损耗	实发数量	备注

生产领料员： 仓管人员： PMC：

3．仓库之间的物料转移

在物料管理工作中，由于仓库之间分工的变更，堆放场地的调整以及物料分类的改变等原因，往往会发生各个仓库之间互相转移物料的情况。仓库之间的物料转移，应由供应部门填制物料内部转移单（至少一式三联），通知收料仓库到发料仓库领料，收料仓库领取物料后，物料内部转移单由收料仓库和发料仓库分别收取一联，据以登记物料明细账，其余一联交财务部门作为核算依据。内部转移单的具体格式如表7-4所示。

表7-4 内部调拨单

编号：　　　　　　　　　　　年　　月　　日

品名	物料编号	型号	规格	单位	数量	单价	金额	备注

调入仓库		调出库库		财务部	
仓管人员	仓库主管	仓管员	仓库主管	负责人	财务主管

备注：此单一般一式三联，物料调入部门、调出部门及财务部各一联。

要点02：物料发放的基本流程

物料发放的形式很多，而本章所述主要是指生产用的物料发放。仓储部门应按照生产的需要及时地向各车间、部门供应适用的物料，保证生产的正常进行。

1．物料发放流程

物料发出的过程是指物料从仓库发出到生产车间完成制造前的全部环节。仓库发出物料的流程图如图7-1所示。

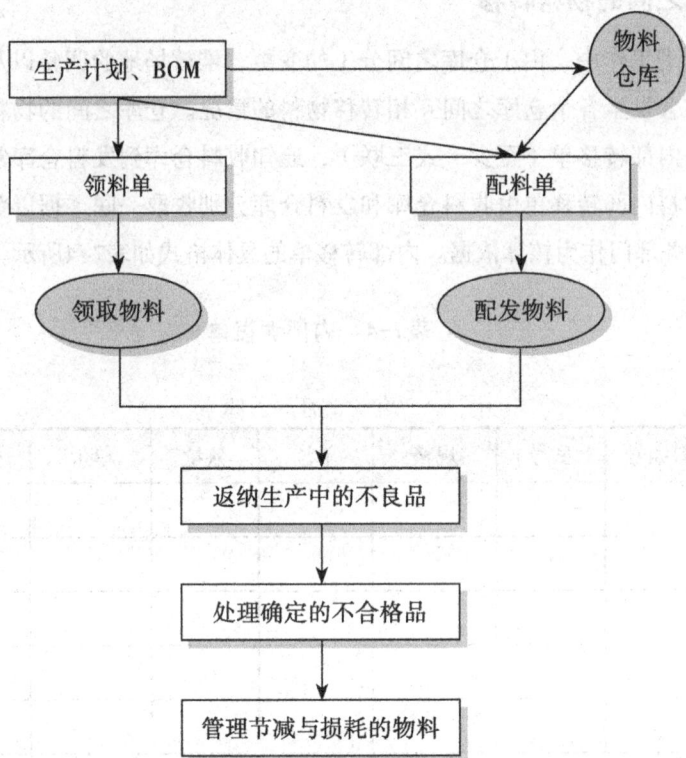

图7-1 物料发放流程

2．发放物料的具体事项

发放物料的过程具体包括以下事项。

（1）配料人员依据生产计划和物料清单事先配备好物料，领料人员填写领料单前来领料。

（2）搬运人员在规定的时间内将配备好的物料转运到生产部。

（3）配料以外的领料由生产部人员依据领料单来仓库领料。

（4）按先进先出的原则从仓库搬运物料。

（5）办理必要的交接手续。

（6）更新账簿和网络数据。

（7）返纳不良品。

（8）处理不合格品。

（9）物料平衡与核销。

（10）有效管理物料损耗。

> **请注意**
>
> 物料的发放必须严格地根据生产计划、消耗定额和规定的手续来进行，不得违规操作，否则极易给企业带来损失。

要点03：物料发放的要求

物料的发放必须遵守先进先出、准备充分、及时记账等要求。

1. 遵守规定程序

物料发放必须按规定程序进行，领料提货单据必须符合要求，并按照领料作业指导书进行。

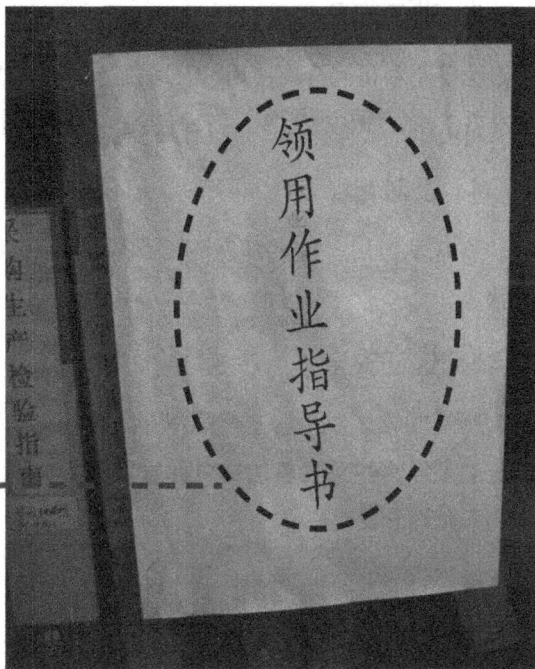

2. 先进先出

物料发放必须在保证物料使用价值不变的前提下，坚持"先进先出"的原则。同时要做到保管条件差的先出、包装简易的先出、容易变质的先出、有保管期限的先出、回收利用的先出。企业应加强对先进先出的宣传，如悬挂相应看板等。

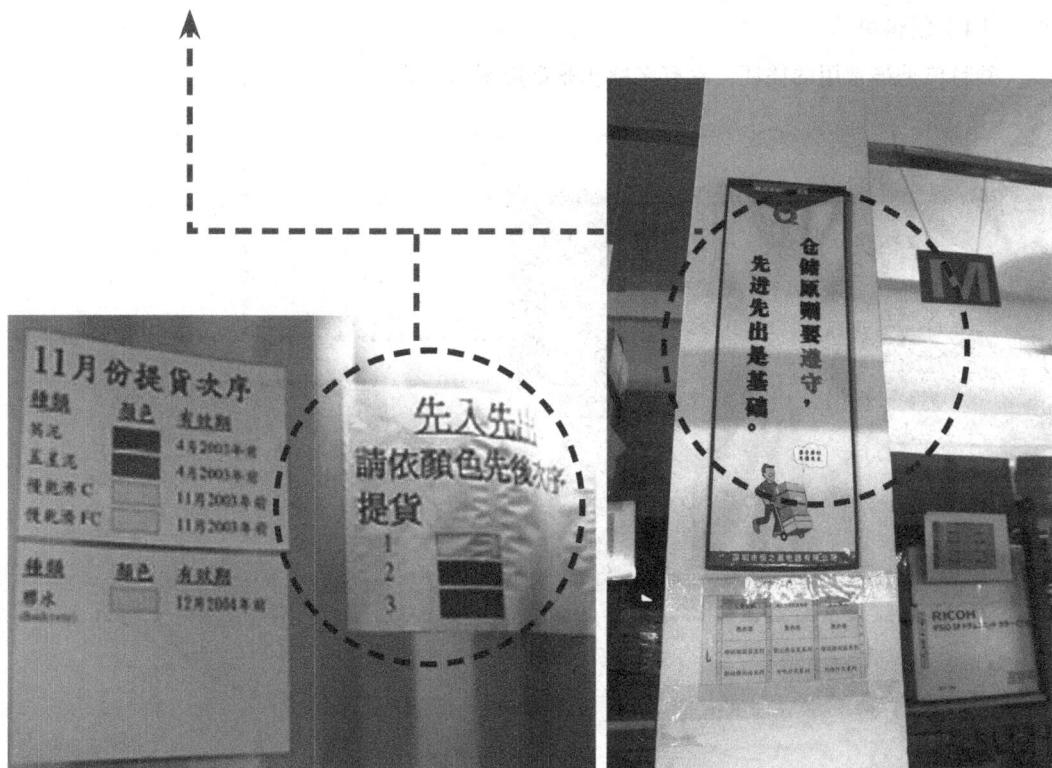

3. 准备充分

为使物料得到合理使用、及时投产，必须快速、准确发放。为此，必须做好发放前的各项准备工作，如化整为零、备好包装、复印资料、组织搬运人力、准备好设备工具等等。

4. 及时记账

物料发出后，应随即在物料保管账上核销，并保存好发料凭证，同时调整物料卡、吊牌。

5. 保证安全

物料发放，要注意安全操作，防止损坏包装和震坏、压坏、摔坏物料。同时，仓管人员还必须经常注意物料的安全保管期限等，对已变质、已过期失效、已失去原使用价值的物料不允许分发出库。

要点04：领料凭证审核

领料凭证是物料发放的依据，在发料前仓库必须先对各种不同类型的领料凭证进行审核后，才能发放物料。

1. 常见领料凭证

（1）领料单

领料单是最常用的凭证，它有定额和非定额两种形式。

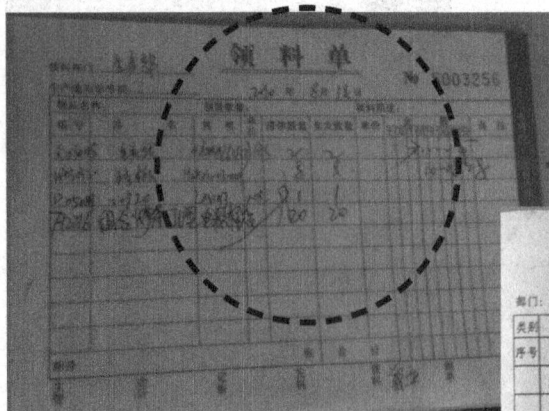

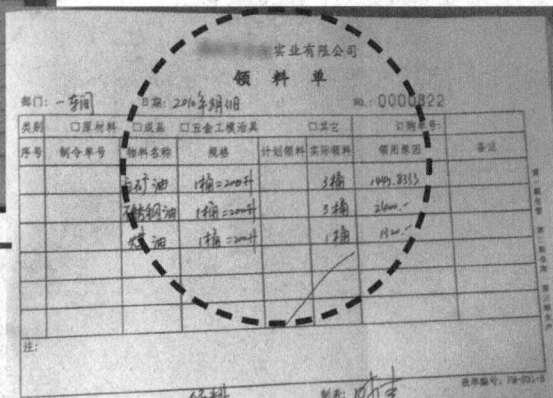

①定额领料单

定额领料单适用于有消耗定额物料的领用，它通常由供应部门根据生产作业计划和物料消耗定额核算后填制，由领料部门凭单领料或由下料部门领出集中下料。其基本格式如表7-5所示。

表7-5　定额领料单

编号：

领料部门				仓库			
日期		至		物料用途			
计划生产量				实际生产量			
物料名称	物料编号	规格	单位	领用限额	调整后限额	实际耗用		
						数量	单价	金额
领料记录								
领料日期	请领数量	实发			退料			限额结余
		数量	发料人	领料人	数量	发料人	领料人	

计划部门：　　　　供应部门：　　　　仓管人员：　　　　领料部门（人）：

②非定额领料单

非定额领料单适用于没有消耗定额的物料的领用，是一种一次性使用的领料凭证，其基本格式如表7-6所示。

表7-6　非定额领料单

编号：

领料部门		仓库	
领料日期		物料用途	

（续表）

物料名称	物料编号	规格	单位	请发数量	实发数量	备注

生产主管：　　　　仓库主管：　　　　领料人：　　　　发料人：

备注：此领料单一式四联，一般只填写一种物料，以便分类和统计。

（2）其他领用凭证

物料领用凭证，除了常见的满足生产性用料的领料单外，还有仓库与仓库之间的材料内部调拨单，为售后服务专设的成品零件、外购件借用凭证，委托外部加工的产品发料单等。

①物料内部调拨单

物料内部调拨单是企业仓库与仓库之间互通有无、调整储备的一种货物调拨出库凭证，它的格式可根据各单位的具体情况来确定，一般如表7-7所示。

表7-7　内部调拨单

拨出仓库：＿＿＿＿＿＿＿　　　拨入仓库：＿＿＿＿＿＿＿

开单日期：＿＿年＿月＿日　　　字第＿＿号

项数	物料编码		物料名称及说明	单位	数量		相关文件	
	物料号码	检查号码			请领	实拨		
							运交地点	
							调拨单编号	
							管料员发料签章	＿年＿月＿日
							会章	
							记账员	

拨入收料主管：　　　经办人：　　　拨出发料主管：　　　经办人：

备注：

第一联：核办部门存查　　　　　第四联：收料部门送分公司料账部门

第二联：拨料部门记账后存查　　第五联：收料部门记账后存查

第三联：拨料部门送分机构料账部门　第六联：收料部门签复拨料单位

核办主管：　　　　　　　　　　经办人员：

②委托加工物料发料单

这里的委托加工主要是指企业向承接加工单位提供生产资料，承接加工单位加工完成后再将成品送回委托企业，并收取一定加工费用的方式。这种方式的物料出库应凭"委托加工物料发料单"发料，其基本格式如表7-8所示。

表7-8　委托加工物料发料单

加工企业：　　　　　　发料日期：　　　　　　发料仓库：

合同编号	加工后材料名称规格	计量单位	数量	加工要求	交货日期

材料编号	材料名称	计量单位	数量	材料成本 单价	材料成本 金额	加工费	运输费	实际成本合计

记账：　　　　　　　发料：　　　　　　　制单：

2．对凭证进行审核

当领料人员持领料单到仓库领料时，仓管人员应就以下问题对领料单进行审核。

（1）审核出库凭证的合法性和真实性，查看领料单上是否有相关部门的印章或负责人签名。

（2）核对领料单上的领料日期，发现超过有效领料日期的，应请其重新开具。

（3）核对领料单上物料品名、型号、规格、数量是否与库存实际相符。

3．发料的注意事项

领料凭证的审核必须认真仔细，碰到以下情形绝不能发料。

（1）非规定的领料人领料。

（2）无"生产计划单"的领料。

（3）生产尚未进行的过早领料。

（4）应该领用差一级品质的物料，而执意要领较好物料的。

（5）"领料单"填写不清、不全、不规范的。

（6）"领料单"未按有关规定交主管领导审批的。

要点05：备料

备料也就是物料发放的准备。备料要按物料出库凭证，如"领料单"、"物料出货通知单"、"物料调拨单"等所列项目进行，不得随意备料。

1．备料的流程

备料的流程如图7-2所示。

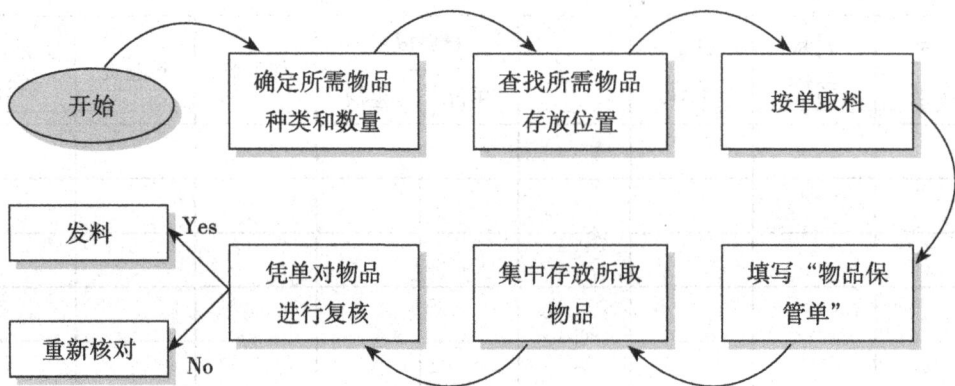

图7-2　备料流程

2．备料的方法

根据需准备物料的不同，仓管人员要采用原箱原捆备料、原桩原货垛备料、拆箱拆捆备料等不同的备料方法，它们各自适用范围和操作方法如表7-9所示。

表7-9 不同备料方法的适用范围与操作说明

备料方法	适用范围	操作说明
原箱原捆备料	出库物料量或购销发运量较大的发货业务	不需拆箱拆捆，数量品种搭配只需按整箱整捆备齐发货量就可发放
原桩原货垛备料	发货量是整批数、品种单一的物料	在货物原堆桩原货垛处，按领料单所需品名、数量点齐，并在原货垛上标出发货量记号，待取料时，仓管人员在原货垛处只需按事先标定的数量记号将物料点交发放即可
拆箱拆捆备料	领料量较小，或领料、发运量大，但品种多样需拆零配料的业务	备料时将物料拆箱、拆捆，料备好后再对物料进行重新包装，并在包装内附上装箱单，其上注明所装物料品名、牌号、规格、数量和装箱日期，并由装箱人签字或盖章

3. 备料的注意事项

（1）备料时要按号找位、凭单配货，遵照"先进先出"的原则，并采用适当的备料方法。

（2）采用"先进先出"的措施。在出库时，应采用"先进先出"的方法，以确保物料储存的质量，防止由于储存时间过长导致物料损坏、变质。

（3）备料时应设置专门的备料区域，方便开展工作。

请注意

备料是物料发放前的必备工作，必须严格遵照"物料先进先出"的原则，并对不同类型的物料采取不同的备料方法。

（4）备料工作结束时应将物料整齐地堆放着，等待随时送往生产现场。

要点06：物料发放作业

物料发放作业流程如图7-3所示。

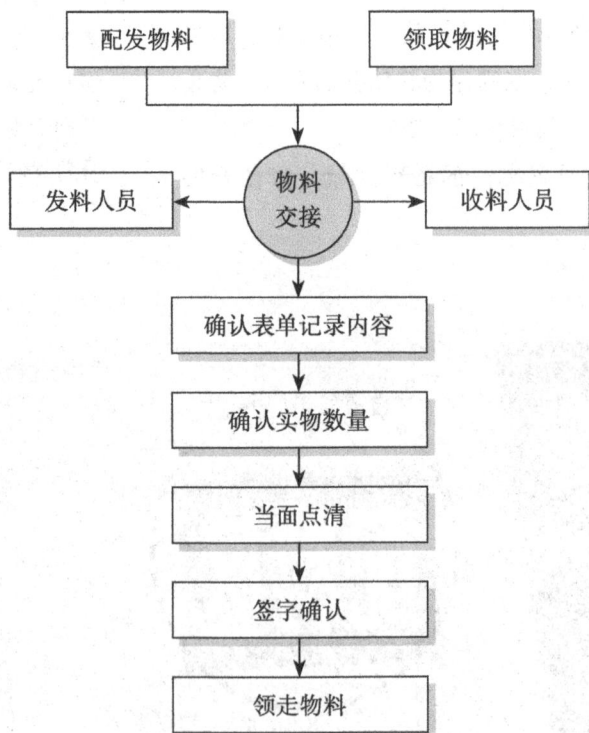

图7-3　物料发放作业流程

1. 当面清点物料

将领料单上的物料备齐后，仓管人员要与领料人员再一次确认发料单的填写及签章是否属实、编号是否连续，并一起对物料进行最后一次清点，以确保物料种类、数量的准确。

2. 办理移交手续

物料清点无误后，仓管人员应该在领料单上填写实际发放数量并签字，然后将领料单交给领料人员，请领料人员在相应位置签字。

3. 物料交付

移交手续办理完成后，就可以让领料人员将物料领走了。

4. 物料发放登记

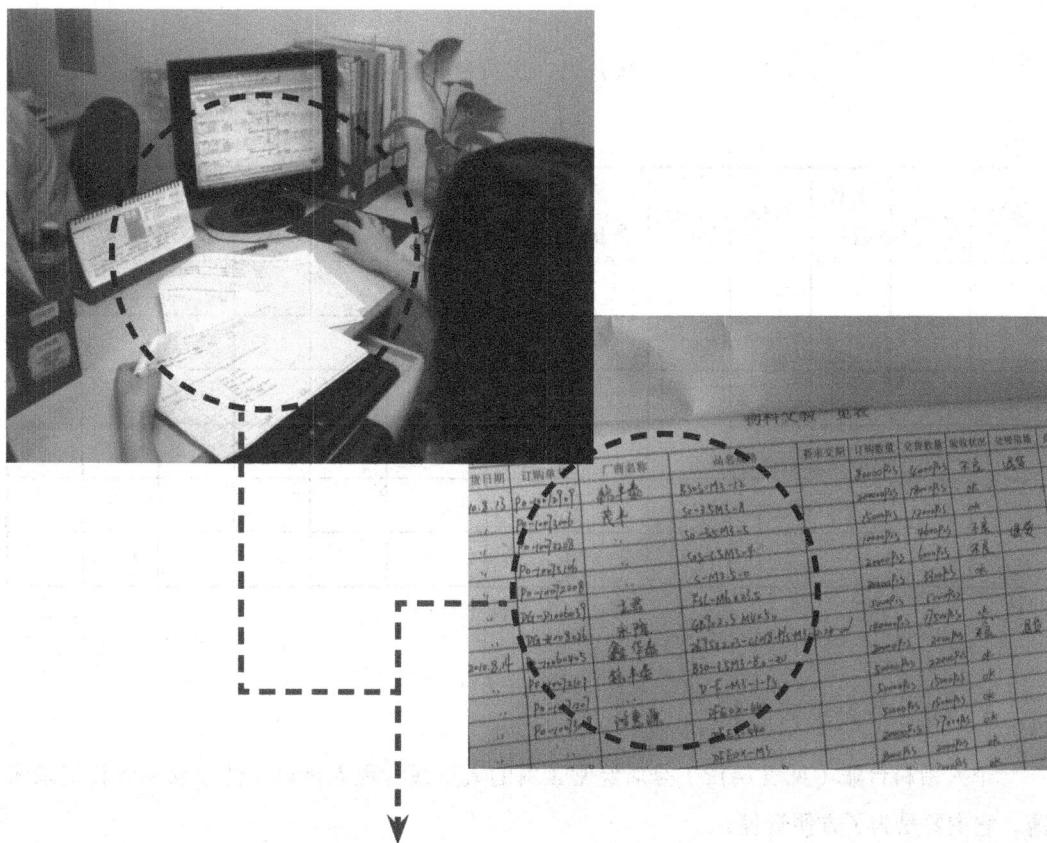

物料发放完毕后，仓管人员要开展登记工作，即根据"领料单"调整库存账目，使账、物、卡重新达到平衡的状态，并编制"物料收发日报表"（见表7-10）、"出货台账"（见表7-11）或"物料交接一览表"，以便为日后的统计工作打下基础。

表7-10　物料收发日报表

仓库名称：　　　　　　　　　　　　　　　　　　　　　统计日期：

品名	前日进货累计	本日进货	进货累计	未进货量	前日出货累计	本日出货	出货累计	库存	退货		备注
									本日	累计	

审核：　　　　　　　　　　　　　　　　　　　　　填表：

表7-11　出货台账

日期：　　　　　　　　　　　　　　　　　　　　仓库：

编号	名称	规格型号	单位	单价	出库数量	质量等级	销售清单号	交货人	检验人	收货人	储存位置	备注

复核：　　　　　　　　　　　　　　　　　　　仓库主管：

5．建立个人领料台账

个人领料台账（见表7-12）是对经常领料的人员或管理人员设立的单独的领料记录账簿，它主要是为了方便管理。

例如，车间的模具师傅会因为工作的需要经常领用的物料和工具，这些物料非常特殊，不好归类也不方便让他人代领。因此，建立个人领料台账对于这部分物料的领用控制很有必要。

表7-12　个人领料台账

领料人员：　　　　　　　　　　　　　　　　　　领料部门：

序号	领料日期	领料单号	物料品名	料号	数量	备注

要点07：物料发放问题处理

在发料过程中，经常出现无单领料、单料不符、物料错发等问题，仓储部门对此需要进行合理处理，具体措施如图7-4所示。

1 无单领料

无单领料是指没有正式领料凭证而要求领料，如以"白条"和电话领料，遇到这种情况，仓管人员不能发料

2 凭证问题

发料前验单时，若发现领料凭证有问题，如抬头、印鉴不符，有涂改痕迹，超过了领料有效期，应立即与需用部门联系，并向上级主管反映。备料后复核时发现凭证有问题，仓管人员应立即停止发料作业。总之，手续不符，仓管人员有权拒绝发料

3 单料不符

发料之前验单时，若发现提料凭证所列物料与仓库储存的物料不符，一般应将凭证退回开单部门，经更正确认后再行发料。遇到特殊情况，如某种物料马上要断料，需用部门要求先行发料，然后再更改提料凭证时，经上级主管批准后，可以发料。但应将联系情况予以详细记录，并在事后及时补办更正手续。若备料后复核时发现所备物料与提单凭证所列不符，应立即调换

4 包装损坏

对物料外包装有破损、脱钉、松绳的，应整修加固，以保证搬运途中的安全。若发现包装内的物料有霉烂、变质等质量问题或数量短缺时，不得以次充好，以盈余补短缺

5 料未发完

物料发放，原则上是按提料单当天一次发完，如确有困难，不能当日提取完毕，应办理分批提取手续

6 料已错发

如果发现料已错发，首先应将情况尽快通知需用部门，同时报告上级主管，然后了解物料已发到什么环节或地方，能及时追回的应及时追回；无法追回的，应在需用部门的帮助下采取措施，尽量挽回损失，然后查明原因，防止日后再出现类似情况

图7-4　物料发放问题处理

要点08：物料超领控制

当"领料单"上所核定数量的物料领用完毕后，制造部门如需追加领用物料时，必须由制造部相关人员填具"物料超领单"后方可领料，物料超领单上应注明超领物料编号、名称、规格及超领数量、超领率等。

1．超领原因分析

（1）原不良品补料，上线生产发现物料不良时，需追补。

（2）作业不良超领，因生产作业原因造成物料不良时，需超领。

（3）下道工序超领，因下道工序超领物料，需本工序追加生产数量，导致需追加领料。

（4）其他突发原因。

2．超领权限规定

（1）确定可领用数量。

可领用数量＝制造命令批量×每单位产品用量×（1＋损耗率）

其中单位产品用量及损耗率依照"产品用料明细表"确定。

（2）超领率低于1%时，由制造部主管审核后，可领用物料。

（3）超领率大于1%小于3%时，先由制造部主管审核，再由生产管理部物控人员审核后，才可领用物料。

（4）超领率大于3%时，除上述人员审核外，还需经生产副总审核后，方可领用物料。

（5）"物料超领单"一式四联，一联由生产部门自存，一联交仓库，一联送生产管理部门物控人员，一联交财务部。具体格式如表7-13所示。

表7-13 物料超领单

领用部门：   日期：

制造命令号：			批量：		
超领物料编号	名称	规格	超领数量	超领原因	超领率

仓管员：   领料员：   PMC：

要点09：物料的退还

物料的退还是指需用部门领用的物料，在使用时发现质量异常、用料变更或有盈余时，而将已办理发放手续的物料退回给仓库的业务活动。

1．退料概述

通常物料退回缴库的对象包括下列几项。

（1）规格不符的物料。

（2）超发的物料。

（3）不良的物料。

（4）呆料。

（5）报废物料。

2. 退料补货的控制程序

（1）退还的物料应放置在专门的区域。

（2）退料补货往往要涉及几个部门，如仓管部须负责退料的清点与入库，品管部负责退料的品质检验，生产部负责物料退货与补料等，所以需要制定物料退料补货的控制程序。

以下是退料、补料作业流程图（见图7-5）及退料单（见表7-14）、补料单模板（见表7-15）。

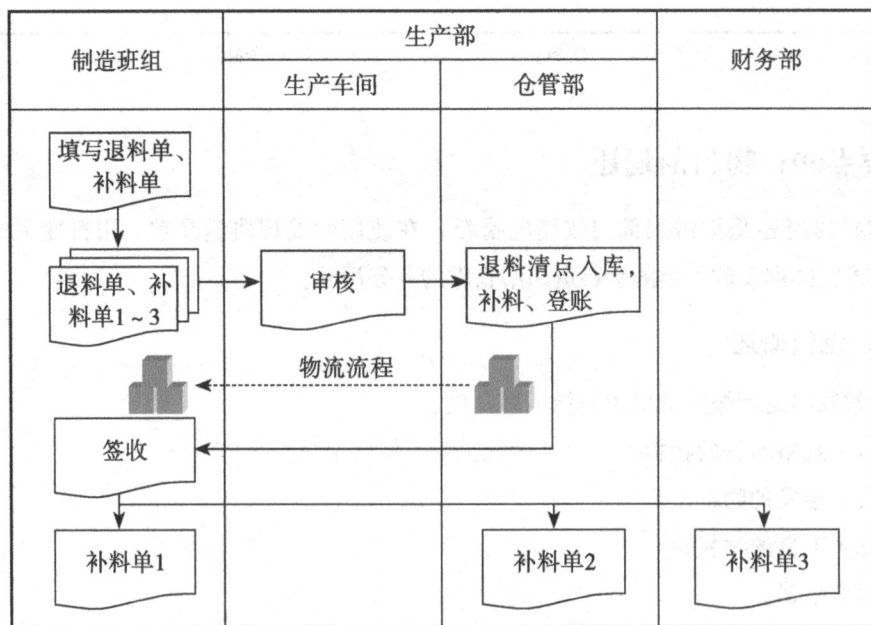

图7-5　退料、补料作业流程图

表7-14 退料单

退料部门：   退料部门编号：
收料库：   收料库编号：
原发料编号：   日期：

| 物料编号 | 品名 | 规格 | 单位 | 金额 | 数量 | | 品管鉴定 | 退料原因 | 备注 |
					退货	实收			

仓管人员：   品管员：   退料员：

表7-15 补料单

制造单号：   产品名称：   No. ：
生产批量：   生产车间：□物料 □半成品   日期：

物料编号	品名	规格	单位	单机用量	标准损耗	实际损耗	损耗原因	补发数量	备注

生产领料员：   仓管人员：   PMC：

要点10：物料的调拨

物料调拨是指将一部分物料入库后再发放到其他部门的作业，包括物料的借入、借出）、仓库之间物料的转移等情形。

1．物料调拨的类型

请求调拨的物料有以下几种类型，不同类型的物料有不同的处理方法，具体如图7-6所示。

1 废料

　　A部门的废料，对于B部门来说，可能是有用的物料。对于这类物料的调拨比较容易操作，从某种意义上说等于帮助A部门进行了一次现场清理

2 边角余料

　　对于产生边角余料的部门来说，这些物料可能有用也可能没有用，但有时这些物料是需要进行退仓的，这就要履行相关退仓手续

3 残料

　　在加工过程中因加工失误导致出现质量问题而不能再用的零部件或物料，要按照有关品质管理规定进行处理后才能调拨

4 呆料

　　某一部门长期闲置的物料，调到其他部门去用等于是呆料盘活，这对企业非常有利

5 暂时不使用的物料

　　属于某部门的有用物料，只是最近一段时间内不使用，则可视订单的交货时间、紧急程度和物料采购情况来确定调拨方法

6 正在使用的物料

　　根据两个同样需要该种物料生产部门的订单重要程度、交货期远近、生产进度、生产速度来决定正在使用物料的调拨

图7-6　物料调拨处理方法

2．物料的借入与归还

物料无法如期供应时，仓管人员可以通知采购人员与相关友厂洽谈，借用部分物料。其作业程序如图7-7所示。

1	由采购人员提出借用申请，填写"物料借用申请单"（见表7-16），说明借用理由、库存状况、借用数量、最近交货日期及拟归还日期，呈总经理核准后，拟具借据一份，经权责人员审核后，加盖企业业务章，向其他厂商借料
2	借据一般应复印四份，一份由采购人员自留以督促还料，一份交仓库作收料依据，一份交物控了解物料状况，一份送财务部
3	借用的物料进厂时，由仓管人员依借据所列物料名称、规格、数量，填制"进料验收单"，并于备注栏内注明"借入物料"，依进料检验流程办理收料
4	借入物料不记入仓库账册
5	借入物料的归还，由采购人员提出申请，附上借据副本，经总经理核准后，送仓库核对品名、规格、数量无误后，备料归还

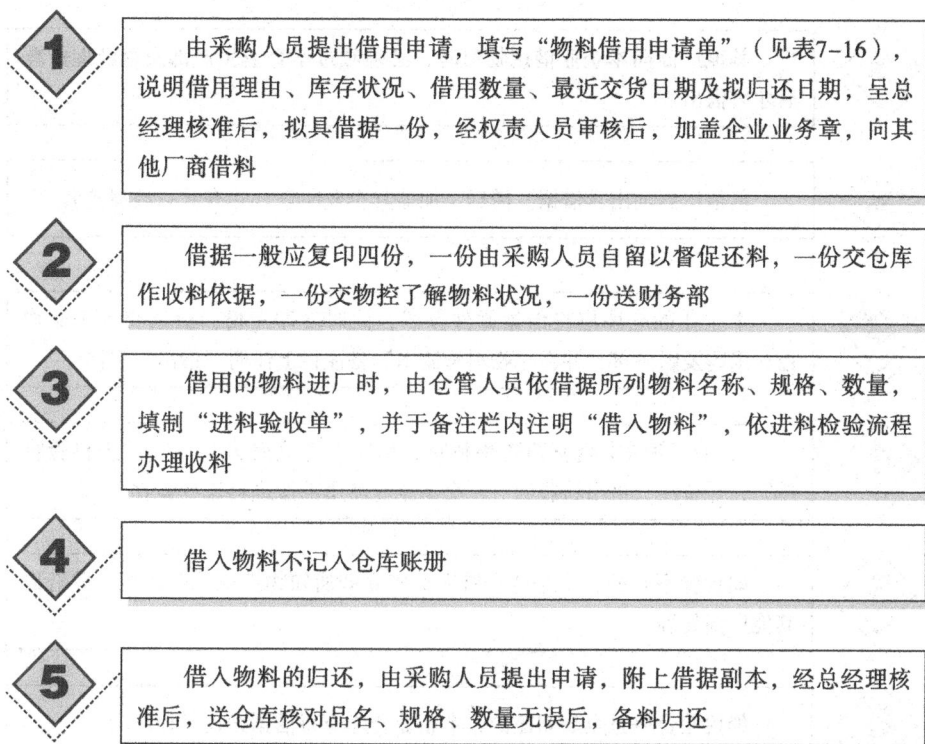

图7-7　物料的借入与归还流程

表7-16　物料借用申请单

编号：

产品型号			借用单位		借用日期		
借用零件名称	借用零件型号	借用零件编号	单位	借用数量	用途说明	备注	

3．物料的借出与收回

物料的借出与收回作业流程如图7-8所示。

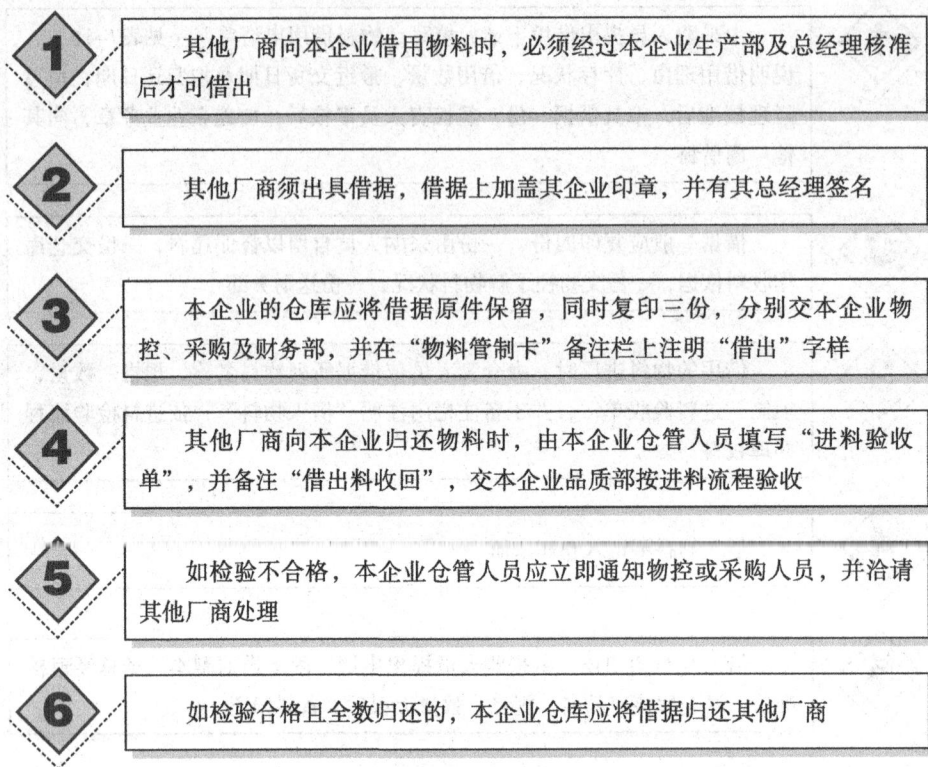

1　其他厂商向本企业借用物料时，必须经过本企业生产部及总经理核准后才可借出

2　其他厂商须出具借据，借据上加盖其企业印章，并有其总经理签名

3　本企业的仓库应将借据原件保留，同时复印三份，分别交本企业物控、采购及财务部，并在"物料管制卡"备注栏上注明"借出"字样

4　其他厂商向本企业归还物料时，由本企业仓管人员填写"进料验收单"，并备注"借出料收回"，交本企业品质部按进料流程验收

5　如检验不合格，本企业仓管人员应立即通知物控或采购人员，并洽请其他厂商处理

6　如检验合格且全数归还的，本企业仓库应将借据归还其他厂商

图7-8　物料的借出与收回

4．仓库之间物料转移

企业内分属不同账目的两个仓库之间，就某种物料由一个仓库转移至另一个仓库的调拨方式叫仓库之间物料转移。此类物料转移应由收料仓库出具"内部物料调拨单"，注明调拨物料编号、名称、规格、数量后，经权责人员核准后进行调拨。

通过学习本章内容，想必您已经掌握了不少学习心得，请仔细填写下来，以便继续巩固学习。如果您在学习中遇到了一些难点，也请如实写下来，方便今后重复学习，彻底解决这些难点。

同时本章列举了大量实景图片，与具体的文本内容互为参照和补充，方便您边学边用，请如实填写您的运用计划，以使工作与学习相结合。

我的学习心得：

1. _____
2. _____
3. _____
4. _____
5. _____

我的学习难点：

1. _____
2. _____
3. _____
4. _____
5. _____

我的运用计划：

1. _____
2. _____
3. _____
4. _____
5. _____

第8章

工厂仓储库存控制

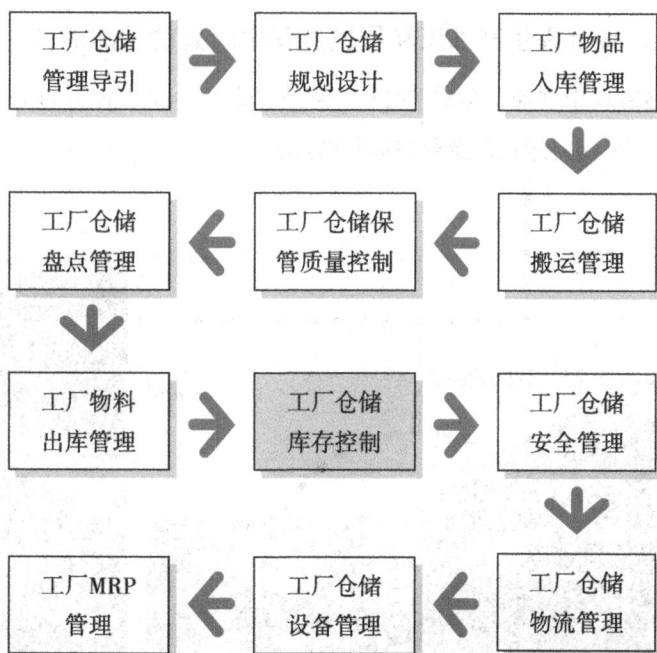

导视图

| 工厂仓储
管理导引 | → | 工厂仓储
规划设计 | → | 工厂物品
入库管理 |

仓库储存的各类物品一旦堆积过多，往往会产生安全隐患及引发成本上升。因此，各级仓管人员应当做好库存控制工作，使储存量保持在合理的水平，以消除安全隐患，同时也为企业节省成本，减少资金占用。

要点01：库存的常见类型

企业库存主要有产品、物料及生产过程中可能堆积的半成品。以下我们按不同方法对企业库存进行分类。

1. 按其在生产加工和配送过程中所处的状态划分

按其在生产加工和配送过程中所处的状态划分，库存可分为以下几种。

（1）物料库存即企业的原材料库存。

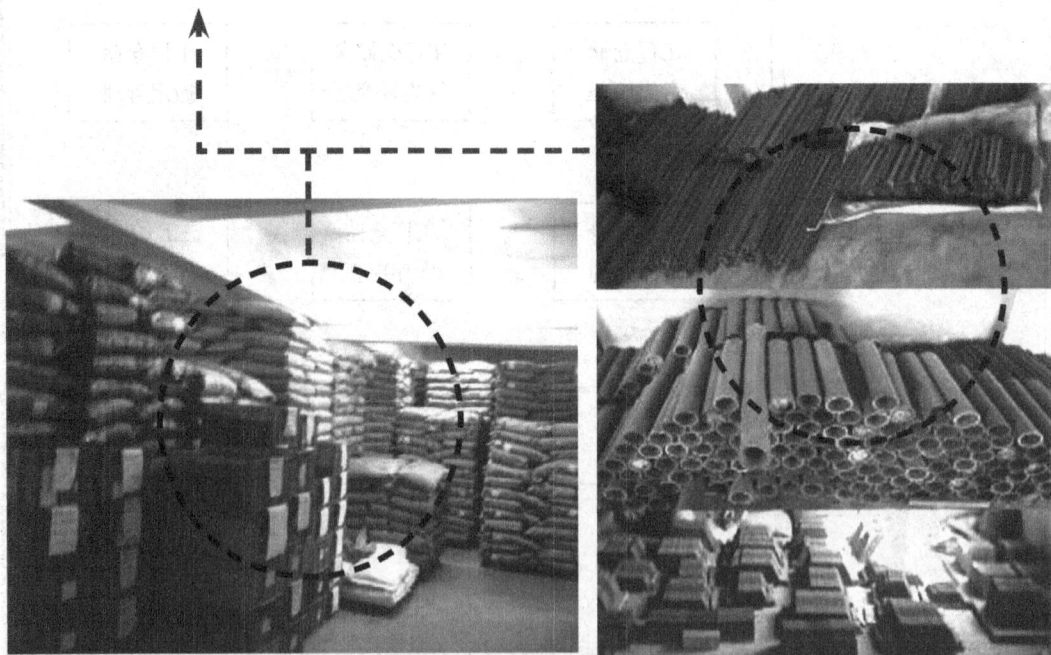

（2）半成品库存即处于加工或装配过程中的库存。

（3）成品库存即企业制造生产的成品库。

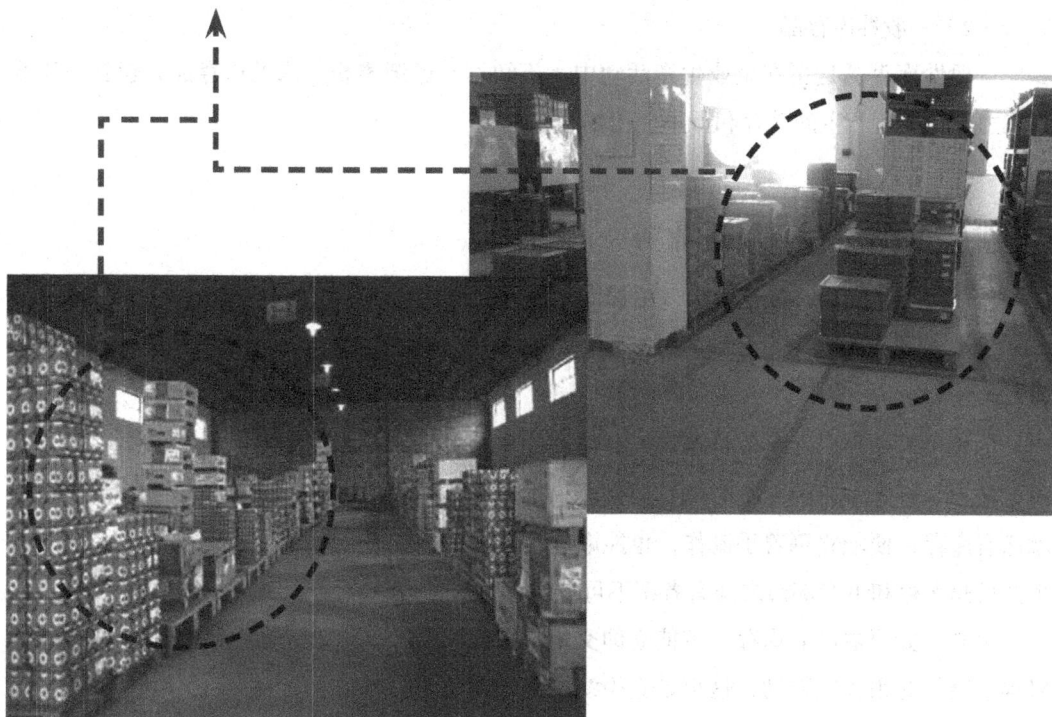

2. 按作业和功能划分

按作业和功能划分，库存分为以下几种。

（1）批量（周转）库存——两次采购之间形成的库存。

（2）安全库存——应付可能发生的不测而设置的库存。

（3）预期（调节）库存——调节供需的不均衡而设置的库存。

（4）在途库存——处于运输状态或停放在两个部门之间的库存。

（5）投机性（屏障）库存——低价大量购进货物产生的库存，目的是降低采购成本。

3. 按是否具有计划性划分

按是否具有计划性，企业的库存品又分为两种。一种是在经营意识下产生的属计划性的政策性库存品，另一种是在无意识下不得已产生的，属非计划性的一般性库存品。

（1）政策性库存品

政策性库存品是在生产活动中，由于下列原因而有计划地产生的库存品。

①为了缩短交货时间而设定的库存。

②为补给售后服务或为应付急需服务用库存品。

③为利于计划生产、提高效率而备的共通品、标准品的库存。

④基于投机动机政策性购入的库存（多见于原物料）。

⑤缓和季节性变动或生产极限的库存，为避免措手不及的情况发生，而预先储备或生产。

（2）一般性库存品

一般性库存品是指在企业生产活动中，不知不觉逐渐累积起来的库存品，包括由于生产能力不均衡所产生的库存和派不上用场的库存。

要点02：库存与周边业务

企业最基本的活动就是采购、生产、销售、物流等，这些都与库存息息相关。

以生产部门为例，将其与库存的关系结合探讨，就可以看出库存在工厂中发挥着缓冲材料的功能。

如果没有库存，在接收订单后才开始制造产品，客户就必须等待这一段的准备时间。但是，如果在制造前就已有库存，便能立刻着手制作，也能顺利及早交货。由此可知库存和生产部门之间有着密不可分的关系。

另外，如果成品有库存，就能立即交货，因此库存对提前交货有很大的帮助，这也是它扮演缓冲材料角色的原因。

请注意

认识库存与周边业务的联系，才能更好地维护企业各项经营活动的稳定。

要点03：库存的作用与高库存的弊端

库存对企业具有非常重要的作用，但高库存却会大量占用企业的资金。

1．库存的作用

（1）维持销售的稳定，防止错失销售机会。企业如果没有一定的库存，遇到一些不定时的订单时就无法满足客户的要求。也就是说，需要库存的最大原因就是企业不想错失销售的机会，即库存可以改善服务质量，预防不确定性的需求变动，能把握住销售机会。

（2）平衡企业物流。企业在采购物料、生产用料、半成品及销售物品的物流环节中，库存起着重要的平衡作用。

（3）平衡流通资金的占用，提高人员与设备的利用率。库存的物料、半成品及成品是企业流通资金的主要占用部分，因而库存量的控制实际上也是进行流通资金的平衡。例如，加大订货批量会降低企业的订货费用，保持一定量的半成品库存与物料会节省生产交换次数，提高工作效率，但这两方面都要寻找最佳控制点。

2．高库存的弊端

高库存是指库存物品量超出了正常的使用量及库存容量，因而很容易造成各类弊端。

（1）占用大量资金，影响资金周转

库存的意义不仅只是沉睡的金钱（资金）。为了采购而借贷的金钱，除了利息之外，还有保管费及仓库的费用，光是这些就会成为庞大的负担。库存管理不当就会形成大量的资金沉淀，使企业高额资本（盘存资产）增多，周转更困难，从而阻碍企业的积极经营。

（2）增加了企业的产品成本与管理成本即库存成本

库存物料的成本增加直接增加了产品成本，而相关库存设备、管理人员的增加也加大了企业的管理成本。

> **请注意**
>
> 认识了库存的积极与消极作用后，才能有效解决企业的库存的问题，从而更好地解决生产和管理问题。

（3）产生呆料、废料，造成损失

不适当的库存，会产生呆料、废料，导致企业利润下降。

（4）掩盖了企业众多管理问题

库存会掩盖企业因浪费、不均衡生产造成的各种问题，如计划不周、采购不力、生产不均衡、产品质量不稳定及市场销售不力等问题。

要点04：零库存与适当库存

认识到企业的库存既有积极作用，又有很多弊端，如何进行库存的合理安排是企业接下来应关注的问题。

1．零库存的含义

零库存系统是由日本丰田汽车公司首先采用的，它的基本思想是通过严格管理，杜绝生产待工、多余劳动、不必要搬运、加工不合理、不良品返修等方面的浪费，从而达到零故障、零缺陷、零库存。

零库存的核心思想可概括为"在需要的时候，按需要的量生产所需的产品"，也就是通过生产的计划和控制及库存的有效管理，追求一种无库存，或库存达到最少的生产系统。

2．零库存的作用

零库存的目的是为了减少资金占用量和提高物流运动的经济效益。如果把零库存仅仅看成是仓库中存储物的数量减少或数量变化趋势而忽视其他物质要素的变化，那么，上述的目的则很难实现。因为在库存结构、库存布局不尽合理的状况下，即使某些企业的库存货物数量趋于零或等于零，不存在库存货物。但是，从全社会来看，由于仓储设施重复存在，用于设置仓库和维护仓库的资金占用量并没有减少。

因此，从物流运动合理化的角度来研究，零库存管理应当包含以下两层意义。

（1）库存货物的数量趋于零或等于零。

（2）库存设施、设备的数量及库存劳动耗费同时趋于零或等于零。

虽然库存给企业带来了一些好处比如避免缺货、保障向客户供应、保证生产与经营过程的连续进行等，但是其弊端也是很大的。而现代生产的发展，竞争的加剧，对企业降低成本的要求越来越迫切。因而"零库存"作为比较科学的方式被很多企业所关注，但要实现零库存是非常困难的。

3．对零库存的理性思考

零库存虽然解决了生产的成本问题，但对制造型企业供应链提出了高要求，一旦供应链被破坏，或企业不能在很短的时间内根据客户需求调整生产，企业生产经营的稳定性将会受到影响，经营风险加大。为了保证能够按照合同约定频繁小量配送，供应商可能要求额外加价，企业因此丧失了从其他供应商那里获得更低价格的机会收益。

综上所述，这种模式必须是从原材料采购到产成品销售每个环节都能紧密衔接。如果中间环节出现问题，就会导致极大的危机。所以零库存适合材料供应稳定、产品品种单一的企业采用。但是，这种品种单一的企业在目前竞争激烈的制造业市场是很难生存的。

4. 适当库存的理念

适当库存可以说是企业最喜欢的库存形态。因为过剩和过少两种库存的性质完全相反，要达到平衡很难。

例如，当品种多样，或是商品生命周期缩短时，在这样的情形下，不管库存多少，热卖商品还是会缺货，而库存太少就会错过销售的机会。相反，滞销的商品就会造成库存过剩。

适当库存就是让过剩库存不要受到资金的压力，让过少库存不要损失销售的机会，以促进这两种库存之间平衡状态的维护，具体如图8-1所示。

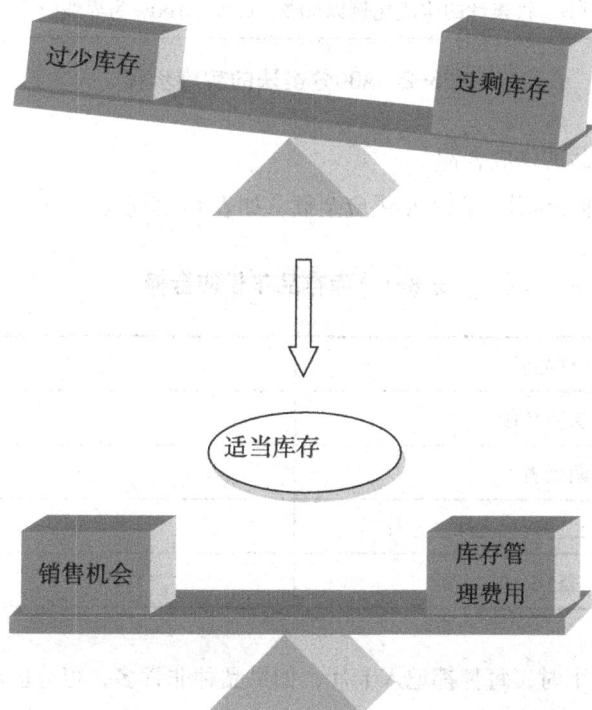

图8-1 适当库存理念示意图

要点05：ABC分类管理法

ABC分类法又称重点管理法，是根据事物在技术经济方面的主要特征进行分类排队，分清重点和一般，从而有区别地确定管理方式的一种分析方法。它把被分析的对象分成A、B、C三类，所以称为ABC分类法。

1．ABC分类法的实施

ABC分类法的实施步骤如图8-2所示。

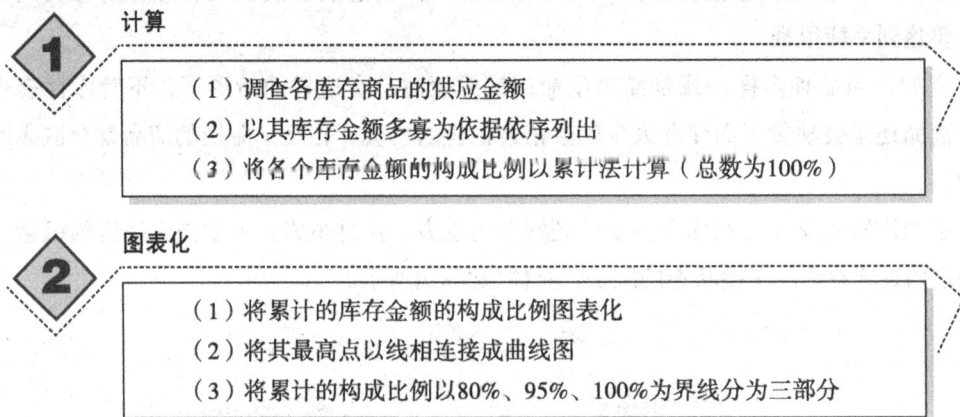

1 计算
- （1）调查各库存商品的供应金额
- （2）以其库存金额多寡为依据依序列出
- （3）将各个库存金额的构成比例以累计法计算（总数为100%）

2 图表化
- （1）将累计的库存金额的构成比例图表化
- （2）将其最高点以线相连接成曲线图
- （3）将累计的构成比例以80%、95%、100%为界线分为三部分

图8-2　ABC分类法的实施步骤

（1）调查库存品的供应金额

按库存品的品种在卡片上记入年供应金额，如表8-1所示。

表8-1　库存品年供应金额

库存品名	
年供应金额	
调查者	
调查日期：＿＿＿年＿＿＿月＿＿＿日	
备注	

品种在200个以下时，每种都记入卡片，如果品种非常多，可分区段，从每个区段中选择一个品种作为区段代表，并将其年供应额记入卡片。

（2）计算金额

按供应金额的大小将卡片进行排序，再将累计供应金额与年总供应金额相除，得出百分比，填入表8-2中。

表8-2 ABC分类计算法

使用 品种	年供应金额	累计供应余额	累计供应金额百分比（%）	品种累积数（%）
1号		1号年供应额		0.5
2号		（1+2）号年供应额		1
3号		（1+2+3）号年供应额		1.5
……		……	……	……
200号		（1+2+…+200）号年供应额		100

具体做法如表8-3所示（以10个品种为例）。

表8-3 ABC具体计算

使用 品种	年供应金额（万元）	累计供应余额（万元）	累计供应金额百分比（%）	品种累积数（%）
1. 钢板	220	220	36.6	10
2. 绝缘板	200	420	70	20
3. 锡	100	520	86.7	30
4. 电线	40	560	93.3	40
5. 电子	20	580	96.6	50
6. 晶体管	8	588	98	60
7. 钢管	6	594	99	70
8. 螺钉	4	598	99.6	80
9. 支持器	4	599.4	99.9	90
10. 钉子	0.6	600	100	100

累计金额的百分比计算方法如下（以3号为例）：

$$\text{锡累计供应额百分比（%）} = \frac{（1+2+3）\text{号的累计供应金额}}{（1+2+3+…+200）\text{号的累计供应金额}} \times 100\% = \frac{520}{600} \times 100\%$$

$$= 86.7\%$$

品种累计数的百分比计算，在10个品种的情况下，第1号品种为10%，第2号品种为2×10%=20%，其余的依次类推。

（3）绘制ABC分类图

把"ABC具体计算"表中的累计金额百分比和品种累计百分比绘成曲线，再分成A、B、C三类供应金额，如图8-3所示，以品种累计百分比为横坐标，累计占用金额为纵坐标，按ABC分类计算法计算上表所列关系，在坐标上取点并连接直线。

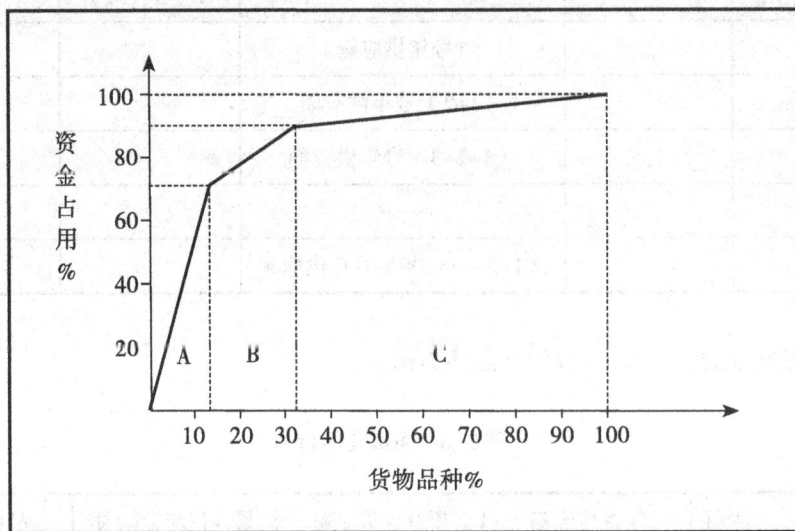

图8-3　ABC分类控制图

从图8-3可以看出，品种累计不足20%，而资金占用金额约占70%，划为A类，品种累计达60%以上，而资金占用金额约为10%，划为C类物料。

介于A类和C类之间的库存品，称之为B类物料，这就是ABC分类控制法。

如果库存品种繁多，逐一列出很麻烦，而且由于混杂在一起，得不出明确概念，若是按金额大小排队之后，再按一定的标准把供应金额分成段，计算出各个段的百分比，就会一目了然。例如，基本厂供应品种为722个，年供应金额为9253.51万元，分成7段，其ABC分类如表8-4所示。

表8-4　ABC分类表

序号	供应金额区段（万元）	品种数	累计数	占全部品种百分比（%）	供应金额（万元）	金额累计（万元）	占总金额百分比（%）	分类
1	大于10	80	80	10	8439.10	8439.10	91	A
2	8~10	6	86	11	53.73	8492.83	92	B
3	6~8	17	103	13	119.06	8611.89	93	B
4	4~6	31	134	17	153.34	8765.23	95	B
5	2~4	67	201	26	188.06	8953.29	97	B

（续表）

序号	供应金额区段（万元）	品种数	累计数	占全部品百分比（％）	供应金额（万元）	金额累计（万元）	占总金额百分比（％）	分类
6	1～2	88	289	37	126.77	9080.06	98	B
7	≤1	483	772	100	173.45	9253.51	100	C
合计		772			9253.51			

上表中，序号1中的物料品种占全部品百分比为10％，所占总金额百分比为91％，因此可以被列为A类物料。而序号7中的物料品种占全部品百分比为63％，所占总金额百分比为2％，因此可以被列为C类物料；而序号2~6之间的所有物料就可以被列为B类物料。

2．ABC三类物料库存控制方法

ABC三类物料所占种类比例与金额比例大不相同，所以对ABC三类物料应采取不同的物料控制方法。

（1）A类物料

A类物料种类少，占用金额大，最好不要有存货，对于A类物料要有一套完整的记录，一定要在有需求或订货时，才加以订购，并且要充分利用好购备时间或前置时间，使交货及时，不影响生产计划，也不过早进厂。

（2）C类物料

C类物料种类多，金额少，可适当加大订购批量、提高保险储备量、采用定量库存控制进行控制，如库存量等于或低于再订购点时，就补充订购，以减少日常的管理工作。

（3）B类物料

B类物料介于A类和C类之间，种类与金额占的比重一般，但也不能忽视。

对于B类物料，可以不必像A类物料一样跟单订货，对购备时间控制非常严；但也不能像C类物料那样一次性大批量采购；可用选择补充库存制度进行控制，采取设置安全存量的方式，到了请购点时以经济采购量加以采购即可。

> **请注意**
>
> 在实施ABC分类管理法时，一定要对各类物料按照各自的特点、要求分别管理。

要点06：订购点法与安全库存

订购点法是依据对ABC的分析，针对B、C等虽然品种数量多，但价格（金额）不高的物料所采用的库存方法。安全库存是为了防止不确定性因素如大量突发性订货、临时用量增加、交货误期等特殊原因而预计的保险储备量。

1．订购点法

（1）订购点法的原理

假设最大库存量为M，最小库存量为m，经济的订购量为M-m，订购点法的基本原理如图8-4所示。

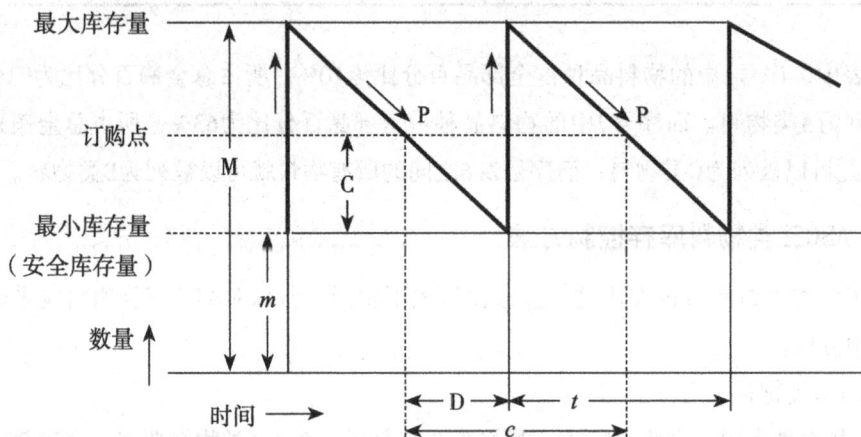

M＝最大库存量　　　　　　　　　c＝循环订购

m＝最小库存量（安全库存量）　　C＝购备期间使用量

P＝订购点　　　　　　　　　　　t＝经济预订量的使用期间

D＝购备期间

粗线表示库存量的推移

图8-4　订购点法的基本原理图

库存数量M开始依顺序出库而库存减少，到达订购点P时做定量订购。在购备所需要的时间里，库存量会逐渐减少，但在到达m时点时会有订购品交货，以致库存量会再次恢复到M。

在这重复的过程中，可使库存自动管理。

（2）订购点的设定

订购点＝最小库存量＝购备时间×每天使用量＋安全库存量

例如：①某物料过去一定时期的总耗用量，1个月平均为2400个。

②材料购买处的交货能力1天为300个。

③1个月的工作日数为24日。

④时常维持300个作为最小库存量。

计算：

1日平均耗用数量＝2400个÷24日＝100个

购备期间＝2400个÷300个＝8日

购备期间的耗用数量C＝100个×8日＝800个

订购点P＝300个＋800个＝1100个

所以当库存数量变为1100个的时点时就要下单订购2400个。

然而，图8-4中的库存在从M到m每天同样平均消耗量的情形下，会以直线表示，但实际上会出现阶段式消耗，也不见得会按照计划进行。实际耗用比计划多时，订购点（订购日）会提前；相反，则订购点会延后。

2．安全库存量

安全库存（Safety Stock，缩写为SS）又称保险库存，是指为了预防不确定性因素如大量突发性订货、交货期突然延期等特殊情况而预计的缓冲库存量。

（1）安全库存的计算公式

安全库存量＝预计每天或每周的平均耗用量×（订单处理期＋供应商的纳期）
　　　　　　＋日安全库存

安全库存量＝预计每天或每周的平均耗用量×（订单处理期＋供应商的纳期
　　　　　　＋厂内的生产周期）＋日安全库存

（2）安全库存的原则

①不因缺料导致停产，保证物流的畅通。

②在保证生产的基础上做最少量的库存。

③不发生呆料。

（3）安全库存制定的决定因素

①物料的使用频率（使用量）。

②供应商的交期。

③厂区内的生产周期（含外包）。

④材料的成本。

⑤订单处理期。

以上因素以单位时间内来计。

（4）需要定安全库存的物料

运用ABC分析法确定了物料的A、B、C等级后根据A、B、C等级来制定库存。

①A类料：一般属于成本较高，占整个物料成本的65%左右，可采用定期订购法，尽量没有库存或只做少量的安全库存，但需在数量上作严格的控制。

②B类料：属于成本中等，占整个物料成本的25%左右，可采用经济定量采购的方法，

做一定的安全库存。

③C类料：其成本最低，占整个物料成本的10%左右，可采用经济定量采购的方式，不用做安全库存，根据采购费用和库存维持费用之和的最低点，定出一次的采购量。

要点07：定期订购法

定期订购法是事先决定固定的期间，然后再进行库存量补充的订货方法。这种方法的请购期是固定的，但请购量不是固定的。该方法适用于ABC分析中A类物料的订购管理。

1．定期订货的特征

定期订货的特征如图8-5所示。

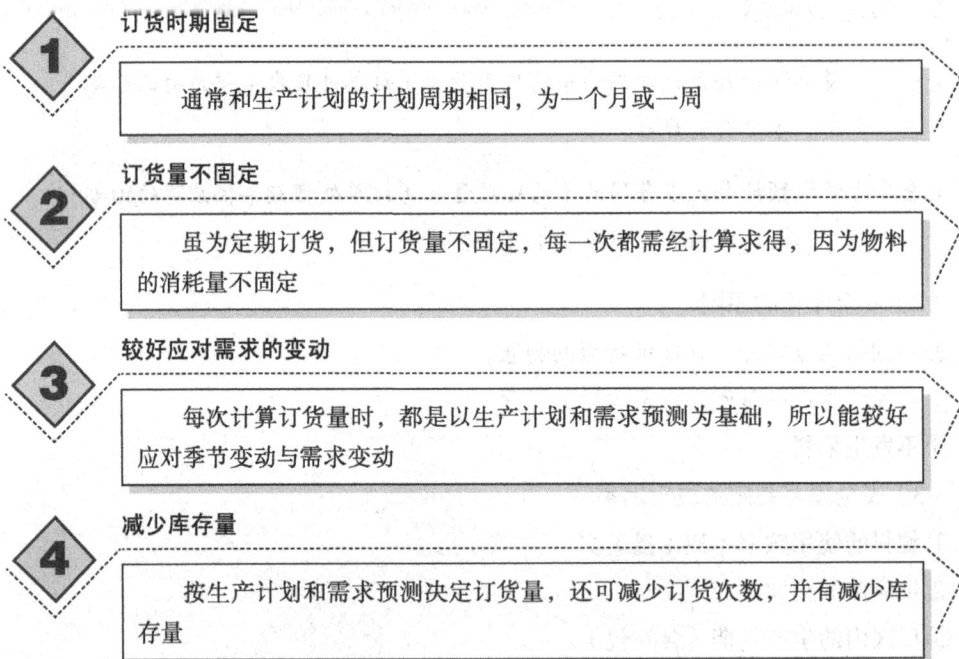

1 订货时期固定

通常和生产计划的计划周期相同，为一个月或一周

2 订货量不固定

虽为定期订货，但订货量不固定，每一次都需经计算求得，因为物料的消耗量不固定

3 较好应对需求的变动

每次计算订货量时，都是以生产计划和需求预测为基础，所以能较好应对季节变动与需求变动

4 减少库存量

按生产计划和需求预测决定订货量，还可减少订货次数，并有减少库存量

图8-5　定期订货的特征

2．定期订货的适应对象

（1）单价高的A类物品。

（2）需求变动大，且不稳定的物品。

（3）共用性差，专用性强，且不易保管的物品。

（4）订货前置时间长的物品。

（5）可以预测需求量的物品。

3．定期订货方式的订货量

定期订货方式下，每次订货量的求解方法如下。

订货量＝（订货周期＋前置时间）的预定消耗量＋安全库存量－现在库存量
　　　　－已订未入库的订货量

其中：

（1）预定消耗量（订货周期加前置时间此阶段的预定消耗量）按计划计算或按预测计算。

（2）安全库存量是根据过去的需求推定值和实际值之差得出，或者从过去数月的差异中找出最大的差异，以此作为安全库存量（简便、实用的方法）。

（3）现在库存量是订购时（计算订购量时）的库存数量。

（4）已订未入库的订货量是到目前为止未入库的订货量。

要点08：红线法

1．运用红线掌控物料最高存量

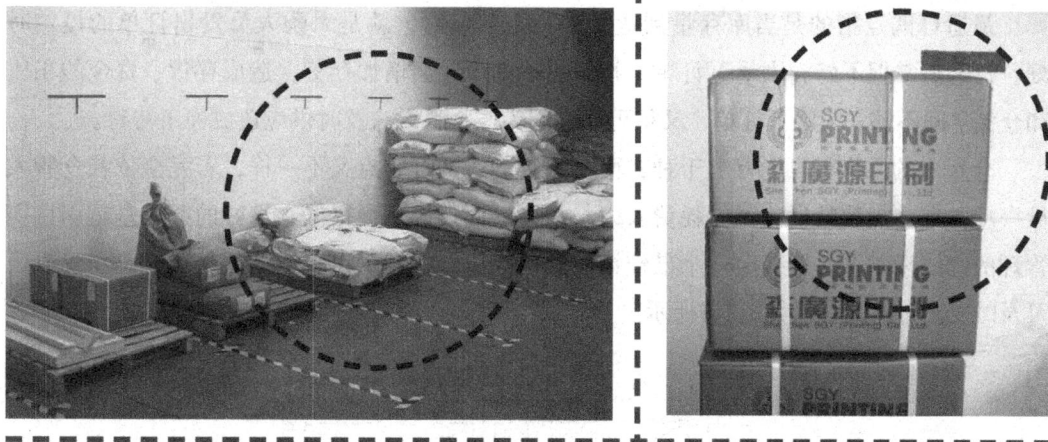

大多数企业在原物料的管理上，都会规定一个最高库存的上限，这绝对是有助于库存掌控的一种方法。可是，仓管人员如何去掌控库存？企业又如何去检查仓管人员有没有彻底执行最高库存量？

许多企业运用画红线的方法来掌控最高库存，这种方法实践中很有效。什么是"红线管理"呢？许多电影院、游泳池规定小孩身高超过120厘米，就须买门票，为此，会在入口处的墙柱上，在120厘米的高度处画上一道红线，售票员可凭这道红线，以目视的方法判定这个孩子需不需要买票。

企业可将类似的方法应用在物料最高存量的掌控上。

假定A物料的最高存量不能超过10包，则在放置"A"的墙柱或是料架边，在第10包的高度处画上一道红线，只要A物料盖住红线，就表示A物料的存量已超过10包这一上限，具体如图8-6所示。

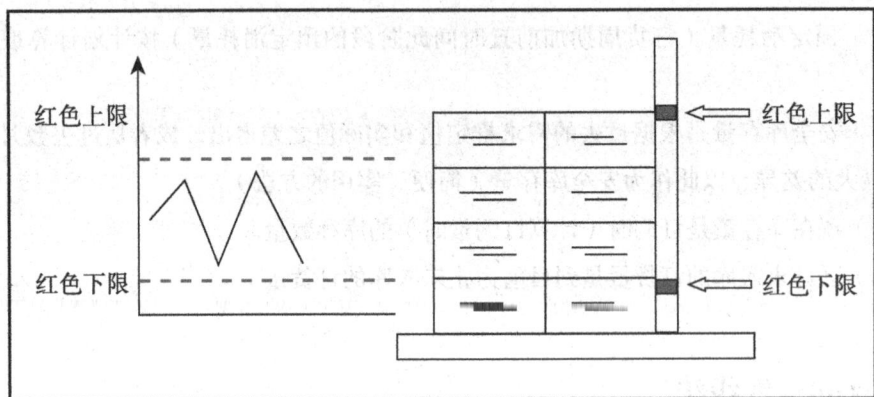

图8-6　红线管理示意图

2. 运用红线掌握物料最适订购点

最适订购点指的是当库存量到达某一特定数量时，就是采购人员发出订单的最佳时刻。订购点掌握不好，太早下订单，物料提早到厂，会增加存货，造成存货、资金的积压和仓储空间不够；太晚下订单，又很可能会因为原物料无法及时供应造成停工待料。

仓库内的原物料可能有上千种，而每一种的最适订购点又不一样，若完全依赖仓管人员一项一项去点数的话，不仅耗费人力、物力，而且效率会很低。最好的办法是运用目视管理的红线来掌控。即确定一个最佳订购点，并用红线标示出来，到这个点时，仓管人员可及时发出订单，具体如图8-7所示。

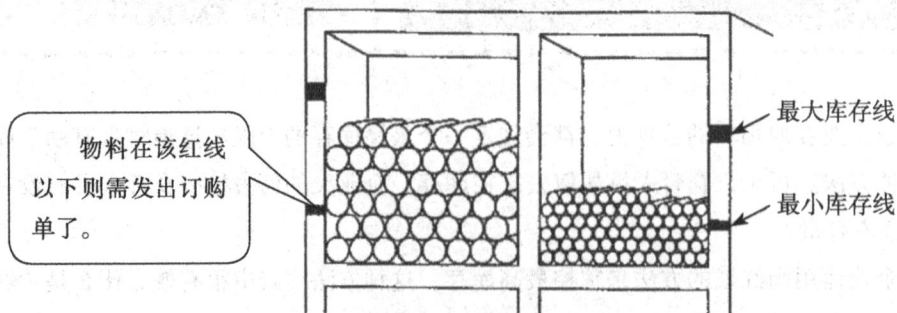

图8-7　运用红线掌握物料最适订购点

要点09：双箱法

将物料存放于两个货架或容器（箱子）。先使用其中一个货架的货，用完转而使用另一货架的货，同时即刻补货。补回的货放置到前一货架。两个货架不断循环使用的方法，即为双箱法（具体参见图8-8）。

运用这个方法可以一眼看出是否已达到订购点，所以不必借助查看仓库账。

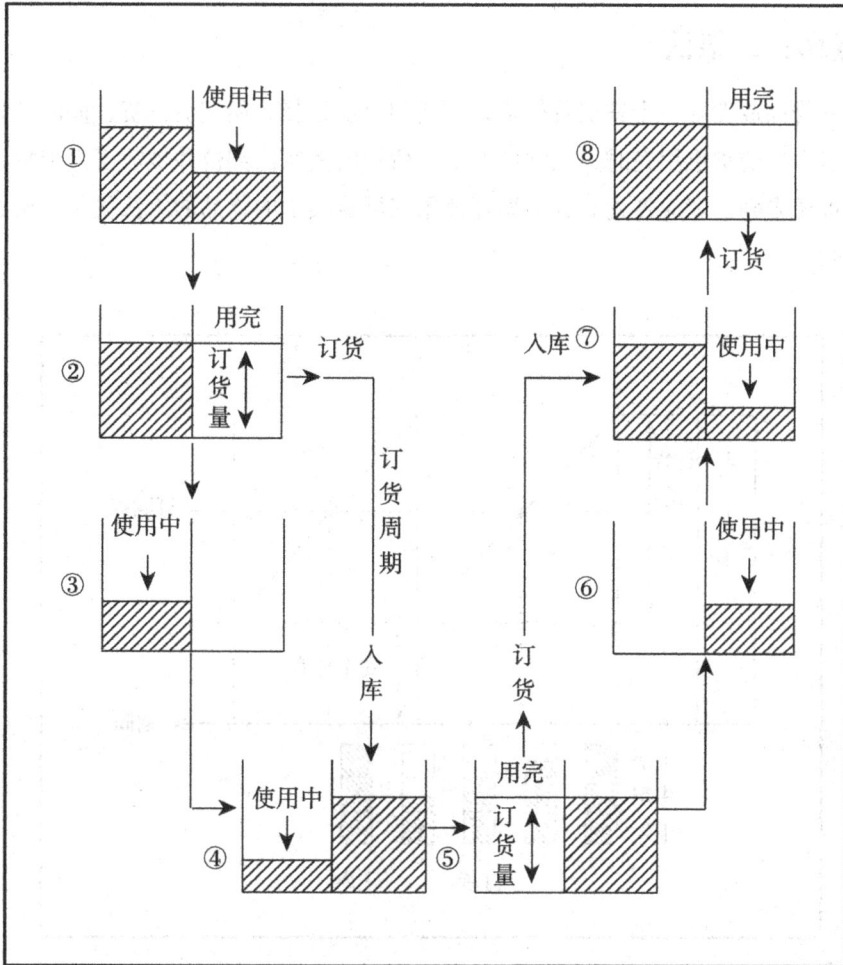

图8-8 双箱法示意图

双箱法实施说明如下。

（1）当使用右边货架的物品时，不可使用左边货架的物品。

（2）当右边货架的货全部用完后，立刻发出订购单，订购量即为能装满货架的量。

（3）开始使用左边货架的货。

（4）订货入库后，放入右边的货架，但不可使用新入库的货，而继续使用左边货架的货。

（5）当左边货架的货也用完后，同样立刻发出订购单。

（6）开始使用右边货架的货。

（7）再以入库的货放入左边的货架。

（8）上述步骤反复循环。

要点10：三架法

将同一物品放置在一个三层货架上，先使用上层的货，用完后订货，同时开始使用中层的货。当中层的货也用完时，正常情况下，所订的货应已到位并被放于上层货架。若此时上层的货还未到，就应催货。这种循环使用三层货架上的物品的方法便是三架法（具体参见图8-9）。

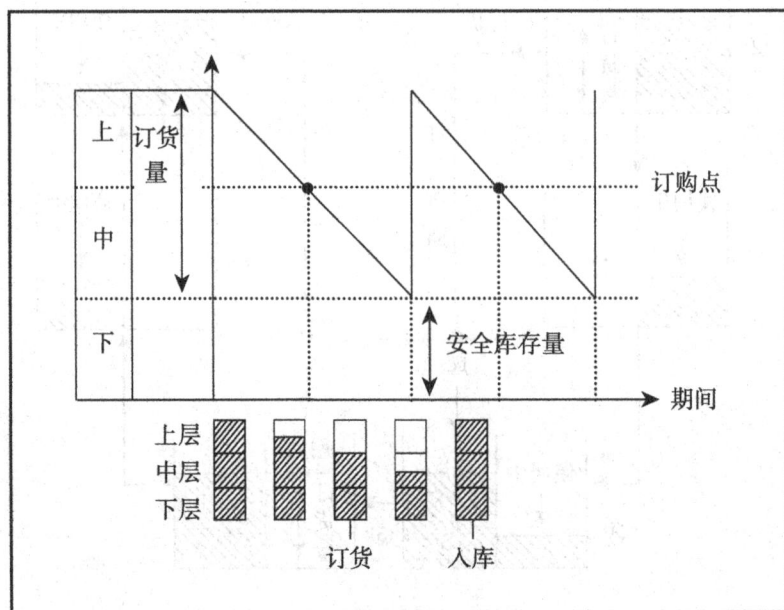

图8-9 三架示意图

三架法实施说明如下。

（1）最下层的货架上存放的数量相当于安全库存量。这一层货架上的物品量很少变动，但要注意保存期限及变损程度，做好及时更新。

（2）中层货架上存放的物品数量相当于订货点库存量减安全存量的余数。

（3）上层货架上存放的物品数量相当于最高存量扣除安全存量与中层存量后的余数。

要点11：库存管理的完善

企业的生产管理始于库存，终于库存。因而必须把管理体制整顿好，掌握库存，不断提高库存管理水平。

1．把整个企业当作一个资材仓库看待

把整个企业当作一个很大的仓库，确实掌握其"进"和"出"。

这是库存管理最简单的做法，只管理采购和出货的库存，其最大特征是无需使用物品流动传票，只用会计上的传票，就能够掌握库存。

这个方法，以采购传票作物料的入库管理，以产品的出货传票来管理物品，只要减去出库部分，便可掌握库存。它不考虑内部物品的移转，无论是物料还是在制品，都当作是库存。

以电脑进行这种进出库存处理的话，出库部分的扣除须同时考虑以下两点。

（1）不要弄错单位的转换

对1个产品的消耗物料量，不应以1个、2个来计算，而须换成千克、平方米等与产品不同的单位，然后予以扣除。

【例】用1张钢板可生产5件产品，基本单位应定为0.2（张），若出货100件产品，就得消耗100×0.2＝20（张）钢板。

（2）考虑耗损率之后再予以扣除

耗损率是因失败发生的损失或因某些特定因素使物料的利用无法达到100%，这部分若没有预先扣除，会使账面的库存逐渐增加，以致和实际库存不符。

购入物料时，不会存在这个"率"的问题，但在产品交货时就存在，必须扣除。

2．把企业分为资材库和产品库

生产企业可大致一分为二，"进"是资材仓库，"出"是产品仓库。这样就同资材的补充和接单出货相对应。

把企业当作一个大仓库，由于时间差、扣除的处理作业等因素，会导致账面库存和实际库存的差异，而把企业一分为二成资材及产品库，不仅可提高库存的精密度，且对客户查询产品、接单等业务也有促进作用。

完成传票是资材的出库传票，同时也是产品的入库传票。有了这个传票，当产品制造完成，从资材库扣除的时候，要作产品库存的入库处理，因此，它能进一步提高库存管理的精密度。

如果把半成品及部分零件当作预备库存，保管在仓库中时，也要和产品一样，在入库时作完成传票，出库时作出货传票。

3. 将在制品库存从资材仓库分离出来

掌握了"进"和"出"之后，接着就要把内部整顿好，将整个企业当作一个工程，正确地去掌握在制品库存。

这并不是要掌握各工程别的在制品，而是要把生产的工程作为一个整体管理，当物资从资材库向工程移转时，一定要开立传票，且必须把开立传票的责任单位及流程标准化。

采用这种运作方式，必须注意以下三点。

（1）确保资材配放场所，并安排进出货的负责人。

（2）如果没有出库申请单的话，即使是特急，也不能出库。

（3）多余的资材不得堆放在工程中，要开立退回传票。

企业对现金的收付，肯定都有专人负责（出纳），而对物品的收付，就不一定设有专人（仓管员）负责，特别是小企业。事实上任何企业都应有物品和现金同等重要的观念，必须配备专门的仓管人员。

4. 企业外部的在制品也要管理

在制品库存并不局限于内部，向外订购的物品和在制品库存的性质是一样的。因此，要把在制品库存区分为企业内和企业外两种，以掌握订购的库存。

本步骤中，将在制品库存分为企业内和企业外两种，在外就按放置场所和供应商别掌握其库存。这时，可依供应商的资材支付传票入库，并从交货时的验收传票中予以扣除，以此管理供应商的支付材料库存。

提供给供应商的材料，要加以管理，有偿提供时，等于在会计上销售一次，因此要在资产上扣除。这些东西迟早会成为产品的一部分被加以回收，在管理上，可当作供应商的在制品。

学习笔记

　　通过学习本章内容，想必您已经掌握了不少学习心得，请仔细填写下来，以便继续巩固学习。如果您在学习中遇到了一些难点，也请如实写下来，方便今后重复学习，彻底解决这些难点。

　　同时本章列举了大量实景图片，与具体的文本内容互为参照和补充，方便您边学边用，请如实填写您的运用计划，以使工作与学习相结合。

我的学习心得：

1. _____
2. _____
3. _____
4. _____
5. _____

我的学习难点：

1. _____
2. _____
3. _____
4. _____
5. _____

我的运用计划：

1. _____
2. _____
3. _____
4. _____
5. _____

第 9 章

工厂仓储安全管理

导视图

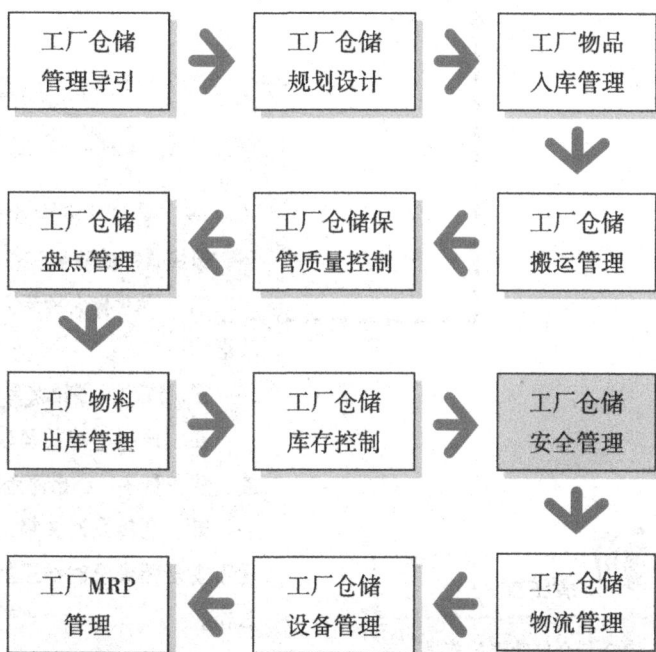

工厂仓储 管理导引	→	工厂仓储 规划设计	→	工厂物品 入库管理

工厂仓储 盘点管理	←	工厂仓储保 管质量控制	←	工厂仓储 搬运管理

工厂物料 出库管理	→	工厂仓储 库存控制	→	工厂仓储 安全管理

工厂MRP 管理	←	工厂仓储 设备管理	←	工厂仓储 物流管理

····················· 天键指引 ········

没有安全的储存环境，仓储工作将很难开展。因此，仓库各级人员应全面加强仓储安全管理，避免出现安全事故。

要点01：树立安全作业意识

仓库安全作业管理直接关系到员工的人身安全和生产安全，为使仓库能安全地进行作业，仓管人员树立安全作业意识是非常重要的。

1. 强化安全意识

企业应建立安全责任制，强化安全意识，使仓管人员从根本上重视安全工作。

仓库保管安全责任制

一、在公司安全生产领导小组的领导下，做好仓库的安全工作。

二、不准将火种带入仓库，严禁在仓库吸烟。

三、汽油、酒精等易燃品专库存放。

四、原材料存放科学合理、成品分类堆放、整齐有序，进出库走道畅通。

五、仓库及时关锁，门窗及时查点，发现不安全因素及时纠正加强修理，做好防盗工作。

六、灭火器定点存放，及时检查性能。

七、经常检查仓库保管质量及安全中存在的薄弱环节，发现问题及时改进。

请注意

安全是仓储管理的前提，而仓管人员树立强化安全意识是最首要的工作，这样才能做好仓库的管理工作。

2．加强安全作业培训

仓管人员应主动接受安全作业方面的培训，使自己从思想上重视安全作业。企业可通过提高仓储设备的技术水平，减少人工直接装卸、搬运，而更多地采用机械设备和自动控制装置，提高作业安全。例如，现代自动化立体仓库的使用，就使得作业的安全性大大提高。

3．提高操作技术水平

作业技术水平的提高，可以有效降低事故的发生。因此，仓管人员要接受企业提供的岗位培训和定期技能考核，这样既能提高企业的生产效率，又能提高自身劳动的安全性。

4．加强安全沟通

仓管人员在进行仓储作业时，应与相关人员做好沟通工作，避免因沟通不畅导致事故发生。

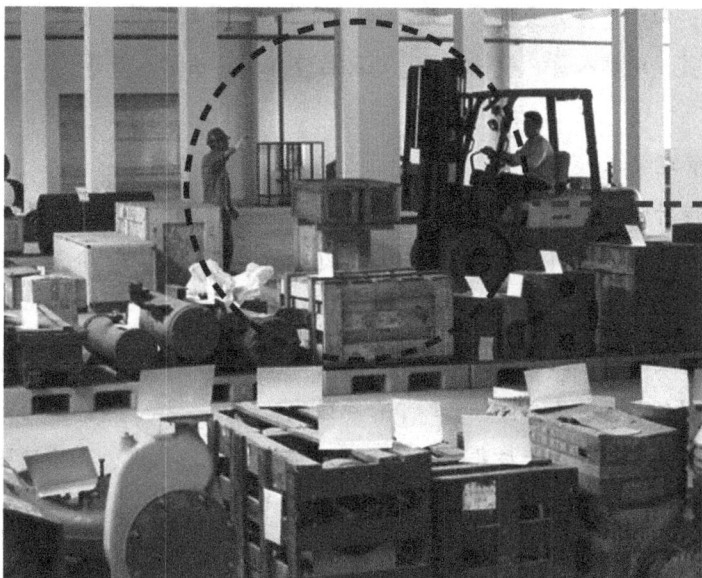

5．制定安全管理制度

企业应建立仓库安全管理制度，并以此作为管理员工及奖惩员工的依据，具体如下例所示。

××有限公司仓库安全管理制度

1. 目的

通过建立、完善仓库安全管理制度，确保企业财产安全。

2. 范围

本制度适用于本公司各仓库的管理。

3. 组织

由公司安全管理委员会统一负责仓库的安全管理工作，仓储部所有人员予以配合。

4. 定义

4.1 仓库安全：仓库设备、设施及库存物料实物安全，避免因规定的不完善或人为的失误导致库房失火，物料或设备被盗、丢失或受损。

4.2 仓库储存区：仓库除办公区及办公区通道以外的区域。

4.3 外部人员：由于业务需要，必须进入库区的非仓库管理人员，包括物控员、质检人员、供应商送货人员、退库人员、领料人员、消防检查人员、清洁人员等。

5. 运作程序

5.1 库房内部管理要求

5.1.1 仓库实行封闭式管理，库房入口处要贴有"库房重地，非仓库人员未经允许，不得入内"的警示标识，以及"外来人员管理规定"（内容见第5.3条），仓库各区域用标识牌标示清楚。

5.1.2 仓库分为成品储存区、装卸周转区、呆滞物料储存区、零星物料储存区、包材储存区、待检区、备料暂放区、办公区、装卸平台等区域。

5.1.3 物料交接区，主要用于与外部人员进行物料的交接、清点，具体位置根据库房实际情况确定。

5.1.4 备料暂放区，用于原料、包材、成品的临时周转。

5.1.5 废弃包装材料的处理

5.1.5.1 作业完成后，必须马上清理现场，做到人走无垃圾。

5.1.5.2 空包装纸箱暂时不使用或丢弃时，不论大小，一律要拆开、压平；能再次利用的，放入杂物区，不能利用的，放进垃圾箱。

5.1.5.3 用于包装物料的塑料管、包装袋等包装材料在丢弃时，要检查是否有物料残留，不许将塑料管等材料放在其外包装内一起丢弃。

5.1.6 库房内各种用电设备与物料至少要保持0.5米的距离。

5.1.7 库区消防栓、灭火器以及消防通道在任何情况下都不得堵塞。

5.1.8 放在栈板上储存的物料在符合外包装标示叠放要求的基础上控制高度，摆放要符合消防要求。

5.1.9 危险品入库需放置专区保存，并做好详细记录和定期检查储存环境。

5.2 设立仓库安全员值班制度

5.2.1 仓库安全员主要负责库房上下班及加班时的开门、关门，照明、电气等电源的开关等工作。

5.2.2 仓库安全员由各仓库管理人员担任，如遇管理人员请假，需指定其他库房人员代替。值班期间由值班人员担任仓库安全员。临时安全员人选需要报主管审批。

5.2.3 仓库安全员每天早上9：00对门、窗、架柜、库房设施等作例行检查并做好记录，对安全隐患应及时报告。

5.2.4 检查消防通道是否通畅，物料的摆放是否合理，发现不合格项要马上处理。

5.2.5 下班时，检查门、窗等是否关闭、上锁，办公设备、照明、电气等电源是否关闭。

5.2.6 "仓库安全自检表"要求每天早晚各登记一次，此表放在仓库一进门的位置，库房主管、组长对此表的填写进行监督与检查。

5.3 外来人员进入仓库区域的管理规定

5.3.1 非仓库管理人员严禁进入仓库储存区域。

5.3.2 物料人员在库房物料交接区域内与仓管人员进行物料交接。

5.3.3 送货人员在卸货区域内与仓管人员进行物料交接。

5.3.4 对必须进入仓库物料储存区的相关业务人员（如IQC、品质复检、稽查审核等），经库房同意后、在"外来人员登记表"上进行登记，并由仓库人员陪同后方可进入。进入时，严禁携带与物料无关的物品进入，离开时在登记表中登记"离开时间"。如果进入仓库的相关业务人员携带了物品，则所携物品要接受仓库人员的检查。

5.3.5 对物料、设备进行筛选、维修的供应商指派人员，在指定的接待区域进行操作，不得进入库房物料储存区域内。

5.3.6 清洁人员只能在正常工作时间进入仓库区域，并在仓库管理人员的监督下进行工作。

5.3.7 进入仓库区域的外来人员有义务接受仓库员工的监督与检查。

5.3.8 "外来人员登记表"需放在库房入口处，便于相关领导查阅。

5.4 安全管理检查

5.4.1 仓库主管、组长是库区安全检查的负责人，每天都要对库区安全性进行抽查。

5.4.2 检查安全检查表的记录是否完整，对记录不完整的要记下责任人的姓名及违规事实。

5.4.3 检查进入库区的外来人员的登记手续是否完整。

5.4.4 垃圾及垃圾箱的检查。垃圾的清理要及时，垃圾箱不许压黄色地标线，垃圾箱内的废弃物要用手翻查，如发现里面有物料或未拆开的包装盒（箱），马上找责任人改进。

5.4.5 检查物料的摆放是否符合要求。如发现垃圾箱内有物料或物料摆放超高，马上找责任人进行整改。

5.4.6 检查捕鼠笼、粘鼠板和灭蝇料中是否有害虫，并及时记录与处理。

5.4.7 检查人员要如实记录检查情况，并及时向部门负责人汇报检查结果。

5.5 安全事件的处理

发生安全事件时，安全员和仓库组长为第一责任处理人；对重大安全事件，还应马上报部门主管处理，并保护好现场。

5.6 违规人员的处罚

5.6.1 对违反本规定的外来人员，仓库员工要尽可能记录其姓名。每月将违反规定的外来人员信息进行汇总，报主管处理；对违规情节严重以及以非正常方式进入库区的外部人员，应报总经办处罚。

5.6.2 检查中发现问题，要立即对责任人进行处罚。

6. 签订安全工作责任书

企业可以与仓管人员签订仓储安全工作责任书，将安全工作与员工具体应承担的责任联系起来，使员工更重视安全工作。安全工作责任书的具体范例如下。

【参考范本】××有限公司仓库安全工作责任书

××有限公司仓库安全工作责任书

为进一步落实"以防为主、防治结合、综合治理"的安全工作方针，为实现全年无重大事故的目标，加强仓库物品管理，现与仓库保管员签订工作责任书如下：

一、安全管理

1. 落实安全目标责任制，仓库保管员为仓库安全工作的主要负责人。

2. 仓库保管员应每日检查仓库门窗，加强防盗措施，防止仓库物资被盗。

3. 注意仓库通风透气、防潮、避光及防火措施。

4. 加强防火消防设施检查，确保灭火设施配置齐全且在有效期内。

5. 熟悉消防知识，及熟练掌握消防器具的使用方法。

6. 仓库周围禁止堆放杂物和易燃物品，库房内主要通道要保持畅通，防止发生意外。

7. 仓库内不准存放易燃易爆物品。

8. 所有食品、酒水饮料均上架堆放；地面存放的食品均有垫板；所有食品、酒水饮料均在保质期内，食品、酒水饮料在邻近保质期前3个月必须通知部门主管。

9. 防"四害"设施齐全，措施安全可靠。

10. 库房内严禁一切明火，严格执行仓库防火安全管理规则，库房内禁止吸烟。

11. 严禁携带火源、火种进入库房。

12. 仓库钥匙交安全部统一保管，专人领用。

13. 不准乱接电线和其他用电设备，库房内严禁使用一切电热器具和家用电器（除湿机、抽风机除外）。

14. 无关人员不得在仓库内长时间逗留。

15. 所有验收的食品均符合食品卫生管理规定。

16. 所有库存物品做到分类存放并且有"货位卡"。

二、物资管理

1. 物资库设专人负责，严格执行各类物资的收、发、领、退、核制度，明确责任，严格考核。

2. 仓库必须分类堆放并随时保持整洁卫生，进库物品按性质、特点、类别堆放整齐，做到先进先出、不串味、不受损、不积压。

3. 统一编号，分类填写"货位卡"，"货位卡"需注明品名、规格、常备量、结存数量等。

4. 严格物资进出库手续，及时做好记录工作。物资进库，保管员必须根据入库单进行严格的复查验收，确认无误后，方可签收。

5. 物资出库，必须根据有关领导签批的有效凭证准确发放。

6. 仓库一般不接受临时代保管物品，确需存放在仓库的临时代保管物资，必须建立代保管台账，详细记录临时代保管物品的出入库情况。

7. 仓库内各类物品的管理周期如下：易霉变食品、物品半个月整理一次，物资库一个月整理一次。

8. 建立库存物资盘点制度，仓库保管员对自己保管的物品应每月盘点一次。

部门经理：　　　　　　　　　　　仓库保管员：

日期：_____年___月___日　　　　日期：_____年___月___日

要点02：遵循安全操作规程

仓管人员应遵守岗位职责，严格遵循操作规程，做到文明、安全上岗。

1. 起重驾驶安全

仓库的机械化、自动化程度日益提高，为避免在使用机械设备过程中发生事故，需采取一系列安全技术措施，并遵循安全技术操作规程。仓管人员应特别重视起重运输机械的安全技术工作。

（1）起重驾驶人员的要求

操作起重运输机械的驾驶人员，必须经过专门技术培训，经有关部门考核合格后持证上岗。驾驶人员应熟悉所操作机械的结构和性能，懂得保养方法，严格遵守安全技术操作规则。机械设备在运输前，应对零部件进行检查，如发现问题，及时修复后才能使用。

（2）巷道式堆垛起重机的安全装置

巷道式堆垛起重机在又高又窄的巷道内快速运行，对于它的安全必须特别重视。除了一般起重机常备的一些安全保护装置和措施（如各种机构的终点限位开关、缓冲器、紧急停车、电机过电流和过热保护、控制回路的零位保护等）外，还应根据实际需要，增加以下几种安全保护措施。

①货叉与运行、起升机械的连锁。当进行堆垛和高速升降时，堆垛机的运行和高速升降电路要闭锁。

②入库时要进行物品虚实探测。自动堆垛机到某货格进行入库作业时，应在伸叉存入物品之前先探测该货格内有无物品，以防双重入库，造成事故。探测器可以是反射式光电开关或机械式探杆。若探测结果为货格内已有物品，则应停止入库作业，并发出"双重入库"的报警信号。

③钢丝绳松绳过载时，弹簧变形过大，均会碰压行程开关，发出报警信号，使堆垛机停止运行；也可用压力传感器和电子线路代替行程开关作负载限制器。

④载货台断绳保护。钢丝绳一旦断裂，载货台连同司机室就会自由下落，这时保护装置的安全挂钩和楔块会迅速把载货台夹住在立柱导轨上。

⑤声光信号。堆垛机开动前，应先用电铃或闪光灯发出信号，以警告机上或巷道内的检修人员及过往行人。

除此以外，还要设置巷道端头强迫换速、起升机构超速下降保护的超越限制器以及货台上物品不正常报警等多种安全设施。

2. 仓库电气设备安全管理

（1）各种用电系统的设计、用电装置的选择和安装，都必须符合相关的技术规范或规程，并在其表面或附近粘贴用电安全警示。

（2）经常检查电器线路有无破损、漏电现象，电线是否有年久失修现象。

（3）电源开关安装的位置离地面应大于1～5米。灯泡离地面应大于2米，与可燃物间的距离应大于50厘米。灯泡正下方不准堆放可燃物。

（4）仓库内的灯泡严禁用纸、布或其他可燃物遮挡。仓库内可使用60瓦以下的灯泡，不准用日光灯及60瓦以上的灯泡，最好用防爆灯。

（5）仓库内禁止使用电炉等电热器具，不准私拉乱接电线。

（6）仓库内不准设置移动式照明灯具，必须使用时需报消防部门批准，并有安全保护措施。

（7）仓库内敷设的配电线路，需穿金属管或用非燃性硬塑料管保护。

（8）仓库内不准使用电炉、电烙铁、电熨斗、电热杯等电热器具和电视机、电冰箱等家电用品。对使用电刨、电焊、电锯、各种车床的部门要严格管理，必须制定安全操作规程和管理制度，并报消防部门批准，否则不得使用。

（9）仓库电气设备的周围和架空线路的下方严禁堆放物品。对输送机、升降机、吊机、叉车等机械设备易产生火花的部位和电机、开关等受潮后易出现短路的部位要设置防护罩。

（10）仓库必须按照国家有关防雷规定设置防雷装置，并定期检测，保证有效。对影响防雷装置效应的高大树木和障碍，要按规定及时清理。

以下是一份仓管员安全操作规程示例。

××有限公司仓管员安全操作规程

1. 目的

制定本规程是为了规范仓库保管员的操作，以免发生人身伤害事故。

2. 适用范围

适用于有仓库保管员岗位的操作仓间或作业场所。

3. 操作规程

3.1 一般仓库员工安全管理规程

3.1.1 大小物品分类摆放，平稳整齐、高度适当；精密仪器单独妥善保管。

3.1.2 仓库内道路畅通无阻，无污物；搬运物件拿牢放稳，相互配合；严禁烟火。

3.1.3 货架物件与屋顶墙壁灯和屋柱货垛之间距离不得少于50厘米，堆放不准超高，通风良好。

3.1.4 采用机械搬运应遵守机械搬运操作规程。

3.2 油料保管安全管理规程

3.2.1 严禁烟火，无关人员禁止入内，进入时禁止带入任何打火器具。

3.2.2 仓库围墙30米内禁止烟火，库内消防器具摆放位置明确。工作人员必须熟悉灭火知识，库内必须通风良好。

3.2.3 库内一切电器、照明应按规范采用防爆型，夜间值班备有手电筒。

3.2.4 启闭罐桶，严禁用铁制工具，以防产生火花；机动车辆进入油库区应戴防火帽。

3.2.5 严禁漏罐漏桶装油，地面无油。

3.2.6 预警系统定期检查，确保有效。

3.2.7 油料按类存放，标志明显。

3.2.8 经常保持环境清洁，库内不准有引火物。

3.3 地下油品保管安全管理规程

3.3.1 严禁烟火，无关人员禁止入内；工作环境整洁；无引火物，机动车辆进入库区时，相关人员应戴防火帽。

3.3.2 一切电器、照明应按设计规范采用防爆型，夜间值班备有手电筒。

3.3.3 加油设备由专人保管，操作精力集中，不得麻痹大意。

3.3.4 交接班时，必须认真检查油库的各部位，包括油门、气动阀门、油柜、气包、管路是否漏油漏气。发现问题随时解决，并做好检查记录。

3.3.5　工作前，检查安全阀、气压表是否准确，不准超规定负荷。

3.3.6　下班时要将各油门气阀关紧，检查有无异常现象后方可离开工作岗位。

3.3.7　油库工作人员必须坚守岗位，不准吸烟、饮酒，不准穿带钉鞋。

3.4　剧毒保管安全管理规程

3.4.1　工作人员必须熟知有毒品性质和存放、收发、搬运、临时解毒知识。

3.4.2　库房必须严密无缝，门窗应牢固。

3.4.3　库房通风设备经常保持良好状态，开库前必须先启动通风，出库后关闭风机电源。

3.4.4　库房应严格控制出入人员，无关人员严禁入内，进入库内禁止抽烟、饮食。

3.4.5　收发保管账目应清楚，账物必须相符；领用审批手续应健全，不得涂改。

3.4.6　严格执行双人双发、双人领料、双本账、双锁、双人保管的"五双"制度。

3.4.7　盛过有毒物质的器具，不用时应及时收回，统一处理，不得乱放。

3.4.8　作业人员必须按规定穿戴防护用品，确保安全发放；摸过有毒品后必须洗手。

3.4.9　消防器材设备要放在明显位置，作业人员要懂得灭火知识。

3.4.10　经常保持库房内外环境整洁卫生。

3.5　气瓶保管安全管理规程

3.5.1　氢、氧气库门前应挂有"严禁烟火"及"严禁油脂烟火"字样的危险警告标志牌。

3.5.2　氧气库房不得存放油脂和棉纱，身上沾有油污人员，禁止进入氧气库。充了气的气瓶储存时应符合下列要求。

（1）放置整齐，并留有适当宽度的通道。

（2）直立放置，并设有栏杆或支架固定，防止跌倒。不能立放的气瓶可以卧放，但必须使之固定防止滚动，头部朝向一方，堆放高度不应超过五层。

（3）安全帽必须配置齐全。

（4）远离热源，防止曝晒。

3.5.3　盛装有毒气体的气瓶，应单独储存在室内，并设有专用的防毒装置。

3.5.4　盛装互相接触后引起燃烧、爆炸的气体的气瓶必须单独分库储存。

3.5.5　储存氧气、可燃性气体气瓶的仓库或临时仓库，周围10米以内禁止堆放易燃物品和使用明火。

3.5.6　气瓶库房应有适当种类和数量的消防用具。

3.6　化学易燃品保管安全管理规程

3.6.1　无关人员禁止入库，因公入库人员严禁携带打火机、火柴等易燃物品。

3.6.2　库区严禁烟火并保持整洁，库房周围10米内无杂草。

3.6.3　因公进入化学易燃品库的人员，必须先登记后入库。岗位人员认真做好日查记录，发现安全隐患及时报告有关领导，并及时采取措施。

3.6.4　剧毒品、放射性物品按有关规定及化工技术要求守则执行。

3.6.5 仓管人员必须熟悉所管化工材料的性能，并了解发生事故的条件及预防办法。

3.6.6 化学易燃品要分类定量存放，严格管理，防止自行分解和互相反应发生火灾、爆炸及中毒事故。

3.6.7 为保障人身安全，不准食用生产用化学材料（如酒精、碱面、糖精等）。

3.6.8 易燃品的容器包装应牢固，发现破漏应立即更换。

3.6.9 库内保持通风良好；温度、湿度符合要求；要有避光、防冻、防热等措施；电器照明应防爆。

3.6.10 库房设有足够的消防器材，保证完备有效；保管人员应熟悉消防器材使用方法，做到三懂三会；库内应留有通道。

3.7 木料保管安全管理规程

3.7.1 无关人员禁止入库，因公入库人员登记后入库，严禁携带任何易燃品。

3.7.2 库区严禁烟火，保持整洁，无其他易燃物品和杂草。

3.7.3 保管人员必须熟悉所管木材的性能，并了解发生事故的条件及预防办法。

3.7.4 木材进库按规格分类，码垛存放；要有防护措施，不得雨淋、日晒，以免腐烂。

3.7.5 库内严禁存放腐蚀木材的材料（如酸、碱等）。

3.7.6 库内保持通风良好，做好日查记录。

3.7.7 经常检查消防器材，保证完备有效。仓管人员应熟悉消防器材的使用方法。

3.8 废品保管安全操作管理规程

3.8.1 库房保持通风良好，严禁烟火；消防器材放在明显位置；懂得灭火知识。

3.8.2 在收发搬运过程中，要拿稳放妥，勿使物件落下伤人。

3.8.3 各种物品堆放平稳牢固、整齐有序，便于取放；库区内保持道路畅通。

3.8.4 工作人员熟悉废旧物品存放和保管处理知识；经常保持库内外环境整洁卫生。

要点03：加强人员出入安全管理

加强出入安全管理的重点在于禁止非仓管人员随意进出仓库，具体规定如下所示。

（1）对仓储区域做好标示，非仓管人员严禁进入仓库储存区域。

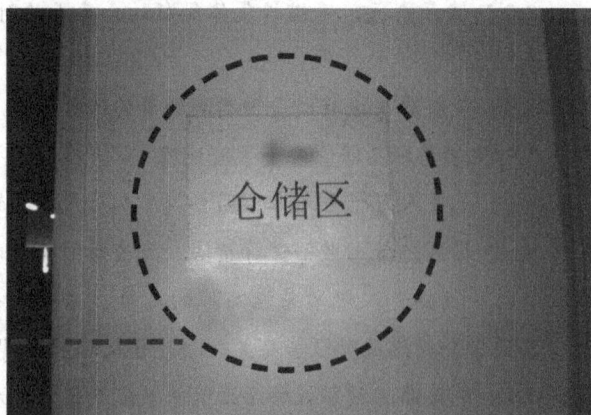

（2）领料人员在库房物品交接区域内与仓管人员进行物品交接。

（3）送货人员在卸货区域内与仓管人员进行物品交接。

（4）对必须进入仓库物品储存区的相关业务人员（如IQC、品质复检、稽查审核等），经库房仓管人员同意后、在"外来人员登记表"上进行登记，并由仓管人员陪同后方可进入。进入时严禁携带无关的物品，离开时在登记表中登记"离开时间"。如果相关业务人员有携带物品入库，则所携物品应接受仓管人员的检查。

（5）对物品进行筛选、维修的供应商指派人员，在指定的接待区域进行操作，不得进入库房物品储存区域内。

（6）清洁人员只能在正常工作时间进入仓库区域。

（7）进入仓库区域的外来人员有义务接受仓库员工的监督与检查。

（8）"人员出入登记表"（见表9-1）需放在库房入口处。

表9-1　人员出入登记表

序号	日期	入库时间	来人姓名	性别	有效证件号码	部门/单位	联系电话	到库原因	出库时间	值班签名	备注

要点04：加强特殊物品安全管理.

特殊物品是指稀有贵重金属材料及其成品、珠宝玉器及其他贵重工艺品、贵重药品、仪器、设备、化工危险品、特需物品等。储存此类物品除要遵循一般物品的管理制度和公安部门的管理规定外，还要根据这些物品的性质和特点制定专门的储存管理办法。其主要内容如下。

（1）设专库（柜）储存。储存场所必须要符合防盗、防火、防爆、防破坏等条件。根据情况可以安装防盗门、监视器、报警器等装置。外部人员严禁进入库房。

（2）保管特殊物品要指定有业务技术专长的人员负责，并且必须是两人以上，一人无收发权。

（3）要坚持严格的审批、收发、退货、交接、登账制度，预防在储存、运输、装卸、堆码、出入库等流转过程中发生丢失或错收错发事故。

（4）特殊物品要有特殊的保管措施，要设防护装置。还要经常进行盘点和检查，保证账物相符。

（5）对过期失效和报废的易燃、易爆、剧毒、腐蚀、污染、放射性等物品，要按照公安部门和环保部门有关规定进行处理和销毁，不得随意处置。

要点05：加强防盗管理

仓库防盗管理包括防内盗管理与防外盗管理两部分。

1. 防内盗管理

仓库发生内盗的主要原因是人员素质与监督措施的缺失。可以从以下两个方面入手，具体内容如下。

（1）提高仓管人员自身素质，开展素质培训、明确工作责任、消除管理盲点，用文明的环境感化人的意识、思维和行为。

（2）强化监督措施，如增加监督设施、提升监管水平、开展有奖举报等。

（3）张贴相关警示标志，如"仓库重地、非请勿进"等。

2．防外盗管理

仓库发生外盗的主要原因是仓库管理措施不得力，管理方式存在漏洞，要消除外盗可以采取以下措施。

（1）加大管理力度，严格管理制度、提升奖惩幅度、实行主要领导负责制等。

（2）设置安全门，加强出入管理。

（3）安装监控设备，如摄像头等，加强监控管理。

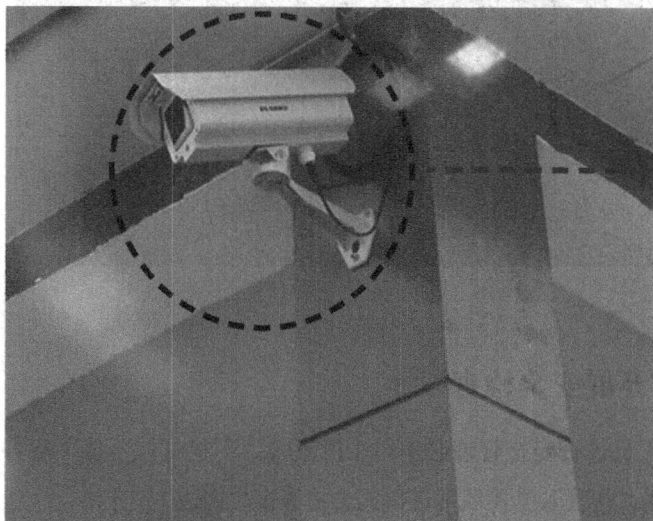

（4）消除管理方式的漏洞，也就是要改善管理工作中的弊端，比如，增设保安人员、更新监控系统、开展巡逻等。

（5）增设安全隔离网，防止外人入仓。

（6）为仓管人员配备对讲机，方便发生偷盗事件时及时联络。

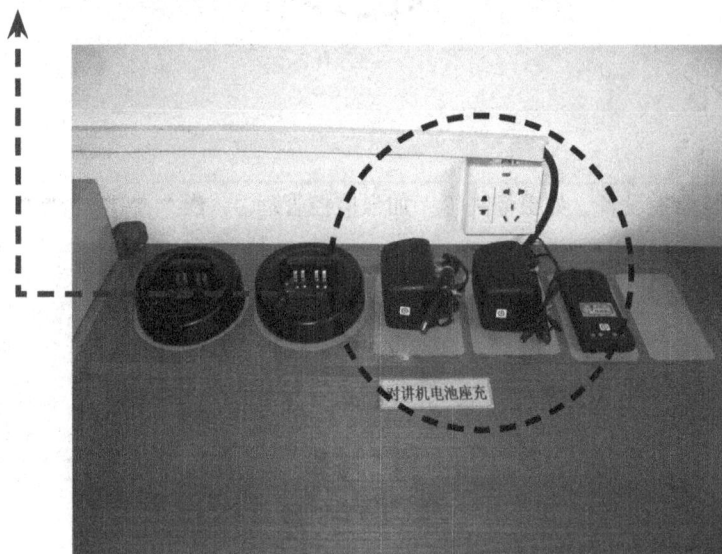

对讲机电池座充

要点06：经常开展安全检查

安全检查是仓管人员进行安全管理必不可少的手段。不检查就不能了解各项安全措施的具体执行情况。因此，仓管人员要经常进行安全检查。

（1）仓管人员每天都要对库区进行安全检查。同时各级管理人员要定期抽查。

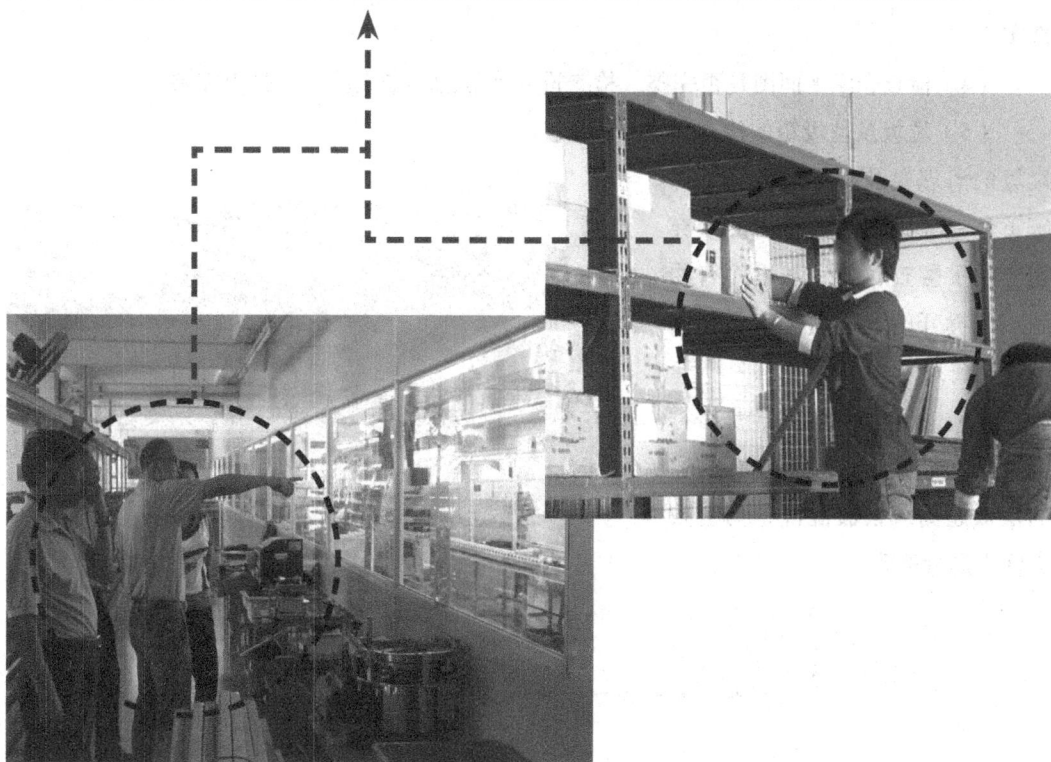

（2）检查仓库相关安全标志是否完整。

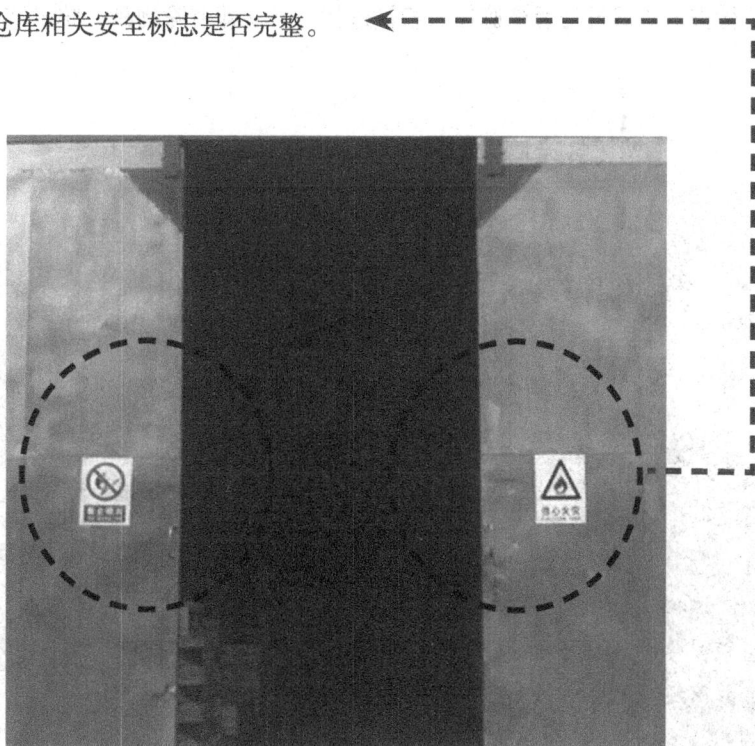

（3）检查安全检查表的记录是否完整，对记录不完整的要记下责任人的姓名及违规事实。

（4）检查仓库平面图是否完整，检查进入库区的外来人员手续是否完整。

（5）垃圾及垃圾箱的检查。垃圾的清理要及时，垃圾箱不许压黄色地标线，垃圾箱内的废弃物要用手翻查，如发现里面有物品或未拆开的包装盒（箱），马上找责任人改进。

（6）检查物品的摆放是否符合要求。如发现垃圾箱内有物品的摆放超高或摆放混乱，马上找责任人进行整改。

（7）检查消防门是否被堵塞，如果堵塞，要立刻将堵塞的物品搬开。

（8）检查消防器材是否被遮住。若被遮住，要立即清除物品，腾出空位。

（9）检查人员要如实记录检查情况，并向部门负责人汇报检查结果，检查结果可以记录在检查表中，检查表的一般格式如表9-2所示。

表9-2　仓库安全检查表

序号	检查项目、内容或标准	存在问题记录	结果×或√
1	制定仓库安全管理目标和对应的实施措施，如奖惩规定等		
2	至少设置2名兼职安全管理员，并制定相应的职责		
3	对员工，特别是新员工进行安全培训，并保存培训记录		
4	定期进行安全检查，并留存检查、整改记录		
5	员工上班不准穿拖鞋或凉鞋，不准光脚、赤膊、敞衣，按规定佩戴劳保用品		
6	酒后不准上班，禁止在库内嬉闹，作业时要精力集中，杜绝疲劳作业		
7	入库物品应分堆、分垛摆放整齐，并按规定留出间距		
8	物品储存与搬运要做到防火、防蚀、防倒塌、防撞损、防变形		
9	栈板上物品过度超长时，应采取必要的防倒措施；出货装车时上轻下重、摆放稳定；物品堆放时注意防止倾倒发生		
10	禁止抽烟、使用明火，禁止携带火种和易燃物品入库		
11	进入库区的所有机动车辆，必须安装防火罩；各种机动车辆装卸物品后，不准在库区、库房、货场内停放和修理		
12	禁止推叉车在库内奔跑或载人；禁止在行驶中的机动车辆中爬上、跳下		
13	栈板、叉车要定位摆放；仓库、办公区域符合"5S"要求		
14	人行通道两边不得有突出或锐边物品		
15	日光灯和其他防燃型照明灯具应采取隔热、散热等防火保护措施；照明灯具垂直下方与储存物品水平间距离不得小于0.5米		
16	设置醒目的防火标志；消防器材应当设置在明显和便于取用的地点，周围不准堆放物品和杂物，并指定专人管理，使消防器材始终处于良好状态；全体员工都知道消防设施的分布，会使用消防器材		
17	库区的车道和仓库的安全出口、疏散楼梯等消防通道，要有明显的区画线标志，并严禁堆放物品		
18	安全出口、疏散通道和楼梯口应当设置灯光疏散指示标志		

（续表）

序号	检查项目、内容或标准	存在问题记录	结果 ×或√
19	凡发生工伤事故，均要按规定进行报告、调查、处理		
20	严格执行交接班制度，下班前必须切断电源、熄灭火种、清理场地、关好门窗		
21	企业安全巡查、抽查所提出问题应及时改善		
22	其他		

检查人：　　　　　　　　检查日期：　　　　　　　　审批人：

要点07：消防安全管理

仓库集中储存着大量的物品，从仓库的危害程度来看，火灾造成的损失最大。因此，仓库消防管理是仓库安全管理的重中之重。

1. 仓库中的常见火灾隐患

仓库中的常见火灾隐患如图9-4所示。

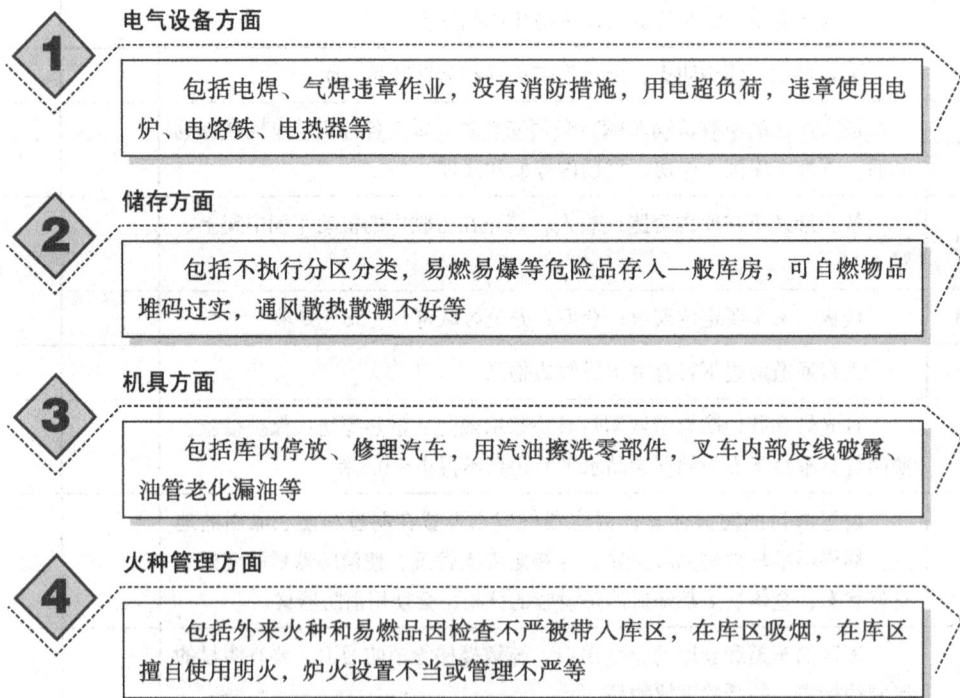

1 电气设备方面

包括电焊、气焊违章作业，没有消防措施，用电超负荷，违章使用电炉、电烙铁、电热器等

2 储存方面

包括不执行分区分类，易燃易爆等危险品存入一般库房，可自燃物品堆码过实，通风散热散潮不好等

3 机具方面

包括库内停放、修理汽车，用汽油擦洗零部件，叉车内部皮线破露、油管老化漏油等

4 火种管理方面

包括外来火种和易燃品因检查不严被带入库区，在库区吸烟，在库区擅自使用明火，炉火设置不当或管理不严等

图9-4　仓库中的常见火灾隐患

2．火灾的预防

（1）常规防火措施

①健全防火组织和消防制度。各个库房、料棚和货场要有专人负责消防管理。

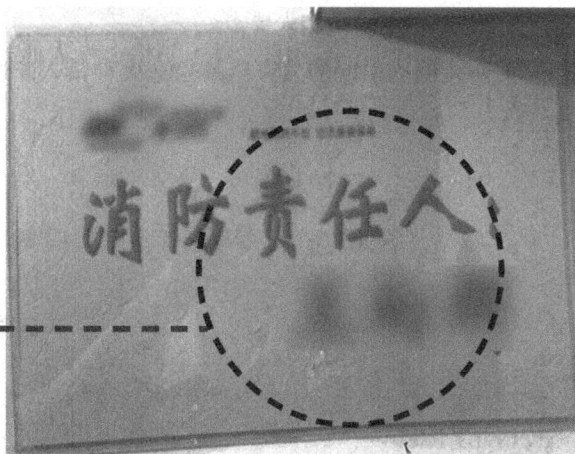

②灭火设施要齐备。灭火器、水源和消防沙包要随时处于良好的可使用状态。

③定期对全体职工进行消防培训和消防演习，使人人熟悉消防知识和灭火工具的使用方法。

④库内严禁使用明火。

⑤经常检查库内的电气设备和线路，并及时维修。

⑥设置应急照明灯。

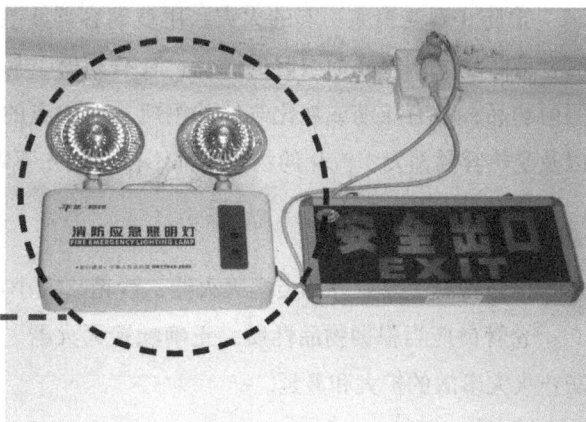

（2）库存危险品防火要点

①防止明火引起的火灾：禁止把火种带入库区，严禁在库区、货区吸烟。金属容器进行焊接时，必须到库房外指定的安全地带操作。

②防止摩擦和冲击引起的火灾：在搬运装有易燃、易爆危险品的金属容器时，严禁滚、摔或拖拉，以防止商品之间的相互撞击、摩擦发生火花；同时也不得使用能够发生火花的工具开启容器；进入仓库内的任何工作人员，都不能穿带铁钉的鞋，以防铁钉与地面摩擦产生的火花。

③防止电气设备引起的火灾：在装卸、搬运易燃、易爆的危险品时，所使用的电瓶车、电动吊车、电动叉车以及仓库内电源线路和其他电气设备，必须采用防爆式，并在工作结束后立即切断电源。

④防止化学能引起的火灾：浸油的纱布、抹布等不得放置在仓库内，以防止自燃。

⑤防止日光聚集引起的火灾：用玻璃容器盛装的可燃、易燃液体，在露天搬运和储放时，应防止太阳聚光而引起的燃烧；装有易燃、易爆物品的库房应采取措施防止日光直接照射物品；装有压缩或液化气体的钢瓶、低沸点的易燃液体的铁桶容器、易燃易爆的物品以及受热容易蒸发、汽化的物品，都不得在阳光下曝晒。

3．常见消防器材

消防器材主要有各种类型灭火器、沙箱、大小水罐（桶）、斧、钩、锹等。

仓管员应当根据物品性质，正确配置灭火器、消防器材和采用扑救方法，以便有效地防止火灾事故的扩大和蔓延。

（1）水

水是仓库消防的主要灭火剂。水在灭火时有显著的冷却和窒息作用，水能使某些物质的分解反应趋于缓和，并能降低某些爆炸品的爆炸能力；当水形成柱形时，有一股冲击力能破坏燃烧结构，把火扑灭。水还可以冷却附近其他易燃物质，防止火势蔓延。

但是水能导电，对电气装备不能用水来灭火，水更不能用于对水有剧烈反应的化学危险品（如电石、金属钾、保险粉等）的灭火，也不能用于比水轻、不溶于水的易燃液体（如汽油、苯类物品）的灭火。

（2）沙土

沙土是一种廉价的灭火物质。沙土能起窒息作用，覆盖在燃烧物上，可隔绝空气，从而使火熄灭。沙土可以扑救酸碱性物品的火灾和过氧化剂及遇水燃烧的液体和化学危险品的火灾。但要注意：爆炸性物品（如硫酸氨等）不可用沙扑救，而要用冷却水或将旧棉被或旧麻袋用水浸湿后覆盖在燃烧物上。

（3）灭火器

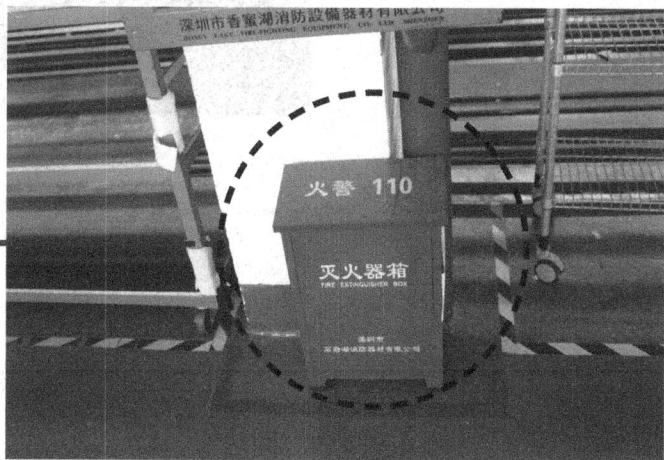

灭火器是一种轻便、易用的消防器材。灭火器的种类较多，有二氧化碳灭火器、泡沫灭火器、干粉灭火器、"1211"灭火器以及酸碱灭火器等。不同灭火器的用途也有所不同，仓管员灭火时应视具体情况正确选用，具体如下。

①泡沫灭火器适用于扑救汽油、煤油、柴油、苯、香蕉水、松香水等易燃液体的火灾。在扑救电气火灾时，应先切断电源。提取灭火器时要注意筒身不宜过度倾斜。

②二氧化碳灭火器对扑灭电气、精密仪器、电子设备、珍贵文件、小范围的油类等发生的火灾最适宜，但不宜用于金属钾、钠、镁等的灭火。

③"1211"灭火器适用于扑灭油类、有机溶剂、精密仪器等火灾。它的绝缘性能好，灭火时不污损物品，灭火后不留痕迹，并有灭火效率高、速度快的优点。

④干粉灭火器具有无毒、无腐蚀、灭火速度快的优点。适用于扑灭油类、可燃气体、电气设备等的火灾。

（4）消火栓箱配置

消火栓箱是由箱体、室内消火栓、水带、水枪及电气设备等消防器材组成的箱状固定消防装置，具有给水、灭火、控制和报警等功能。适用于室内消防系统的厂房、库房、高层建筑和民用住宅等。企业每个月都应对消火栓进行一次检查。

（5）自动消防设备

常见的自动消防设备有离子烟感火灾探测报警器、光电烟感报警器、温感报警器、紫外火焰光感报警器、红外火焰光感报警器和自动喷洒灭火装置等。

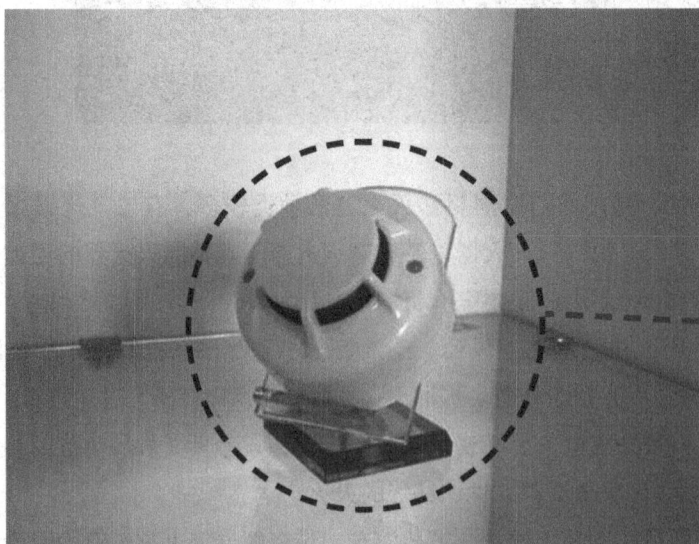

4．报警与灭火

（1）报警

消防工作实践证明，报警晚是酿成火灾的重要原因之一。仓库应配备准确可靠的报警系统，一旦仓库中某处发生火情，报警装置能及时准确地报警，仓库保卫部门就能迅速报告消防队和通知全体仓库员工，以便及时组织扑救，避免火势的蔓延。

不管火势大小，只要发现失火，就应立即报警。报警越早，损失越小，报警后应有人到路口接消防车到达火灾现场。企业应在各处设置报警按钮，方便员工按钮报警。

（2）灭火

通常采用的基本灭火方法如下。

①冷却灭火法

将灭火剂直接喷洒在可燃物上，使可燃物的温度降低到自燃点以下，从而使其停止燃烧。如水、酸碱灭火器、二氧化碳灭火器等均有一定的冷却作用。

②拆移灭火法

又称隔离灭火法，它是将燃烧物与附近可燃物质隔离或疏散开，从而使燃烧停止。例如，将火源附近的易燃易爆物品转移到安全地点；关闭设备或管道上的阀门，阻止可燃气体、液体流入燃烧区等。

③窒息灭火法

采用适当的措施，使燃烧物与氧气隔绝。火场上运用窒息法扑救火灾时，可采用石棉被、湿麻袋、砂土、泡沫等不燃或难燃材料覆盖燃烧物或封闭孔洞；用水蒸汽、惰性气体（二氧化碳、氮气等）充入燃烧区域；或用水淹（灌注）的方法进行扑救。

④抑制灭火法

将化学灭火剂喷入燃烧区参与燃烧反应，中止链反应而使燃烧停止。采用这种方法可使用的灭火剂有干粉和卤代烷灭火剂。灭火时，将足够数量的灭火剂准确地喷射到燃烧区内，使灭火剂阻止燃烧反应。同时还需采取必要的冷却降温措施，以防复燃。

5．灭火器的摆放与保养

（1）仓库在配置灭火器时，应该注意以下问题

①仓管员配置灭火器时，应充分考虑仓库的火灾危险等级，选用适当灭火级别的灭火器。通常仓库应以每100平方米为一个单位计算，每栋库房不得少于两个。

②室内灭火器应摆放在明显的地方，并做出明确的标示。

③室外灭火器应悬挂在仓库外面的墙上，离地面高度要求不超过1.5米。

④灭火器也可存放于灭火器箱内，起到防护和美观的作用。

⑤灭火器的放置地点要远离取暖设备并防止阳光直射。

（2）保养灭火器

为了保证火灾发生时灭火器能够正常使用，仓管员要做好灭火器的保养工作，每年至少应对灭火器进行一次维护检查。

①更换灭火剂

定期检查灭火剂是否有效，发现其失效后应立即更换。灭火器使用后，也应及时重新添加灭火剂。

②清洁灭火器

灭火器的喷嘴要经常疏通，或套以纸罩，以防尘土、污物的堵塞。大型灭火器的皮管要经常检查，以防止昆虫和污物的侵入。

③报废灭火器

灭火器是有使用期的，超出使用期失去效用的灭火器没有灭火作用。报废的灭火器，应在筒身或瓶体上打孔，并且用不干胶贴上"报废"的明显标志。

通过学习本章内容，想必您已经掌握了不少学习心得，请仔细填写下来，以便继续巩固学习。如果您在学习中遇到了一些难点，也请如实写下来，方便今后重复学习，彻底解决这些难点。

同时本章列举了大量实景图片，与具体的文本内容互为参照和补充，方便您边学边用，请如实填写您的运用计划，以使工作与学习相结合。

我的学习心得：

1. _____
2. _____
3. _____
4. _____
5. _____

我的学习难点：

1. _____
2. _____
3. _____
4. _____
5. _____

我的运用计划：

1. _____
2. _____
3. _____
4. _____
5. _____

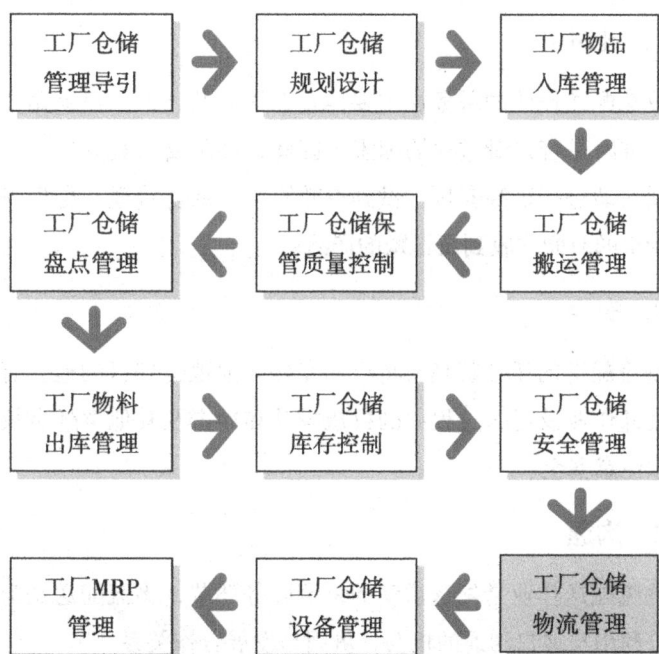

第10章

工厂仓储物流管理

导视图

工厂仓储
管理导引 → 工厂仓储
规划设计 → 工厂物品
入库管理

工厂仓储
盘点管理 ← 工厂仓储保
管质量控制 ← 工厂仓储
搬运管理

工厂物料
出库管理 → 工厂仓储
库存控制 → 工厂仓储
安全管理

工厂MRP
管理 ← 工厂仓储
设备管理 ← 工厂仓储
物流管理

第 10 章

要点01：物流配送作业的特点

物流配送作业是产品出货的末端环节，是企业最终直接面对客户的服务环节。直白点讲，物流配送就是将企业生产的成品送交客户的过程。物流配送作业具有以下几个特点。

1. 准时

物流配送作业的服务性主要体现在快速及时上，也就是要确保能在客户指定的时间内交货。准时是客户最重视的因素。因此，必须要认真分析各种可能导致时间延误的因素，对各项活动进行统筹安排，做到有效协调、综合管理、合理安排配送路线，让每位客户都能在指定的时间内收到所订购的产品。

2. 安全

物流配送的任务就是要将产品完好无损地送到目的地。有很多因素都会影响安全性，例如装卸作业及运送过程中的机械震动和冲击及其他意外事故等。因此，在物流配送管理中必须注意安全。

3. 沟通

物流配送作业是配送活动的末端服务环节，物流配送是为客户进行上门服务，所以，要充分利用与客户沟通的机会，巩固与发展合作关系。

4. 讲究便利

为了更好地为客户服务，最大限度地满足客户要求，应尽可能地让客户享受到便捷的服务。通过采用高弹性的物流配送系统，如采用紧急物流配送、顺道物流配送与退货、辅助资源回收等方式，为客户提供真正意义上的便利服务。

5. 必须经济

企业运作的基本目标是实现一定的经济利益。因此，对合作双方来说，以较低的费用完成物流配送作业是企业建立双赢机制、加强合作的基础，要想为客户提供优质经济的物流配送服务，就必须提高配送效率，加强成本管理与控制。

要点02：物流配送的准备工作

物流配送前，各级仓管人员应做好准备工作，如产品出库信息确认等。

1. 人员组织

产品出货作业是一项涉及人员多、处理时间紧、工作量大的工作，进行合理的人员组织和机械协调安排是完成发货的必要保证。

2. 产品出库信息确认

从仓库发往客户处的产品必须是经过出货检验人员检验合格的库存良品，发出时要做到以下几点。

（1）确认出库单（提货单）填写完整、正确。

（2）确认出库的实物与出库单（提货单）的内容一致。

（3）确认出库的产品包装状态完好。

（4）确认出库的运送方式符合要求。

（5）按出库的账目记录账簿。

3. 进行出库产品数量的检验

对出库产品数量进行检验是十分必要的环节。仓库可通过以下方法检验出库产品数量。

（1）产品条形码检验法

用条形码扫描器读取条形码内容，并把扫描的数据导入计算机，计算机可以自动扫描信息与发货单信息进行对比，从而检查出产品数量和条码是否由误。

（2）声音输入检查法

声音输入检查法即发声读出产品名称、代码和数量后，计算机接收声音并自动判断后，转变成资料信息，再将信息与发货单信息进行对比，从而判断是否有误。

（3）重量计算检验法

重量计算检验法是将称出货品的总重量与发货单上的货品总重量相对比，检查发货是否正确。

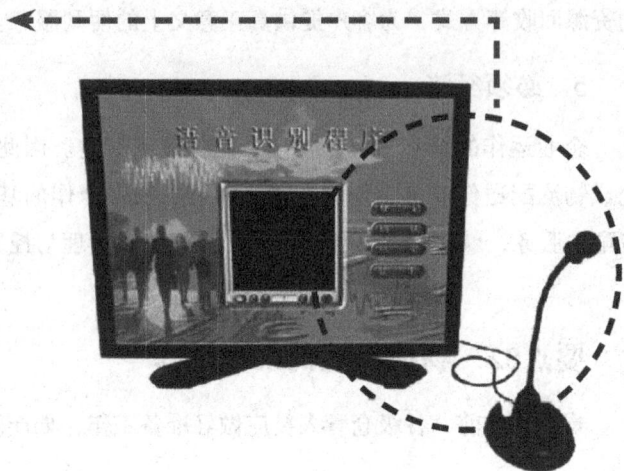

4. 划出出库产品存放区域

仓库必须划出专门的存放区域，用以放置待出货的产品。

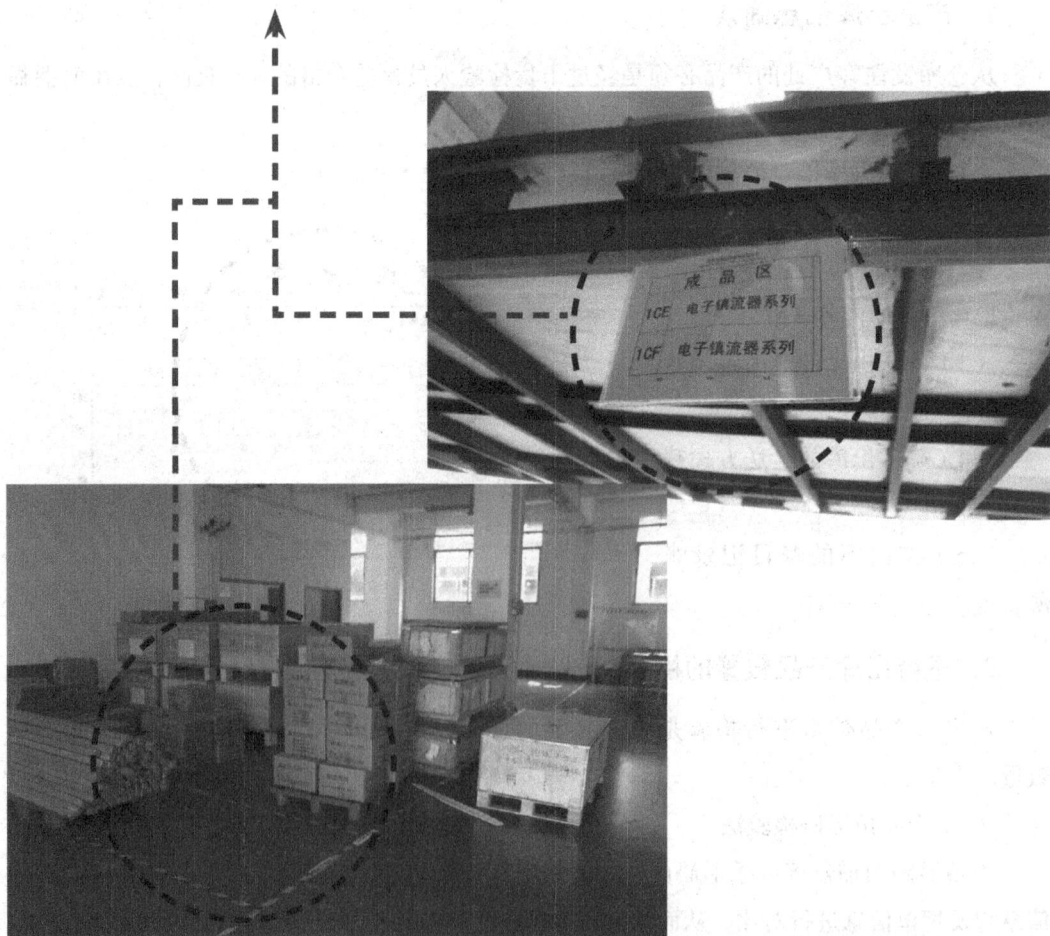

5. 用品准备

仓管人员在发货前应根据产品性质和运输部门的要求，准备各种包装材料及相应的衬垫物，以及刷写包装标志的用具、标签、颜料、钉箱、打包带以及周转箱等，同时要准备好装箱单。

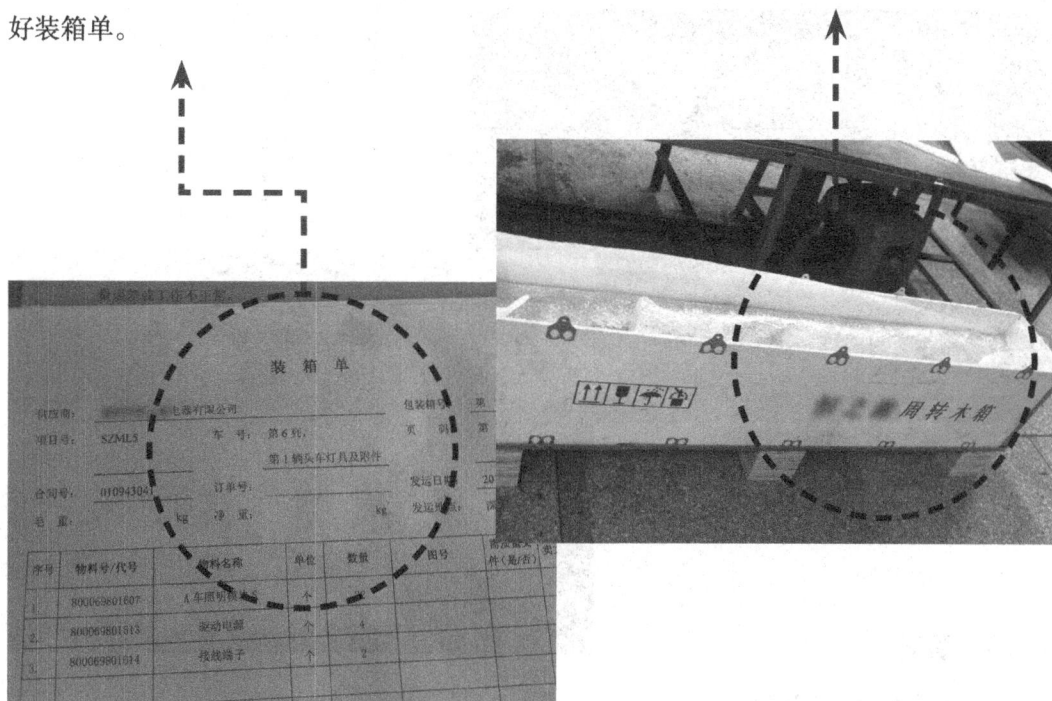

6. 装箱

（1）仓管人员要按照装箱单的要求将各类需出货的产品装箱，装箱时要注意将产品排列整齐，避免挤压。

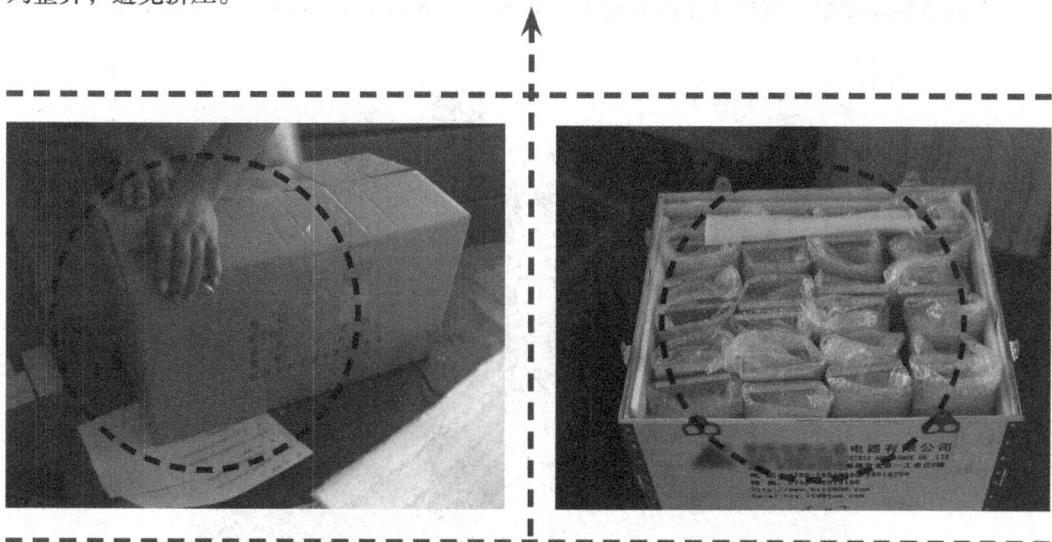

（2）标示装箱信息。可以在箱子的表面贴上装箱单，或直接在箱子外面写上箱内产品信息。

7. 装车

（1）装车"三确认"

① 确认出货的文件，如通报、出货通知单等。

② 确认出货数量、产品流水号码、箱号等。

③ 确认产品包装状态、贴纸、其他标记。

（2）装车注意事项

① 注意装车安全，应尽量使用电动叉车装车。

②产品包装箱较重时，使用产品搬运设备，应多人合作，防止掉落。

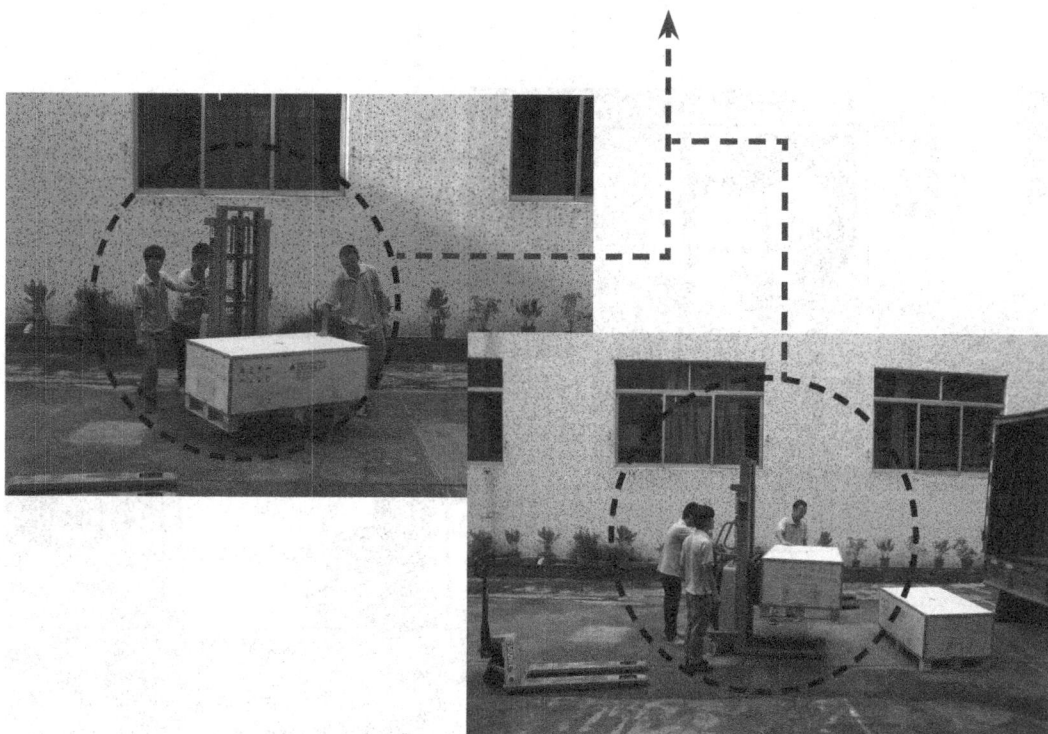

③装车时，小心操作设备，不要弄伤自己。

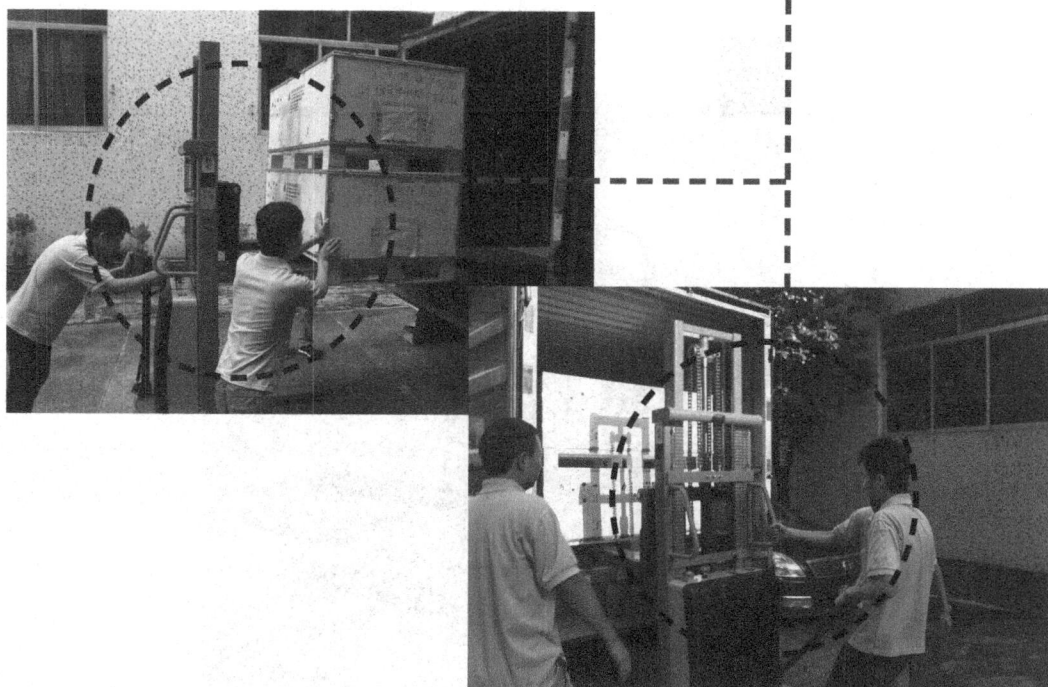

④产品进入车内后，可以用手动叉车将其推到里面，为进一步装载留出空间。

⑤电动叉车不用时，要关闭电源，放置于固定区域，不得随意挪动。

要点03：物流配送的基本作业流程

1．划分基本配送区域

为使整个配送工作有一个可从遵循的基本依据，仓库首先应将客户所在地的具体位置进行整体划分，例如，按行政区域或依交通条件划分不同的配送区域，在这一区域划分的基础上再作弹性调整。

2．运输工具配载

由于配送的产品品种、特性各异，为提高配送效率，确保产品质量，在接到订单后，仓管人员首先必须将产品依特性进行分类，然后分别选取不同的配送方式和运输工具，如按散装产品、箱装产品等分类配载；其次，配送产品也有轻重缓急之分，如果是紧急订单，可以安排飞机送货。飞机运送方式速度快，但运费昂贵，因此，企业最常采用的运输工具通常是汽车。

3．暂定配送先后顺序

在考虑其他影响因素，作出确定的配送方案前，应先根据客户订单要求的物流配送时间做好初步的配送计划。这样既有效地保证了物流配送时间，又可以尽可能提高运作效率。

4．车辆安排

车辆安排要解决的问题是安排什么类型、吨位的配送车辆进行物流配送。一般企业拥有的车辆有限，当企业内部车辆无法满足运送要求时，可外雇车辆。在保证配送运输质量的前提下，是组建自营车队，还是以外雇车为主，则须视经营成本而定。

5．选择配送线路

要选择配送距离短、配送时间短、配送成本低的线路，就需根据客户的具体位置、沿途的交通情况等作出判断。除此之外，还必须考虑有些客户或其所在地的交通环境对物流配送时间、车型等方面的特殊要求，例如有些客户不在中午或晚上收货，有些道路在高峰期实行特别的交通管制等。

6．确定最终的配送顺序

安排好车辆，选择好配送路线后，就可完善初步配送计划，确定最终的配送顺序。

7．完成车辆配载

明确了客户的配送顺序后，接下来就是如何将产品装车，以按什么次序装车的问题，也即车辆的积载问题。原则上，知道了客户的配送顺序之后，只要将产品依"后送先装"的顺序装车即可。

但有时为了有效利用空间，可能还要根据产品的性质（怕震、怕压、怕撞、怕湿）、形状、体积及重量等作出弹性调整。此外，对于产品的装卸方法也必须依照产品的性质、形状、重量、体积等做出具体决定。

请注意

在以上各步骤中，需要注意明确订单内容，掌握产品的性质，明确具体配送地点，合理选择配送车辆，选择最优的派送线路，充分考虑各作业点装卸货时间。

8. 客户签收

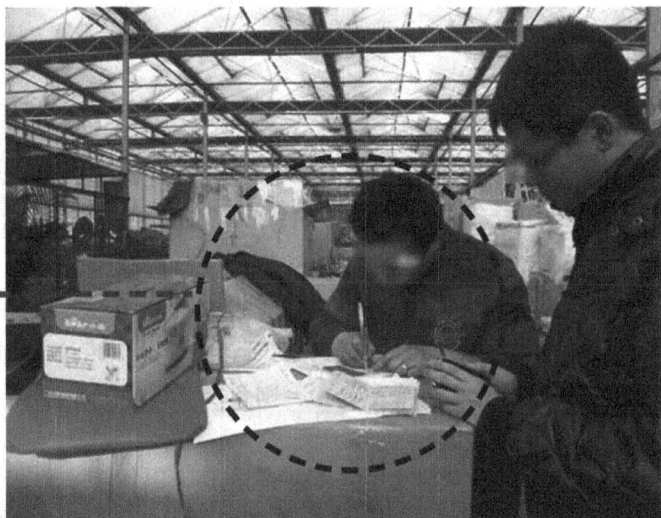

送货员将产品送到客户处时，要请客户签收。客户签收签收注意事项如下。

（1）送货地点必须与合同中写明的送货地点一致。

（2）签收人签名必须要与合同中指定的签收人一致。

（3）改变送货地点和签收人的，需要客户出具盖有公司公章的签收方式变更说明。

（4）合同指定签收人不在，他人代签收的，代签人必须留下身份证号码。

（5）凡是以个人账户付款的用户，在签收产品时一定要出示用户的有效身份证件

9. 卸货服务

货物送达指定地点后，除了快速处理相关手续并完成结算外，还应讲究卸货地点、卸货方式等。

（1）产品送达客户指定地点后，应协助客户尽快卸货。

（2）在规定的时间内完成货物交接和单据交接。

（3）按有关协议完成贷款的结算。

（4）当客户有退货请求时，分清责任，接受退货后顺便将退货带回仓库，客户周转包装箱也顺便带回仓库。

（5）与客户沟通，及时了解客户需求，掌握客户需求动态，为下次配送提供依据。

10．送货车辆的返程安排

由于配送的范围较小，大多数送货车辆返程都是空驶，这不仅浪费了运力，也增加了配送成本。随着配送能力的增强，配送的范围在不断扩大，送货车辆返程空驶造成的浪费也越来越大，因此，合理安排送货车辆的返程能降低仓库的配送成本，提高配送效益。

（1）造成送货车辆返程空驶的原因

①仓库内部车辆调度部门对送货车辆缺乏合理安排（属于内部原因，可能是调度员的责任心不强或调度水平较低）。

②仓库的设置与各个客户点之间的平面布局不合理（属于外部原因，可能是客户分布较散，客户位置较偏僻等）。

（2）减少送货车辆返程空驶的措施

①当客户提出退货请求时，分清责任后，可将客户的退货顺便带回仓库。

②顺便带回客户的周转包装箱、废弃物料。

③在客户所在地设立返程车辆联系点，顺带回头货，以收取的运费弥补运输成本，降低送货成本。

11．撰写出货报告

（1）出货报告的用途

出货报告是仓库完成物流配送后制定的证实性记录文件。出货报告由仓库主管制定，制成后发给财务部、市场部、生产管理办公室等相关部门使用。出货报告要及时发送，最好出货的当天就完成发送。

出货报告的用途如下。

①财务部用于记账。

②生产部用于调整生产，统计业绩。

③销售用于安排销售，确认货期。

（2）出货报告的内容

出货报告要清楚地反映本次配送的详细情况，如产品类别、名称、规格、型号、批号、批量和数量，完成配送的日期等。

出货报告可以用表单的形式代替，一般至少一式四份。出货报告的常见格式如表10-1所示。

表10-1　出货报告

日期：　　　　　　　　　　　　　　　　　　　　　　　编号：

序号	品名	型号	批号	订单号	出货数量	箱数	箱号	目的地	集装箱号	承运公司	备注

特别事项说明：

配送地点		完成时间	
生管确认		检验人员确认	

备考：

担当：	检讨：	批准：

分发：□市场部□财务部□生产管理办公室□其他部门
签收：

（3）出货报告的保存

出货报告应作为重要记录进行保存，以便达到可追溯、明确责任、统计使用的目的。

要点04：物流配送的注意事项

1．常规注意事项

（1）仓库尽可能利用自有车辆配送。

（2）在客户规定的送达时间内完成配送。

（3）产品品种、数量要符合订单要求，尽量不出差错。

（4）物流配送途中遇到意外，产品不能按时送达时，要在第一时间与客户取得联系，与客户沟通协调。

（5）市内物流配送要避开城市交通管制时间，尽量选择在晚上或凌晨配送。

（6）客户订单的产品配齐后，尽可能采用笼车装载，方便装卸，减少货损、货差，节约产品交接时间。

（7）配送之前制定配送作业流程。

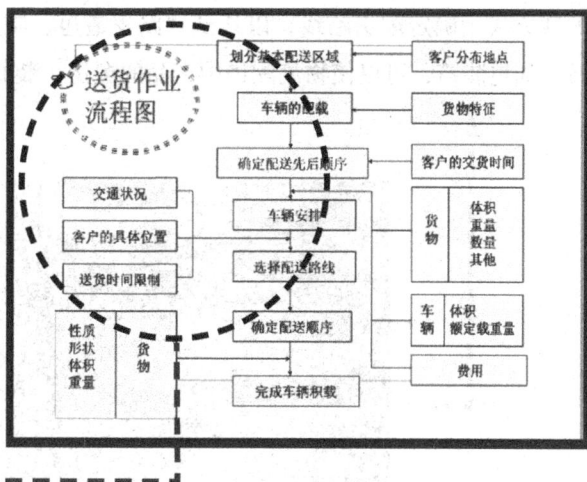

送货作业流程图

2. 雨天物流配送注意事项

随着雨季的到来，气温升高，雷电多，雨水多，各种致灾因素也随之增多。为切实保证雨天物流配送安全，物流配送过程中一定要注意以下几点。

（1）未雨绸缪，认真做好出车前的车况检查。

（2）沉着冷静，小心应对突发情况。

（3）控制车速。

（4）保持行车平稳，防止车辆涉水陷车。

（5）持之以恒，悉心做好车辆的保养。

3. 夏日高温送货注意事项

夏季高温，送货员容易出现身体疲劳、中暑、食物中毒等症状，送货车辆也容易存在安全隐患。高温天气下，在送货过程中送货员应该注意以下几点。

（1）合理调整送货时间。

（2）备好防护用品。

（3）送货车辆及时保养。

（4）掌握一定的急救措施。

要点05：物流配送效率的提高

为提高物流配送效率，可采用的手段包括以下几种。

1. 采用标准的包装器具

配送不是简单的"送货上门"，而要运用科学而合理的方法选择配送车辆的吨位、配载方式，确定配送路线，以达到"路程最短、吨公里最小"的目标。采用标准的包装工具，如包装箱，可以使物流配送中产品的搬运、装卸效率提高，并便于车辆配装。

2．建立完善的信息系统

完善的信息系统能够根据交货配送时间，车辆最大积载量，客户的订货量、个数、重量来选出一个最经济的配送方法；根据产品的形状、容积、重量及车辆的能力等，由电脑自动安排车辆和装载方式，形成配车计划；在信息系统中输入每一客户点的位置，电脑便会依最短距离原则找出最便捷的路径。

3．改善运货车辆的通信

借助健全的车载通信设施，企业可以随时把握车辆及驾驶员的状况、传达道路信息或气象信息、掌握车辆作业状况及装载状况、传递作业指示、传达紧急信息指令，提高运行效率。

4．均衡配送系统的日配送量

通过和客户沟通，尽可能使客户的配送量均衡化，这样能有效地提高物流配送效率。为使客户的配送量均衡，通常可以采用以几种下方式：

（1）对大量订货的客户给予一定折扣。

（2）制订最低订货量。

（3）调整交货时间，对于受季节性影响的产品，尽可能引导客户提早预约。

5．制订配送工作管理规定

通过明确的规定，使送货人员了解自己的责任，从而更好地完成自己的工作。下例是某企业的送货工作管理规定。

【参考范本】××有限公司送货工作管理规定

××有限公司送货工作管理规定

为了认真贯彻执行公司管理制度，规范送货人员作业行为，形成良好的工作作风和工作秩序，维护公司根本利益，现对送货工作管理做出以下规定。

一、送货

1. 司机或送货人员必须当天将收回的现金、支票、欠条与公司出纳交接清楚，大额现金可直接存入公司指定账户，以确保资金安全。

2. 送货人员原则上当天取回验收单整理好交回给审单人员，特殊情况拿不到验收单的要及时向相关人员和部门领导汇报，最迟不超过七天就及必须取回验单；如验收单据遗失或验收单与送货单数量不符的，公司将对送货人员进行差额索赔。

3. 送货人员要对货物的安全负责，如果在送货过程中有货物压坏、包装破损或弄脏现象，仓库有权要求送货人员照价赔偿。在出现拒收货的情况时，送货人员有义务把货物拉回仓库，而不得以任何理由来推托。

4. 送货人员不能挑单、压单、损坏单据，应严格按照公司的安排和预约时间送货，确保货物准时，安全送到目的地，否则产生的罚款及其他不良的后果由送货人员承担。当天送不完的单，按送货人员未日清处理，并视情况按《配送服务合同》相关条例进行处罚。

5. 对于急单（当天开单当天送货的单），送货人员有义务按照公司的要求准时、安全送到目的地。非特殊原因不能准时到达目的地的，按《配送服务合同》相关条例进行处罚。

6. 送货人员在送货过程中绝不允许在缺少"换货单"的情况下，发生用其他货物去跟客户换货的行为，导致库存和结算混乱。如有客户强烈要求换货，在无法说服的情况下，送货人员要第一时间联系相关业务员，在相关人员的指引和授权下进行工作，否则造成的后果由送货人员承担。

7. 送货人员在送货的过程中，遇到特殊情况时，例如对方认为包装不合格、生产日期超过预收货日期、不退货就不收货、订单已过期、仓位已满只收一半或拒收等问题时，要主动跟相关业务人员联系、沟通。在相关人员的指引和授权下执行，不得以消极的态度对待，否则造成的后果由送货人员负责。对拒收货物或退货，送货人员必须及时回仓入库，不得欺瞒行为，一经查实将从重处罚。

8. 送货人员在送货过程中要注意言行举止和沟通方式，努力维护公司形象和声誉，建立良好的客情关系，如因任何原因造成客户投诉的，公司将追究其责任。

二、退货

1. 按公司正常流程，退货需要提供业务经理签名的申请单。特殊情况可与业务员沟通，得到业务经理口头授权后方可执行退货。

2. 送货人员在退货过程中发现不符公司退货要求时，原则上不予退回，解决不了的要及时向业务员及上级领导沟通，否则退回之货物由当事人承担。

3. 送货人员绝不允许将所退货物拿来吃、喝、用、买等不良行为，也绝不允许送货人员在退货时有欺骗客户的行为，一经查实将严重处理。

4. 为方便公司结算，送货人员退回来的货物必须当天入不良品仓，经仓管员点数确认签收，否则造成的后果（例如数量跟单据不符、货物丢失、单据丢失等异常情况）由送货人员承担。

5. 送货人员在退货时，如出现店方没货、没时间、单据有问题等不退货的特殊情况，要即时通知相关人员并要求对方在单上注明不能退货的原因。送货人员回仓库后将单交还部门领导做进一步的处理。

三、工作纪律

1. 送货人员在送货工作中必须严格按公司的流程办事（有特殊授权除外），遵守公司的一切规章制度和章程，严格按照公司规章制度履行自己的职责和义务，以公司的利益为重，努力维护公司的形象。

2. 在送货过程中，送货人员不得透露其他客户的商品价格，不得说有损公司形象的言语，不得与收货人员争吵、打架等，否则公司将与其终止配送（劳动）合同。

3. 送货人员要尊重和服从仓库领导的工作安排，如确属部门主管安排上有问题，也必须先执行后投诉，绝不允许跟部门主管发生争吵，影响正常的办公秩序。

4. 送货人员在送完货回仓等候时，不允许在仓库内打牌、睡觉、更不准在仓库内吸烟，以上行为，每发现一次扣罚100元。未经仓管员同意，送货人员不准进入仓库内搬运货物，若有私自将货物搬出仓库者，按偷窃行为处理。

学习笔记

通过学习本章内容，想必您已经掌握了不少学习心得，请仔细填写下来，以便继续巩固学习。如果您在学习中遇到了一些难点，也请如实写下来，方便今后重复学习，彻底解决这些难点。

同时本章列举了大量实景图片，与具体的文本内容互为参照和补充，方便您边学边用，请如实填写您的运用计划，以使工作与学习相结合。

我的学习心得：

1. _____
2. _____
3. _____
4. _____
5. _____

我的学习难点：

1. _____
2. _____
3. _____
4. _____
5. _____

我的运用计划：

1. _____
2. _____
3. _____
4. _____
5. _____

第11章

工厂仓储设备管理

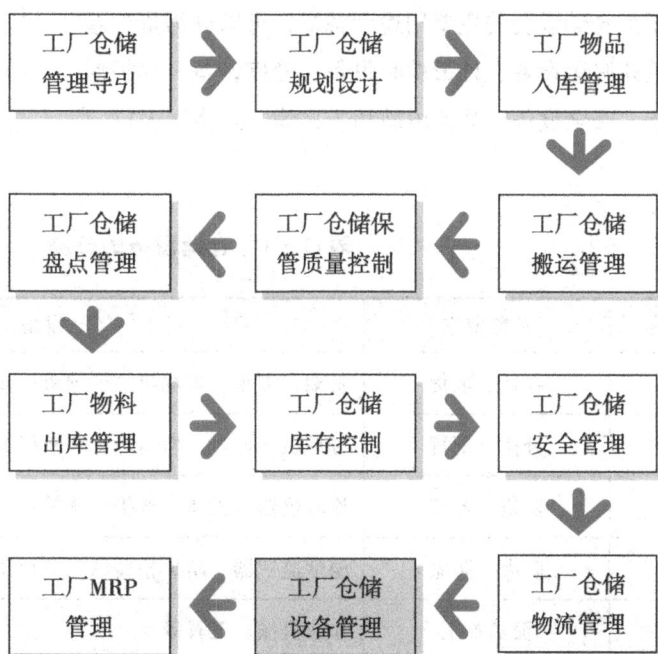

导视图

工厂仓储
管理导引
→
工厂仓储
规划设计
→
工厂物品
入库管理

工厂仓储
盘点管理
←
工厂仓储保
管质量控制
←
工厂仓储
搬运管理

工厂物料
出库管理
→
工厂仓储
库存控制
→
工厂仓储
安全管理

工厂MRP
管理
←
工厂仓储
设备管理
←
工厂仓储
物流管理

············ 关键指引 ·······

良好的仓储工作离不开各种各样的仓储设备，如计量设备、储存设备、搬运设备等，这些设备为仓储工作提供了基础支持。企业应按相应要求做好仓储设备的管理工作。

要点01：仓储设备的类别

仓储设备是指仓储业务所需的所有技术装置与机具，即仓库进行生产作业或辅助生产作业以及保证仓库及作业安全所必需的各种设备的总称。

根据仓储设备的主要用途和特征，可以分为货架系统、装卸搬运设备、计量检验设备、分拣设备、养护照明设备、安全设备、其他用品和工具等。具体如表11-1所示。

请注意

仓储设备的配置是仓储系统规划的重要内容，关系到仓库建设成本和运营费用，更关系到仓库的生产效率和效益。

表11-1　仓储设备的分类

序号	功能要求	设备类型
1	存货、取货	货架、叉车、堆垛机械、起重运输机械等
2	分拣、配货	分拣机、托盘、搬运车、传输机械等
3	验货、养护	检验仪器、工具、养护设施等
4	防火、防盗	温度监视器、防火报警器、监视器、防盗报警设施等
5	流通加工	作业机械、工具等
6	控制、管理	计算机及辅助设备等
7	配套设施	站台、轨道、道路、场地等

要点02：仓储设备的特点

仓储设备是完成物品进库、出库和储存的设备。从仓储设备的作业过程看，仓储设备具有起重、装卸、搬运、储存和堆码的功能。尽管仓储设备从外形到功能差别很大，但由于它是为在特定的作业环境完成特定的搬运作业而设计的，因而具有一些共性，具体如图11-1所示。

1 搬运要求较高

由于仓储设备主要作用于物品的移动和起升，因此其作业范围相对较小，对物品的搬运要求高，但对速度上的考虑较低

2 运动线路较固定

由于作业场所有所限制且较为固定，因此仓储设备的运动线路也比较固定

3 专业化程度高

仓储作业由一系列实现特定功能的作业环节或工序组成，但各工序的功能较单一，而工序间的功能差别一般较大，为提高工作效率，仓储设备的专业化程度越来越高

4 标准化程度高

一方面，商品流通各环节对商品的外观和包装提出了标准化要求；另一方面，商品包装的标准化也促进了物流设备包括仓储设备的标准化

5 机械化、自动化程度高

随着条码技术、光学字符识别技术、磁编码识别技术、无线电射频识别技术、自动认证技术、自动称重技术和计数技术的广泛应用，现代仓储设备的自动化程度大大提高

6 节能性和经济性要求高

仓储过程作为流通领域或企业物流必不可少的环节，为实现商品的价值起到了极其重要的作用。为控制仓储成本，在设计和选用仓储设备时，必须考虑其节能性和经济性

7 环保性要求

仓储设备由于作业环境的特殊性，必须严格控制其对环境的污染程度

8 安全性要求

在仓储作业过程中，要在复杂的环境和有限的空间中保证人员、设备和物品的安全，对仓储设备的安全性要求很高

图11-1　仓储设备的特点

要点03：仓储设备的选择

仓库在选择仓储设备时，应注意以下事项。

1. 仓储设备的型号应与仓库的作业量、出入库作业频率相适应

仓储设备的型号和数量应与仓库的日吞吐量相对应。仓库的日吞吐量与仓储设备的额定起重量、水平运行速度、起升和下降速度以及设备的数量有关，应根据具体的情况进行选择。同时，仓储设备的型号应与仓库的出入库频率相适应。对于综合性仓库，其吞吐量不大，但是其收发作业频繁，作业量和作业时间很不均衡，应考虑选用起重载荷相对较小、工作繁忙程度较高的设备。对于专用性仓库，其吞吐量大，但是收发作业并不频繁，作业量和作业时间均衡，应考虑选用起重载荷相对较大、工作繁忙程度较小的设备。

2. 计量和搬运作业同时完成

有些仓库需要大量的计量作业，如果搬运作业和计量作业不同时进行，势必要增加装卸搬运的次数，降低生产效率。因此，为了提高生产效率，可使搬运和计量作业同时完成。例如，在皮带输送机上安装计量感应装置，在输送的过程中，同时完成计量工作。

3. 选用自动化程度高的设备

要提高仓库的作业效率，应从物品和设备两个方面着手。从物品的角度来考虑，要选择合适的货架和托盘。托盘的运用大大提高了出入库作业的效率，选择合适的货架同样能使出入库作业的效率提高；从设备的角度来考虑，应提高设备的自动化程度，以提高仓储作业的效率。

4. 注意仓储设备的经济性

选择仓储设备时，企业应该根据仓库作业的特点，运用系统的思想，在坚持技术先进、经济合理、操作方便的原则下，根据自身的条件和特点，对设备进行经济性评估，选择经济合理的设备。

要点04：仓储设备管理要求

仓储工作离不开各类仓储设备，如计量设备、搬运设备、储存设备等，企业应当做好这些设备的管理工作，确保设备始终处于良好的工作状态中。

1. 严格按操作规程进行操作

操作人员在使用各类仓储设备时，必须严格按照操作规程进行操作，不得违规操作，以致损坏设备。

2. 加强设备日常保养

操作人员应当加强设备的日常保养，定期检查，发现故障应立刻安排检修，确保设备始终处于正常的工作状态中。

3. 做好设备日常管理

企业应做好设备的日常管理，例如为设备进行清扫、下班时准时关闭设备等，避免设备发生故障。

4. 做好设备安全管理

企业应做好仓储设备的安全管理，发现安全问题及时解决，以避免安全事故的发生。

5. 做好制度建设

企业可以针对仓储设备的使用建立起相关的管理制度，督促员工按照制度操作设备。下例是某公司的仓储设备管理制度，仅供参考。

【参考范本】××有限公司仓储设备管理制度

××有限公司仓储设备管理制度

1. 目的

保证仓储设备处于良好的状态，避免货物受损。

2. 范围

适用于公司仓储设备管理。

3. 内容

3.1 由仓储主管负责制订仓储设备保养计划，并保证计划的实施。

3.2 仓库管理人员定期（每周）检查设备的使用状况，发现问题，及时组织维修或更新，同时做好相应的记录。

3.3 液压手推车、叉车、小推车、清洁工具等仓库设施不用时应放在指定区域，不能随便乱放。

3.4 仓储设备要有专人负责管理，损坏时要及时维修或更新。

3.5 对于需维修、更新的项目，须填写仓储设备维修申请报告，并逐级上报、经总经理批复后实施。

3.6 遇到可能影响产品存储质量的设备损坏时，仓储部应首先采取有效的应急措施防止质量事故的发生，并在8小时内将申请报告上报至生产运营中心，生产运营中心应切实保证申请在24小时内得到批复，仓储部得到批复后，应在批复限定时间内完成被损坏的设备的维修或更新工作。

3.7 所有维修或更新工作完成后，应填写"仓储设备维护验收报告"并上报生产运营中心审核、归档。

要点05：货架系统

货架是指用支架、隔板或托架组成的立体储存物品的设施。货架在发零业务量大的仓库中起着很大的作用，它既能够有效保护物品，方便物品的存取与进出业务，又能够提高仓库空间的利用率。

1. 货架的种类

随着仓库机械化和自动化程度的不断提高，货架技术也在不断提高，尽管出现了许多新型货架，传统的层架、悬臂架、托盘货架等依然在现代企业中发挥着重要作用。

（1）层架

层架由立柱、横梁和层板构成，层间用于存放物品。层架结构简单，适用范围非常广泛，还可以根据需要制作成层格架、抽屉式和橱柜式等形式，以便于存放规格复杂多样的小件物品或较贵重、怕尘土、怕潮湿的小件物品。

（2）悬臂式货架

悬臂式货架由3~4个塔形悬臂和纵梁相连而成。悬臂的尺寸根据所存放物品的外形确定。它在储存长形物品的仓库中被广泛运用。

（3）托盘货架

托盘货架专门用于存放堆码在托盘上的物品，其基本形式与层架相似。

（4）移动式货架

移动式货架的货架底部装有滚轮，开启控制装置，滑轮可以沿轨道滑动。移动式货架平时可以密集相连排列，存取物品时通过手动或电动控制装置驱动货架沿轨道滑动，形成通道，从而大幅度减少通道面积，使仓库面积利用率达到80%。由于成本较高，移动式货架主要在档案管理等重要部门或贵重物品的保管中使用。

（5）自动货柜

自动货柜是集声、光、电及计算机管理为一体的高度自动化的全封闭储存设备。它充分利用垂直空间，最大限度地优化存储管理，在一些场所中，自动货柜就是一个高效、便捷的小型立体仓库。

自动货柜通过计算机、条形码识别器等职能工具进行管理，使用非常方便，只要按动按键，内存物品即到进出平台，可自动统计、自动查找，特别适用于体积小、价值高的物品的储存管理，也适合于多品种、小批量的物品管理。

2. 货架的选择依据

在现代仓库的管理中，为了改善仓库的功能，不仅要求货架数量多、功能全，而且要便于仓库作业的机械化和自动化。因此，仓库在选择和配置货架时，必须综合分析库存物品的性质、单元装载和库存量，以及库房结构、配套的装卸搬运设备等因素，具体如图11-1所示。

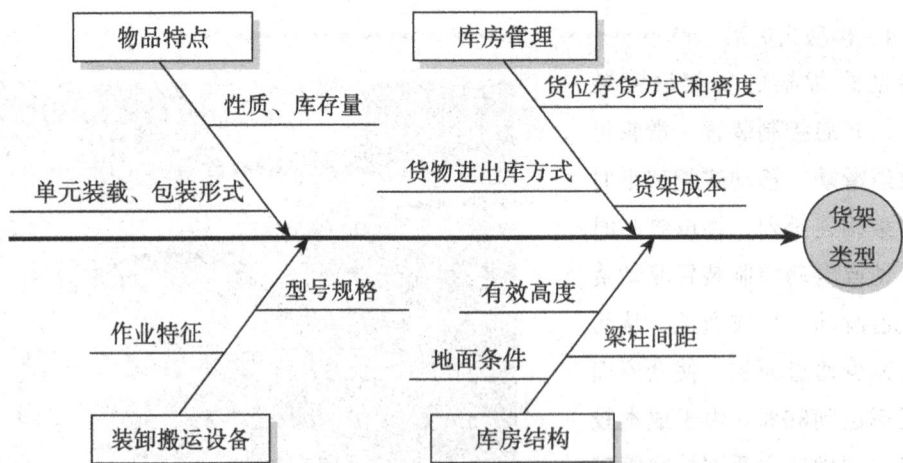

图11-1　选择货架应综合考虑的因素

要点06：装卸搬运设备

仓库的装卸搬运活动通常是指物品在仓库内部移动，以及在仓库与运输车辆之间的移动，是仓库内部不可缺少的物流环节。装卸搬运需要使用到各类装箱搬运设备，如叉车、堆垛机等。

1. 装卸搬运设备

（1）叉车

叉车在仓储作业过程中是比较常用的装卸设备，有万能装卸设备之称。叉车的类型很多，按照其动力种类可划分为电瓶和内燃机两大类（内燃机的燃料又分为汽油、柴油和天然气三种）；按其基本构造分类，又可分为平衡重式叉车、前移式叉车、侧叉式叉车等。

（2）堆垛机

堆垛机是专门用来堆码或提升物品的设备。这种设备的特点是：构造轻巧，人力推移方便，能在很窄的走道内操作，能减轻堆垛工人的劳动强度且堆码或提升高度较高，仓库的库容利用率较高，作业灵活。堆垛机在中小型仓库内广泛使用，有桥式堆垛机、巷道式堆垛机等类型。

（3）输送机

输送机是一种连续搬运物品的设备，其特点是在工作时连续不断地沿同一方向输送散料或者重量不大的单件物品，装卸过程无需停车，因此生产效率很高。

请注意

> 装卸搬运活动是否合理不仅影响运输和仓库系统的运作效率，而且影响企业整个系统的运作效率。因此，在仓库建设规划时，选择高效、柔性的装卸搬运设备，对仓库进行装卸搬运组织，加快进出库速度，提高作业效率是十分必要的。

（4）起重机

起重机是在采用输送机之前曾被广泛使用的具有代表性的一种搬运设备，它是指能将设备吊起，并在一定范围内作水平运动的设备。

2．装卸搬运设备的选择

（1）选择依据

①明确是否确实需要进行某个装卸搬运步骤。

②要有长远发展的眼光，即制订设备选择计划时要考虑长远发展的需要。

③牢记系统化的观念。所选用的设备不仅仅局限于仓库作业的某一个环节，它要在整个系统的总目标下发挥作用。

④要进行多方案的比较。不要只依靠一家设备商完成搬运设备的配备工作，要多方比较更低价的设备和搬运方法。

（2）选择方法

①根据距离和物流量指示图，确定设备的类别，具本如图11-2所示。简单的搬运设备适合于距离短、物流量小的搬运需要；复杂的搬运设备适合于距离短、物流量大的搬运需要。简单的运输设备适合于距离长、物流量小的运输需要；复杂的运输设备适合于距离长、物流量大的运输需要。

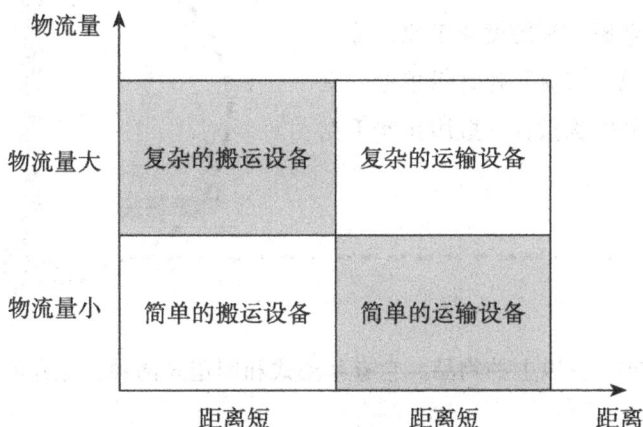

图11-2　距离、物流量和搬运运输设备

②根据设备的技术指标、物品特点以及运行成本、使用方便等因素，选择设备系列型号，甚至品牌。企业在设备选型时要注意以下几点。

a．设备的技术性能，能否胜任工作以及设备的灵活性要求等。

b．设备的可靠性，在规定的时间内能够工作而不出现故障，或出现一般性故障易立即修复且安全可靠。

c．工作环境的配合适应性，工作场合是露天还是室内，是否有震动、是否有化学污染以及其他特定环境要求等。

d．经济因素，包括投资水平、投资回收期及性能价格比等。

e．可操作性和使用性，操作是否易于掌握，培训的复杂程度等。

f．能耗因素，设备的能耗应符合燃烧与电力供应情况。

g．备件及维修因素，设备条件和维修应方便、可行。

要点07：计量和分拣设备

1．计量设备

计量设备是商品进出库的计量、点数，以及在库盘点、检查中经常使用的度量衡设备。在现代仓储企业中，可以利用电子收货系统对到库的计件物品进行计量检验，也可以利用电子秤对计重物品进行计量检验

（1）衡器设备。

仓库常用的衡器设备有以下几种。

①天平和案秤

天平用于称量体积小、计量精度高的小件贵重物品，如贵重金属、高纯度化工原料等。天平一般用"克"或"毫克"作计量单位。案秤也适用于小件物品的称量，一般用在20千克以下物品的称量上。

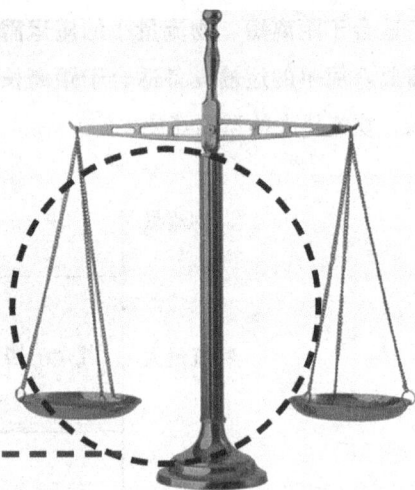

②台秤

台秤用于称量20千克以上的物品。它有移动式和固定式两种，是仓库中应用最广泛的一种计量设备。

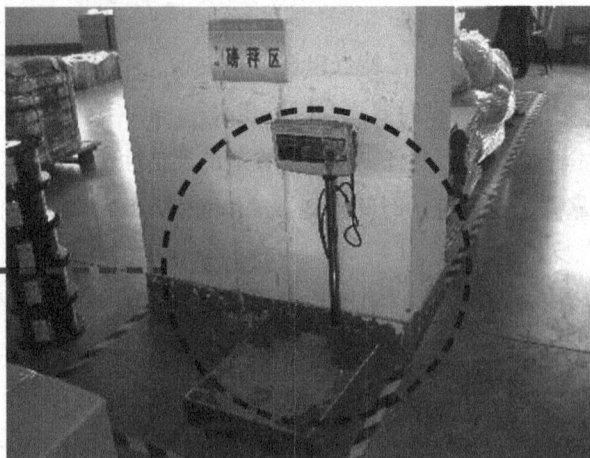

③地中衡

地中衡又称汽车衡，实际上是将磅秤的台面安装在汽车道路面的同一水平上，进出运料的车辆从上面通过时能称出重量。

④轨道衡

这是大型有轨式地下磅秤，适用于火车车辆称重。载重车在轨道衡上称出毛重，减去车皮自重，即可得出物品的重量。其称量范围一般大于60吨。

⑤自动称量装置

自动称量装置按其作业原理不同，有液压秤和电子秤两类，其特点是在装卸物品过程中就能计量物品的重量，如称量装置与叉车连为一体。这种装置可缩短物品出入库检验时间，降低作业量。但这种装置误差比较大，且容易损坏，造成误差。

（2）量具

仓库使用的量具一般分为普通量具和精密量具两类。

①普通量具

普通量具主要指度量材料长短的量具，有直接量具和辅助量具两类。直接量具有直尺、折尺、卷尺；辅助量具有卡、钳、线规等。

②精密量具

精密量具是指游标卡尺、千分卡、超声波测厚仪等能精确地测量物品规格的量具。

（3）电子收货系统

仓库电子收货系统——当物品到达仓库时，管理员持扫描器扫描托盘或包装箱上的条码，系统自动取消接收订单，从而使物品信息进入仓库管理系统，与订单进行电子核对。该系统可以实现物品快速登记，缩短收货时间，同时由于信息无需人工输入，大大提高了效率和准确率。

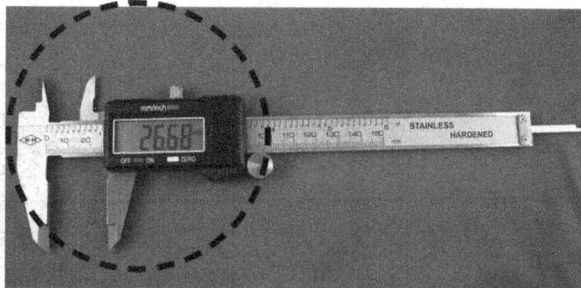

2. 自动分拣设备

分拣是指将物品按品种、出入库先后顺序进行分门别类堆放的作业。这项工作可以通过人工的方式进行，也可以用自动化设备进行处理。

（1）自动分拣系统的组成

自动分拣系统种类繁多，但一般由收货输送机、喂料输送机、分拣指令设定装置、合流装置、分拣输送机、分拣卸货道口、计算机控制器等部分组成。

（2）自动分拣系统的特点

自动分拣系统具有以下特点。

①能连续、大批量地分拣物品。自动分拣系统不受气候、时间、人的体力等限制，可以连续运行，因此自动分拣系统的分拣能力具有人力分拣系统无可比拟的优势。

②分拣误差率极低。自动分拣系统的分拣误差率主要取决于所输入的分拣信息的准确性，而这又取决于分拣信息的输入机制。如采用条形码扫描输入，除非条形码印刷本身有差错，否则不会出错。目前，自动分拣系统主要采用条形码技术来识别物品。

③分拣作业基本实现无人化。建立自动分拣系统的目的之一就是为了减少人员的使用，减轻员工的劳动强度，提高工作效率，因此自动分拣系统能够最大限度地减少人员的使用，并基本做到无人化。

要点08：自动化立体仓库

所谓自动化仓库，是指由电子计算机进行管理和控制，不需要人工搬运作业，而实现收发自动化作业的仓库。立体仓库是指采用高层货架以货箱或托盘储存物品，用巷道堆垛起重机及其他机械进行作业的仓库。将上述两种仓库的作业方式结合的仓库称为自动化立体仓库。

1. 自动化仓库的分类

（1）按照储存物品的特性进行分类

①常温自动化立体仓库系统。

②低温自动化立体仓库系统。

③防爆型自动仓储系统。

（2）按照自动化立体仓库建筑形式进行分类

①自立式钢架仓储系统。

②一体式钢架仓储系统。

（3）按照自动化立体仓库设备形式进行分类

按照自动化立体仓库设备形式来划分，自动仓储系统可以分为单位负载式自动化立体仓库、开放式钢架、封闭式钢架、推回式钢架、重力式钢架、水平式钢架子母车系统等。

2．自动化立体仓库的优缺点

（1）自动化立体仓库的主要优点

①仓库作业全部实现机械化和自动化，一方面能够大大节省人力，减少劳动力费用的支出，另一方面能够大大提高作业效率。

②采用高层货架、立体储存，能有效地利用空间，减少占地面积，降低土地购置费用。事实上，国外自动化立体仓库能够得到快速发展，地价昂贵是一个很重要的原因。

③采用托盘或货箱储存物品，物品的破损率显著降低。

④货位集中，便于控制与管理，特别是使用电子计算机，不但能够实现作业过程的自动控制，而且能够进行信息处理。

（2）自动化立体仓库的缺点

①结构复杂，配套设备多，需要的基建和设备投资高。

②货架安装精度要求高，施工比较困难，且施工周期长。

③储存物品的品种受到一定限制，对长大笨重物品以及要求特殊保管条件的物品，必须单独设立储存系统。

④对仓库管理和技术人员要求较高，必须经过专门培训才能胜任。

⑤工艺要求高，包括建库前的工艺设计和投产使用中按工艺设计进行作业。

⑥弹性较小，难以应付储存高峰的需求。流通业在实际运作时，常常会有淡旺季或高低峰以及顾客紧急的需求，而自动化设备数目固定，运行速度可调整范围不大，因此，其作业弹性不大。而传统设备只要采用人海战术就可以应付这种紧急需求。

⑦必须注意设备的保管保养并与设备提供商保持长久联系。自动化仓库的高架吊车、自动控制系统等等都是先进的技术性设备，由于维护要求高，必须依赖供应商，以便在系统出现故障时能提供及时的技术支援。

⑧自动化仓库要充分发挥其经济效益，就必须与采购管理系统、配送管理系统、销售管理系统等管理咨询系统相结合，但是这些管理咨询系统的建设需要大量投资。

因此，企业在选择建设自动化立体仓库时，首先必须综合考虑自动化立体仓库在整个企业中的营运策略地位和设置自动化立体仓库的目的，不能为了自动化而自动化。而后再详细斟酌建设自动化立体仓库所带来的正面和负面影响。最后，还要考虑相应采取的补救措施。所以，在实际建设中必须进行详细的方案规划，进行综合测评，最终确定建设方案。

3. 自动化立体仓库的组成

自动化立体仓库从建筑形式上看，可分为整体式和分离式两种。整体式是库房货架合一的仓库结构形式，仓库建筑物与高层货架相互连接，形成一个不可分开的整体。分离式仓库是库梁分离的仓库结构形式，货架单独安装在仓库建筑物内。无论哪种形式，高层货架都是主体。

> **请注意**
>
> 目前，国外自动化立体仓库的发展趋势之一是由整体式向分离式发展，因为整体式自动化立体仓库的建筑物与货架是固定的，一经建成便很难更改，应变能力差，而且投资高、施工周期长。

高层货架有各种类型。按照建筑材料不同，可分为钢结构货架、钢筋混凝土结构货架等；按照货架的结构特点，可分为固定式货架和可根据实际需要组装、拆卸的组合式货架；按照货架的高度分，小于5m的为低层货架，5～15m的为中层货架，15m以上的为高层货架。

4. 自动化立体仓库的周边设备

自动化立体仓库的周边设备，主要有液压升降平台、棍式输送机、台车、叉车、托盘等。这些设备与堆垛机相互配合，构成完整的装卸搬运系统。

控制堆垛机和各种周边设备的运行以及物品的存入与拣出，是由控制系统来完成的，它是自动化立体仓库的"指挥部"和"神经中枢"。自动化立体仓库的控制形式有手动自动控制、随机自动控制、远距离控制和计算机全自动控制四种形式。计算机全自动控制又分为脱机、联机和实时联机三种形式。随着电子技术的发展，电子计算机在仓库控制中日益发挥着重要的作用。

学习笔记

通过学习本章内容，想必您已经掌握了不少学习心得，请仔细填写下来，以便继续巩固学习。如果您在学习中遇到了一些难点，也请如实写下来，方便今后重复学习，彻底解决这些难点。

同时本章列举了大量实景图片，与具体的文本内容互为参照和补充，方便您边学边用，请如实填写您的运用计划，以使工作与学习相结合。

我的学习心得：

1. _____
2. _____
3. _____
4. _____
5. _____

我的学习难点：

1. _____
2. _____
3. _____
4. _____
5. _____

我的运用计划：

1. _____
2. _____
3. _____
4. _____
5. _____

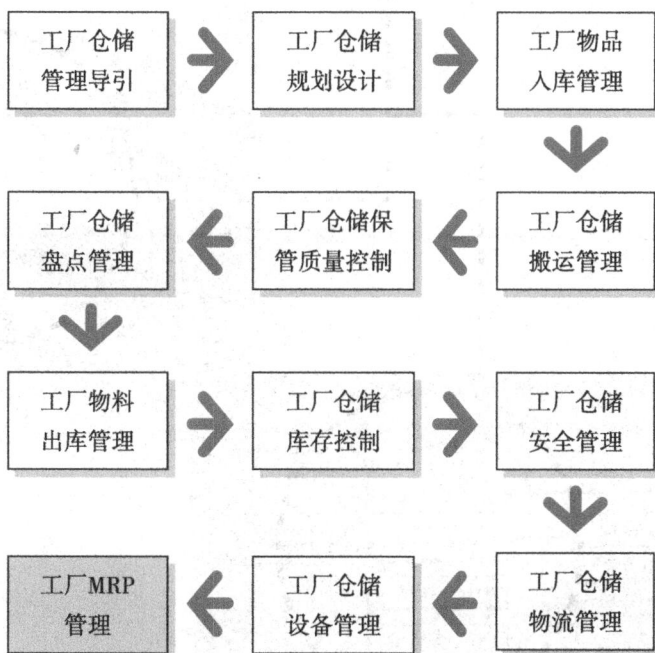

第 12 章

工厂MRP管理

导视图

工厂仓储
管理导引
→
工厂仓储
规划设计
→
工厂物品
入库管理
↓
工厂仓储
盘点管理
←
工厂仓储保
管质量控制
←
工厂仓储
搬运管理
↓
工厂物料
出库管理
→
工厂仓储
库存控制
→
工厂仓储
安全管理
↓
工厂MRP
管理
←
工厂仓储
设备管理
←
工厂仓储
物流管理

第12章

图说MRP管理

要点01：了解MRP

物料需求计划（MRP）是利用生产日程总表、零件结构表、库存报表、已订购未交货订购单等各种相关资料，经正确计算而得出各种物料零件的变量需求，以此提出各种新订购计划或修正各种已开出订购的物料管理的方法。

1．狭义的 MRP

物料需求计划（Materials Requirement Planning，缩写为 MRP），是借助计算机对从物料到产成品的物流作适时、适量的管理的方法，从而在生产管理上，对物料不足、呆滞料、库存高等问题加以系统地解决。其实施的基本程序如下。

（1）确定物料总需求量。

（2）确定库存量、预备品存量、扣除订单量后的净需要量。

（3）在在库量、安全库存量、不良率因素确定的基础上，确定实际需求量。

对以上这些决定分批次同时进行计算，确定何时、何物、需要量，在最适当的时机进行最适量生产及采购的计划。也就是说，形成对内的生产指令以及对外的外协或采购要求。

2．广义的 MRP

广义的 MRP 又称为"MRP Ⅱ"即"制造资源计划"。它的内容除"物料需求计划"外，还包括"产能需求计划"（Capacity Requirement Planning，缩写为 CRP）、现场控制（Shop Floor Control，缩写为 SFC）、需求管理（Demand Management，缩写为 DM）等功能。

要点02：MRP所需资料要求

建立 MRP 管理系统需要基本的生产计划、零件构成表、物料逻辑档和库存量等资料。

1．生产日程计划表

生产日程计划表（Mater Production Schedule），一般是根据客户合同、生产能力、物料状况和市场预测等来排定的。它通常是以周为单位，把经营计划或生产大纲中的产品系列具体化，使之成为实施物料需求计划的主要依据，起到从综合计划向具体计划过渡的承上启下的作用。

2．物料逻辑档

物料逻辑档是储存一切有关成品、半成品与物料的各种必要资料，如物料名称、ABC 物料分类表、产品结构阶层表、采购前置时间、物料基准存量表等。

3．零件构成表

零件构成表（BOM 清单）表示最终产品零件的构成内容明细及需要数量的资料，它将产品、组合品、零件、原料等物品都体现在上面，能够让人了解以产品为首的各零件的构成，并以此计算出产品所需的组合品、零件及物料。

4. 库存量

库存信息是保存企业所有产品、零部件、在制品、物料等存在状态的数据库。在MRP系统中，将产品、零部件、在制品、物料甚至工装工具等统称为"物料"或"项目"。

（1）现有库存量：是指在企业仓库中实际存放的物料的可用库存数量。现有库存量一般通过仓库中各类看板明确列出。

（2）计划收到量（在途量）：是指根据正在执行中的采购订单或生产订单，在未来某个时段物料将要入库或将要完成的数量。

（3）已分配量：是指尚保存在仓库中但已被分配掉的物料数量。

（4）提前期：是指执行某项任务由开始到完成所消耗的时间。

（5）订购（生产）批量：在某个时段内向供应商订购或要求生产部门生产某种物料的数量。

（6）安全库存量：为了预防需求或供应方面的不可预测的波动，在仓库中经常应保持最低库存数量作为安全库存量。

（7）根据以上的各个数值，可以计算出某项物料的净需求量。

$$净需求量=毛需求量+已分配量-计划收到量-现有库存量$$

物料、半成品的库存信息是MRP运作的基础资料。从现有量与物料净需求量，可进一步计算是否发出新订购单、生产命令单、外协加工单，或已发的订购单、生产命令单、外协加工单是否必须进一步超前或延后。因此，MRP的运作可得知物料净需求、现有库存量、供应商的交期与数量以及自制零件、半成品的完成时间与数量，以合乎生产计划表的要求。

请注意

生产日程计划表、物料逻辑档、零件构成表、库存量这四类资料是开展MRP必需的，要完整地进行准备。

要点03：MRP的构建流程与实施步骤

在认识了MRP运作所需的资料要求后，就要了解其构建流程以开展进一步的工作。

1．MRP的构建流程

MRP的构建流程如图12-1所示。

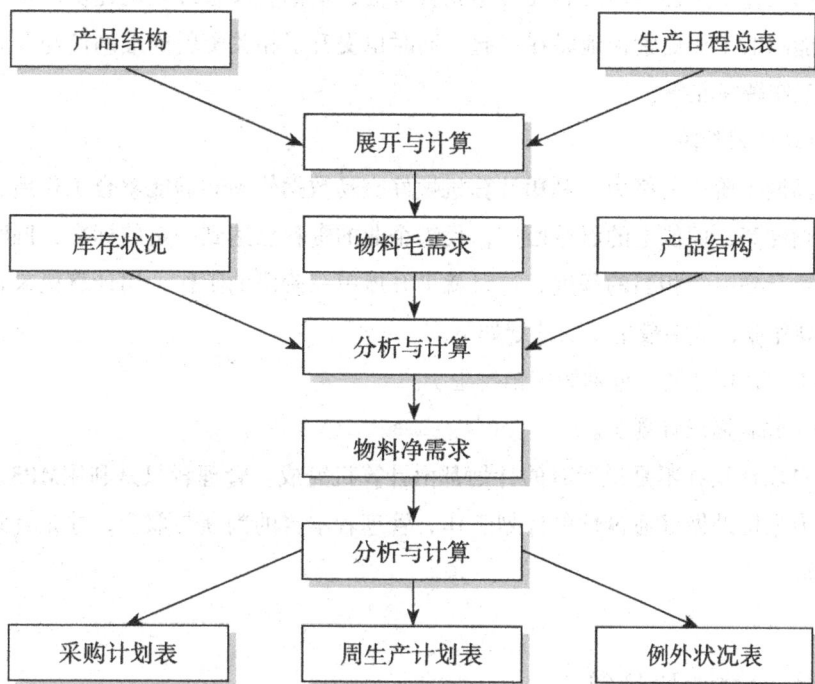

图12-1　MRP构建流程

2．MRP的实施步骤

企业可分三个阶段来建立MRP系统，从而循序渐进地分段实施MRP管理技术。

（1）数据管理阶段

工厂内的许多活动，如接单、出货、采购或生产加工验收等都可以用产品或物料的品种、数量、金额等单位来描述与表达，即可用数据来表达。

这类可用数据表达的活动又称为"交易"，每一次活动均可视为一项"交易"。

而所谓数据管理，便是对各种交易的记录、整理、分析、应用、保存等工作所进行的管理。

该阶段的目标是借助计算机来做好各项交易的处理工作，让库存的资料准确、完整、及时。生产、供应、销售等职能业务的交易资料也要逐步纳入计算机系统管理。

（2）职能整合阶段

本阶段的主要目标是在各项基本职能的交易数据纳入计算机管理后，整合不同职能，以消除不必要的或重复的作业，强化全局的管理控制，并降低交易处理所需要的人力。

在本阶段，对软件的配合上，第一阶段不限制的某些功能（如无采购单的验收、无制造命令的领料等）应随着计算机应用化范围的扩充（计算机化系统延伸），管理体质的强化（作业程序标准化），而逐步规范严格。

本阶段的工作重点已经由资料面转移到管理面，借助各项管理规范逐步严格地实施，使得不同职能间的工作更紧密地联在一起，同时也提升了相关资料的准确性与及时性，为下一阶段的工作做好准备。

（3）自动计划阶段

通过前面两个阶段的努力，利用计算机做好交易数据管理和职能整合工作后，资料的及时性、精确度高，职能上的涵盖面广，代表企业的资料已达到一定的标准，同时企业的管理制度也执行到一个相当的程度，这时就可开展第三阶段的工作：用计算机来自动进行通盘性的计划作业，其中最主要的计划如下。

①MPS（大日程计划，也称为产销排程）。

②MRP（物料需求计划）。

当然，自动计划并不是说所有的计划都由计算机完成。管理者只是利用MPS、MRP的逻辑运算能力来协助做好通盘性的计划工作，管理者本身的判断与取舍，才是计划成功不可或缺的要素。

要点04：MRP的计算

MRP的计算通常分两步：先根据主生产计划导出物料的需求量与需求时间，然后根据物料的提前期确定投产与订货时间。

1. 计算步骤

MRP的计算依以下步骤展开。

第一步，计算物料的毛需求量。

这一步骤是根据主生产计划算出一级物料的毛需求量，然后根据一级物料的BOM表算出二级物料的毛需求量，再根据二级物料的BOM表算出三级物料的毛需求量。后面的四级、五级以此类推，直到最低层级物料毛坯或采购件为止。

所谓一级物料指成品物料，二级物料指该成品下的分支。

例如：电脑是一级物料；主机则是电脑的二级物料；电脑主机的外壳是电脑的三级无物料；……

第二步，净需求量计算。

根据毛需求量、可用库存量、已分配量等计算出每种物料的净需求量。

$$净需求量=毛需求量+已分配量-可用库存量-在途量$$

第三步，批量计算。

相关计划人员对物料生产作出批量策略决定。不管采用何种批量规则或不采用批量规则，净需求量计算后都应该表明是否有批量要求。

第四步，安全库存量、废品率和损耗率等的计算。

物料计划人员需要用废品率和损耗率来确定净需求量，同时确保安全库存。

第五步，下达计划订单。

通过MRP计算过后，已经知道了需要的物料数量。但MRP所生成的计划订单，要通过能力资源平衡确认后，才能开始正式下达计划订单。

第六步，再一次计算。

MRP的再次生成大致有两种方式：第一种方式会对库存信息重新计算，同时覆盖原来计算的数据，生成的是全新的MRP；第二种方式则只是在制定、生成MRP的条件发生变化时，才相应地更新MRP有关部分的记录。

2．MRP计算的注意事项

进行MRP计算时，必须注意以下事项。

（1）必须制订符合实际生产能力的生产计划。

（2）发挥BOM表的作用，必须建立必要的生产资料库并加以整理综合化。

（3）规范、及时地管理仓库，保证仓库库存数据与MRP计算数据一致。

要点05：了解ERP

企业资源计划（Enterprise Resource Planning，缩写为ERP），是从MRP发展而来的新一代集成化管理信息系统，它扩展了MRP的功能，其核心思想是供应链管理；它跳出了传统的企业管理边界，从供应链范围去优化企业的资源，是基于网络经济时代的新一代信息系统。

1．ERP系统的特点及核心内容

ERP系统的特点及核心内容如下。

（1）企业内部管理所需的业务应用系统，主要是指财务、物流、人力资源等核心模块。

（2）物流管理系统采用了制造业的MRP管理思想，有效地实现了预算管理、业务评估、管理会计、ABC分类法等现代基本财务管理方法；人力资源管理系统在组织机构设计、岗位管理、薪酬体系以及人力资源开发等方面同样集成了先进的理念。

（3）ERP系统是一个在全公司范围内应用的、高度集成的系统。数据在各业务系统之间高度共享，所有源数据只需在某一个系统中输入一次，保证了数据的一致性。

（4）对公司内部业务流程和管理过程进行了优化，主要的业务流程实现了自动化。

（5）采用了电脑最新的主流技术和体系结构：B/S、INTERNET体系结构，WINDOWS界面。在能通信的地方都可以方便地接入到系统中来。

（6）具有集成性、先进性、统一性、完整性和开放性。

2．ERP系统的管理思想

ERP的核心就是实现对整个供应链的有效管理，主要体现在以下方面。

（1）体现对整个供应链资源进行管理的思想

现代企业的竞争已经不是单个企业之间的竞争，而是一个企业的供应链与另一个企业的供应链之间的竞争，即企业不但要优化自己的资源，还必须把经营过程中的有关各方（如供应商、制造工厂、分销网络、客户等）纳入一个紧密的供应链中，才能在市场竞争中获得优势。ERP系统正是适应了这一市场竞争的需要，实现了对整个企业供应链的管理。

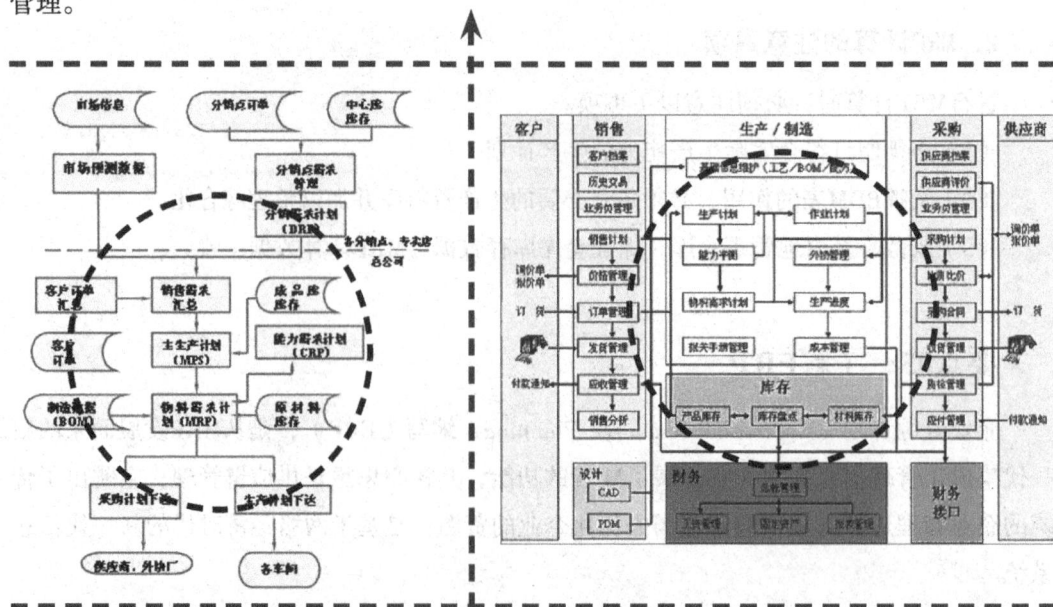

（2）体现精益生产、同步工程和敏捷制造的思想

ERP系统可支持混合型生产方式的管理，其管理思想表现在以下两个方面。

① "精益生产"思想。即企业把客户、销售代理商、供应商、协作单位纳入生产体系，与之建立起利益共享的合作伙伴关系，进而组成一个企业的供应链。

② "敏捷制造"思想。当市场上出现新的机会，而企业的基本合作伙伴不能满足新产品开发生产的要求时，企业组织一个由特定的供应商和销售渠道组成的短期或一次性供应链，形成"虚拟工厂"，把供应和协作单位看成是企业的一个组成部分，运用"同步工程"组织生产，用最短的时间将新产品打入市场，时刻保持产品的高质量、多样化和灵活性。这是"敏捷制造"的核心思想。

（3）体现事先计划与事中控制的思想。

ERP系统中的计划体系主要包括：主生产计划、物料需求计划、能力计划、采购计划、销售执行计划、利润计划、财务预算和人力资源计划等，而且这些计划功能与价值控制功能已完全集成到整个供应链系统中。

另一方面，ERP系统通过定义事务处理相关的会计核算科目与核算方式，以便在事务处理发生的同时自动生成会计核算分录，保证了资金流与物流的同步记录和数据的一致性，从而实现了根据财务资金现状，可以追溯资金的来龙去脉，并进一步追溯所发生的相关业务活动，改变了资金信息滞后于物料信息的状况，便于实现事中控制和实时做出决策。

> **请注意**
>
> ERP是新一代企业资源计划，对于改善企业业务流程、提高企业核心竞争力有重大作用。

学习笔记

通过学习本章内容，想必您已经掌握了不少学习心得，请仔细填写下来，以便继续巩固学习。如果您在学习中遇到了一些难点，也请如实写下来，方便今后重复学习，彻底解决这些难点。

同时本章列举了大量实景图片，与具体的文本内容互为参照和补充，方便您边学边用，请如实填写您的运用计划，以使工作与学习相结合。

我的学习心得：

1. _____
2. _____
3. _____
4. _____
5. _____

我的学习难点：

1. _____
2. _____
3. _____
4. _____
5. _____

我的运用计划：

1. _____
2. _____
3. _____
4. _____
5. _____

《图说工厂仓储管理（实战升级版）》
编读互动信息卡

亲爱的读者：

感谢您购买本书。只要通过以下三种方式之一成为普华公司的**会员**，即可免费获得普华每月新书信息快递，在线订购图书或向我们邮购图书时可获得免付图书邮寄费的优惠：①详细填写本卡并以**传真（复印有效）或邮寄返回我们**；②登录普华公司官网注册成普华会员；③关注微博：@普华文化（新浪微博）。会员单笔定购金额满300元，可免费获赠普华当月新书一本。

哪些因素促使您购买本书（可多选）

○本书摆放在书店显著位置　　　　○封面推荐　　　　　　○书名

○作者及出版社　　　　　　　　　○封面设计及版式　　　○媒体书评

○前言　　　　　　　　　　　　　○内容　　　　　　　　○价格

○其他（　　　　　　　　　　　　　　　　　　　　　　　　　　　）

您最近三个月购买的其他经济管理类图书有

1.《　　　　　　　　　　　》　　2.《　　　　　　　　　　　　　》

3.《　　　　　　　　　　　》　　4.《　　　　　　　　　　　　　》

您还希望我们提供的服务有

1. 作者讲座或培训　　　　　　　2. 附赠光盘

3. 新书信息　　　　　　　　　　4. 其他（　　　　　　　　　　）

请附阁下资料，便于我们向您提供图书信息

姓　　名　　　　　　　联系电话　　　　　　职　　务

电子邮箱　　　　　　　工作单位

地　　址

地　　址：北京市丰台区成寿寺路11号邮电出版大厦1108室　北京普华文化发展有限公司（100164）

传　　真：010-81055644

读者热线：010-81055656

编辑邮箱：xuwenying@puhuabook.com

投稿邮箱：tougao@puhuabook.com，或请登录普华官网"作者投稿专区"。

购书电话：010-81055656　　　　　　　　淘宝店网址：http://shop60686916.taobao.com

媒体及活动联系电话：010-81055656　　　邮件地址：hanjuan@puhuabook.com

普华官网：http://www.puhuabook.com.cn

博　　客：http://blog.sina.com.cn/u/1812635437

新浪微博：@普华文化（关注微博，免费订阅普华每月新书信息速递）